国际贸易经济学研究

李小奕◎著

线装书局

图书在版编目（CIP）数据

国际贸易经济学研究 / 李小奕著. -- 北京：线装书局, 2023.8
ISBN 978-7-5120-5636-7

Ⅰ. ①国… Ⅱ. ①李… Ⅲ. ①国际贸易－贸易经济学－研究 Ⅳ. ①F740

中国国家版本馆CIP数据核字(2023)第159880号

国际贸易经济学研究
JINGJI MAOYI JINGJIXUE YANJIU

作　　者：	李小奕
责任编辑：	白　晨
出版发行：	线装書局
地　　址：	北京市丰台区方庄日月天地大厦B座17层（100078）
电　　话：	010-58077126（发行部）010-58076938（总编室）
网　　址：	www.zgxzsj.com
经　　销：	新华书店
印　　制：	三河市腾飞印务有限公司
开　　本：	787mm×1092mm　　1/16
印　　张：	14
字　　数：	335千字
印　　次：	2024年7月第1版第1次印刷

定　　价：68.00元

前　言

21世纪是一个高速发展的时代，科技革命迅猛发展，知识更替日新月异，国际竞争日趋激烈。与此同时，国际贸易的发展呈现出很多新的特征要素，网络贸易高速发展、结算方式更新换代、国际贸易的规则与方式也在与时俱进。从国际经济环境可知，跨国贸易迅速发展，世界各国和地区间的经济彼此依赖，经济全球化和区域经济一体化日趋增强。从国内经济环境可知，社会主义市场经济体制的建立和完善有利地改善了我国企业参与国际竞争的条件，加入世界贸易组织所承诺的逐步履行、我国产业结构和贸易结构的调整也为参与国际竞争提供了机会和挑战。

国际贸易经济学作为一门经济与贸易类专业理论基本课，在经贸类专业中处于重要地位，研究的是国际贸易产生和发展变化的规律，重点介绍有关国际贸易的基本理论、基本政策和基本知识。本书共分为四大部分，共十章，各部分内容之间相互独立，相互依存，完整系统地反映出该门课程的主要内容。第一部分是国际贸易的概念和发展历程，包括第一章和第二章，即导论、国际贸易的产生与发展。第二部分为国际贸易的理论，包括第三章至第五章，即传统国际贸易理论、当代国际贸易理论、对外贸易政策与理论。第三部分为国际贸易措施，包括第六章和第七章，即对外贸易措施、经济增长经济发展与国际贸易。第四部分为国际贸易内容扩展，包括第八章至第十章，即世界多边贸易体制、国际经济一体化、主要发达国家（集团）的对外贸易。

由于时间和精力有限，书中不足之处，敬请各位同仁批评指正，以便在日后再版修订时进一步完善。

编委会

印　萍　张玉雷　张艳萍
曾　坚　赵淑娜

目 录

第一章 导 论 (1)
  第一节 国际贸易学的研究对象和内容 (1)
  第二节 国际贸易的含义与特点 (5)
  第三节 国际贸易的基本概念 (10)
  第四节 国际贸易的分类 (13)

第二章 国际贸易的产生与发展 (21)
  第一节 国际贸易的产生 (21)
  第二节 奴隶社会的国际贸易 (22)
  第三节 封建社会的国际贸易 (23)
  第四节 资本主义时期的国际贸易 (25)
  第五节 "二战"后的国际贸易 (33)

第三章 传统国际贸易理论 (36)
  第一节 绝对成本论与比较成本论 (36)
  第二节 比较优势的新古典解释 (42)
  第三节 相互需求论 (44)
  第四节 要素禀赋论及其拓展定理与质疑 (48)

第四章 当代国际贸易理论 (63)
  第一节 规模经济理论与国际贸易 (63)
  第二节 产业内贸易理论 (65)
  第三节 国际贸易新要素理论 (68)
  第四节 技术差距理论 (71)
  第五节 产品生命周期理论 (72)
  第六节 国家竞争优势理论 (74)

第五章 对外贸易政策与理论 (79)

第一节　对外贸易政策概述 ………………………………………（79）
　　第二节　对外贸易政策的历史演变 …………………………………（80）
　　第三节　对外贸易政策理论 …………………………………………（87）

第六章　对外贸易措施 …………………………………………………（109）
　　第一节　关税措施 ……………………………………………………（109）
　　第二节　非关税壁垒 …………………………………………………（123）
　　第三节　其他对外贸易措施 …………………………………………（133）

第七章　经济增长、经济发展与国际贸易 ……………………………（145）
　　第一节　经济增长与贸易变动 ………………………………………（145）
　　第二节　对外贸易与经济发展 ………………………………………（147）
　　第三节　发展中国家的贸易战略 ……………………………………（153）

第八章　世界多边贸易体制 ……………………………………………（161）
　　第一节　关税与贸易总协定 …………………………………………（161）
　　第二节　世界贸易组织 ………………………………………………（166）

第九章　国际经济一体化 ………………………………………………（178）
　　第一节　国际经济一体化概述 ………………………………………（178）
　　第二节　国际经济一体化理论 ………………………………………（196）

第十章　主要发达国家（集团）的对外贸易 …………………………（200）
　　第一节　美国对外贸易 ………………………………………………（200）
　　第二节　日本对外贸易 ………………………………………………（210）
　　第三节　欧盟对外贸易 ………………………………………………（222）

参考文献 …………………………………………………………………（226）

第一章 导 论

第一节 国际贸易学的研究对象和内容

国际经济学是建立在经济学基本理论基础上的经济学的分支学科。它是研究经济资源或稀缺资源在世界范围内的最优分配，以及在此过程中发生的经济活动和经济关系的科学，即国际经济学是以国际经济关系为研究对象。它的研究目的就是要解释各个国家或地区之间经济联系的内在机制。国际经济学的微观部分和宏观部分分别被称为国际贸易理论和国际金融理论。国际贸易理论旨在说明贸易的起因与利益，以及贸易政策的影响及依据，它涉及的主要内容包括贸易纯理论、贸易政策以及贸易与经济增长之间的关系等。国际金融理论则主要说明国际经济活动（如商品、服务贸易和资本国际流动）在各国国民收入中的作用，以及各种国内经济活动对国际经济关系的影响。即包括外汇理论与政策、国际收支调整理论与政策及国际货币制度等。国际贸易学是研究国际间商品与劳务交换过程中的生产关系及有关上层建筑的发展规律的科学。国际贸易理论与微观经济学之间存在着内在联系。微观经济学主要研究单个经济社会的资源配置问题；国际贸易理论则研究两个或两个以上经济社会之间的资源配置问题，即世界范围内的资源配置问题。一般来说，生产要素在国际间的流动程度要比其在国内的流动程度低得多；在现实中，国际贸易常会受到一些人为因素的影响。

国际贸易学是研究国际间商品与劳务交换过程中的生产关系及有关上层建筑发展规律的科学。作为一门学科，国际贸易学是一门部门经济学，是经济学科中一个不可缺少的组成部分。国际贸易学的研究任务是解释国际间贸易产生与发展的原因，分析国际贸易的归宿及其制约因素，考究各个国家的国际贸易条件及贸易格局，研究国际贸易的理论与政策，并揭示其中的特点与运动规律。国际贸易学的研究对象既包括国际贸易的基本理论，也包括国际贸易政策以及国际贸易发展的具体历史过程和现实情况，世界各国或地区之间商品和服务的交换活动。

一、研究对象

国际贸易学是经济学的重要分支学科与组成部分，是研究并阐释国际商品交换关系及其规律性的科学。所谓国际商品交换关系，首先表现为世界各国间的商品交换活动，简言之，即国际贸易，进一步说，包括其所体现的过程、关系、条件、特点、格局、政策、理论、环境、趋向等，这种商品交换活动可以是有形的商品贸易，也可以是无形的商品贸易；可以是双边贸易，也可以是多边贸易等。国际贸易学与国际贸易的区别是明显的。国际贸易学是指一种理论，一门学科，是研究并阐释国际商品交换关系及其规律性的科学。它是从宏观经济的角度出发，从总体上考察国际商品交换各个方面的态势，支配或影响国际商品交换关系发展变化的国内和国际的自然、经济、政治、文化等因素，国际商品交换关系的发展变化对各国经济和国际经济关系的影响与作用，说明国际贸易的原因、条件、特点、趋势等的一般理论。国际贸易是指一种活动，一个过程，是世界各国（地区）之间的商品（包括劳务和技术）交换，即世界各国对外贸易的总和。从一个国家的角度看，这种越出国界的商品交换活动，是对外贸易；从国际范围看，这种各国间的商品交换活动，是世界贸易，即国际贸易。因为在商品经济或市场经济条件下，各国间经济方面相互联系的基本表现形式即商品交换，包括劳务授受与技术转让等，这是世界各国间在国际分工条件下内在的、客观的、必然的经济行为。前者是后者的理论概括，后者是前者的研究对象。

历史上每一代著名的经济学家都把国际贸易问题作为其经济理论的重要组成部分进行研究和探讨。从资本主义原始积累时期的重商主义研究如何通过对外贸易带来财富，到资本主义经济大危机之后的凯恩斯主义研究如何通过对外贸易创造就业机会；从英国古典学派的代表亚当·斯密和大卫·李嘉图研究自由贸易能对各国经济发展带来何种利益，到德国历史学派的代表费里德里希·李斯特研究保护贸易会对经济相对落后的国家带来何种好处；从马克思论证对外贸易是阻止一国利润率下降手段的理论，到列宁提出资本主义发展离不开国外市场的学说。这些经济学家和经典作家们的理论与学说，为国际贸易学奠定了理论基础。

从严格的意义上说，国际贸易学的确立是现代的事情。因为严格意义的国际贸易是资本主义经济制度确立以后才真正得以发展起来的。在国际贸易发展过程中，虽然亚当·斯密、大卫·李嘉图等古典经济学家曾较为系统和详细地考察了国际贸易，并形成了至今仍是主流的比较利益学说，"二战"以后，国际贸易理论更有了长足的发展，但作为一门独立的学科，科学地界定自己的研究对象，恰当地规定自己的研究任务，系统地解决自己的研究方法，都是近几年的事情。因为如果不能科学地确定学科"三要素"，任何学科都不能说是最终确立起来了。如果进一步具体地考察国际贸易学的研究对象，大致包括以下五个方面。

（1）各社会历史发展阶段，特别是资本主义社会各发展阶段国际贸易发展的具体状况、形态、特点及其规律性。

（2）国际分工与国际市场。

（3）国际贸易理论与学说，主要是关于国际贸易的原因、基础、载体、条件、特点、模式、走向及规律的研究与阐释。

（4）国际贸易政策、措施与管理。

（5）主要国际贸易参与国对外贸易的理论与状况，包括发达国家与发展中国家对外贸易发展的特殊性。

二、研究内容

保罗·R.克鲁格曼、毛瑞斯·奥博斯法尔德在他们著作的《国际经济学理论与政策（第八版）》这一教材中指出，贯穿国际经济学的七大主题分别为：贸易所得、贸易模式、贸易保护、国际收支平衡、汇率决定、国际间政策协调以及国际资本市场。其中贸易所得、贸易模式、贸易保护属于国际贸易学部分的主要研究内容。在贸易所得（Gains from Trade）和收入分配（Income Distribution）部分，陈述了贸易所得的定义，贸易所得从贸易中获得的好处，贸易所得表现为产出增加、福利提高等。不同的经济学家从不同的角度陈述了贸易所得的来源。李嘉图模型认为贸易所得来自劳动生产率的比较优势；赫克歇尔—俄林模型认为贸易所得来自要素的相对充裕度；还有些经济学家认为贸易所得来自专业化生产的规模经济效应、贸易所得来自技术创新等。在贸易模式部分，经济学家们用贸易模式解释了贸易基础。理论解释有技术差异论、要素禀赋差异论、产业内贸易理论以及需求相似理论。技术差异论的代表有李嘉图模型、模仿滞后假说和产品生命周期理论等；要素禀赋差异论的典型代表是赫克歇尔—俄林模型。在自由贸易还是保护贸易部分，我们可以描述出这样一个贸易政策演变过程：重商主义→保护幼稚工业理论→超保护贸易政策→20世纪70年代以后的新贸易保护主义→战略性贸易政策→贸易政治经济学。在国际贸易政策工具及其经济效应部分，包括关税和传统非关税壁垒、新兴非关税壁垒、贸易救济措施和出口政策工具等内容。

（一）国际贸易的基本概念和发展史

在这一部分，首先界定国际贸易相关的概念，具体包括国际贸易、货物贸易、服务贸易、国际贸易额、国际贸易量、国际贸易地理分布、国际贸易货物结构、贸易顺差与贸易逆差、对外贸易依存度导论等，为后面内容的研究打下基础。然后按照时间轴，论述了国际贸易的产生与发展、国际分工、世界市场等内容。国际贸易是历史范畴，是生产力和分工发展的必然结果。研究国际贸易产生、发展历程和一般规律及经验教训，是研究国际贸易的重要内容。

（二）国际贸易的理论与学说

马克思把国际贸易看作政治经济学的一个重要组成部分。他和恩格斯在《资本论》《剩余价值学说史》等著作中，对国际分工、世界市场、国际价值、世界货币、对外贸易与资本主义生产方式之间的关系等理论问题都作出了精辟的分析。此后，列宁等又论述了资本主义国家需要国外市场等问题。

西方经济学家也一直注意研究和探讨国际贸易中的各种问题与规律。资本主义原始积累时期的重商主义学派研究了对外贸易如何带来财富。资本主义自由竞争时期的古典学派的代表人物亚当·斯密和大卫·李嘉图探讨了国际分工形成的原因和分工的依据，论证了国际分工和国际贸易的利益。20世纪以来瑞典经济学家赫克歇尔和俄林提出了按照生产要素进行国际分工的学说。第二次世界大战后，西方经济学家对国际分工、世界市场、经济一体化等问题进行了进一步研究。20世纪80年代以后，一些经济学家提出了战略性贸易政策理论。

（三）国际贸易政策与措施

国际贸易政策与措施主要研究三个基本问题，即采取特定贸易政策的原因、政策的措施和效果。(1) 各国往往根据本国经济发展的实际和对外贸易理论分析，遵循国际贸易的基本规则，制定有利于本国经济和社会发展的对外贸易政策。(2) 措施主要有关税措施、非关税措施等。(3) 国际贸易政策效果是检验某种特定的政策措施能否收到预期效果，并且这种预期效果是否有利于政策决策方的利益。

国际贸易与各国的经济发展密切相关，因此，各国都制定了有利于本国经济发展的对外贸易政策和措施。对外贸易政策是随着时代的发展而不断变化的。在资本主义原始积累时期，出现了重商主义的保护贸易政策；在资本主义自由竞争时期，自由贸易政策与保护贸易政策并存；在帝国主义时期，出现了超保护贸易政策；"二战"后，又出现了贸易自由化。

为执行对外贸易政策，各国采取了各种对外贸易政策措施，概括地说，四个字：奖出限入。它可分为两个方面：一方面是奖励出口的措施；另一方面是限制进口的措施，如关税措施、非关税壁垒措施等。区域经济一体化是当前世界经济和人类历史发展的必然趋势。

（四）国际贸易补充与拓展

国际贸易组织在国际上主要有关贸总协定，1995年后被世界贸易组织所取代。

在各个国家、区域经济一体化组织内还建立有管理对外贸易的机构。

2016年6月23日，英国进行了脱欧公投。最后的公投数据同意脱欧占比51.9%，共1570万人。公投结果显示，英国将决定退出欧盟。据法新社报道，英国公投决定退出欧盟后，欧洲议会周二召开紧急会议，并以395∶200票结果通过决议，督促英国立即启动脱欧机制，表示应该完全尊重英国人民的意愿，立即触发《里斯本条约》第50条；现在轮到英国政府启动第50条，与欧盟展开为期2年的退出谈判。这一事件的产生，对区域经济一体化的研究具有很大的现实意义。

当代国际贸易，包括国际货物贸易、国际服务贸易和国际技术贸易以及国际投资、跨国公司等内容。研究贸易理论与政策，涉及与国际贸易有关的各种理论与现实问题，与国际贸易有关的各种理论与现实问题也是需要研究的内容。

以上几个方面的内容是互相联系的，虽然我们在科学研究的过程中可以将其单列成项，但在实际中绝不是孤立的。国际贸易的历史与现状，包括其发展与变化的原因、条件、特点、格局、走势等，是国际贸易学的基本内容；国际贸易理论与学说是国际商品交换活动及关系的理论概括，也是各国制定对外贸易战略、政策、措施以及实施管理的依据；国际贸易政策与措施是对外贸易活动的规范与准则，对整个国际贸易起着重要影响作用；主要国际贸易参与国对外贸易的状况与特点不但制约国际贸易的发展，甚至对国际贸易格局有着重要影响。所有这些重要方面综合作用，共同构成国际贸易学具体的、生动的、复杂的研究内容。

第二节 国际贸易的含义与特点

一、对外贸易与国际贸易

对外贸易（Foreign Trade）亦称"国外贸易"，是指一个国家（地区）与另一个国家（地区）之间的货物和服务的交换。海岛国家，如英国、日本等，也常用"海外贸易"表示对外贸易。对外贸易在奴隶社会和封建社会就已产生，并随着生产的发展而逐渐扩大，到资本主义社会，规模空前扩大，具有世界性。对外贸易与国际贸易的观察角度不同，前者是从国家（地区）角度出发，而后者则是从国际或世界角度出发。

国际贸易（International Trade）亦称"世界贸易"，泛指国际上的货物和服务的交换，由各国（地区）的对外贸易构成，是世界各国对外贸易的总和。

国际贸易和对外贸易有广义和狭义之分。广义的国际贸易和对外贸易包括狭义的商品的交换和劳务（服务）交换（服务的提供与接受），具体包括与商品贸易有关的服务，如运输、保险、结算，以及与商品贸易无直接联系的（不是为完成商品交易而发生的服务贸易）旅游、技术。如不把服务贸易包括在内，则称为狭义的国际贸易和对外贸易。

国际贸易的现代定义，在国际经济学被定义为：商品、服务的国际交换加上生产要素跨国流动。要素流动可替代商品流动；要素流动会影响一国的国际收支，即资本项目、劳工汇款等。

二、国际贸易的特点

国内贸易与国际贸易都属于贸易，不管是从贸易内容方面、交易过程方面，还是从贸易目的方面比较，两者都没有太大的不同。作为商品和服务的交换活动，国际贸易和国内贸易必然具有某些共性：首先，作为商品流通，它们都在社会生产与消费之间起媒介作用，是社会再生产过程中的中介环节；其次，作为商品交换，它们的目的都是实现商品价值，并尽可能获得更多的交换价值；再次，作为商品经济活动，它们都要受商品经济各种规律首先是价值规律的制约和影响；最后，作为交换对经济所起的作用，它们都对一国经济发展产生积极或消极影响，是经济发展不可忽视的重要因素。然而，与国内贸易不同，国际贸易是不同国家之间进行的交换活动，这就决定了国际贸易必然具有不同于国内贸易的一些特点。然而，国际贸易是在国内贸易的基础上发展起来的，国际贸易是不同国家之间进行的商品和劳务的交换，从地域方面超越了国内贸易，也就意味着国际贸易的范围更广、时间更长、涉及环节更多、操作过程更加复杂，从而产生了一系列不同于国内贸易的点，具体体现在以下几个方面。

（一）国际贸易具有广泛性

在国际贸易中，对贸易商来说，世界有多大，市场就有多大，贸易就可以做多大。"二战"后，随着贸易全球化的不断深入，贸易活动日益突破国内市场和区域市场的狭窄界限，而越来越在全球范围展开，为贸易商开展贸易活动提供了前所未有的广阔空间。在这种背景下，任何国家、任何企业要想在激烈的国际竞争中处于不败之地，都应从全球统一大市场出发，树立国际化经营理念，立足本国市场，努力开拓国际市场，利用全球统一大市场这个更大的竞争平台发展壮大自己。

在国际贸易中，贸易商面对的交易对象可能是世界任何国家的客商，这使得他们具有更多的交易机会。而以计算机和网络技术为基础的电子商务（E-Commerce），又为各国贸易商进行贸易提供了一个更广泛的交流平台，使他们可以随时随地与世界各地保持商业联系。"跟着鼠标走"，已成为许多贸易商做国际交易的真实写照。2009年之前，人们理解的外贸电子商务就是阿里巴巴黄页贸易推广，但不支持交易的模式。2009年之后，包括国外推广、交易支持、在线物流、在线支付、售后服务、信用体系和纠纷处理等在内的贸易平台服务，已经成为外贸电子商务平台的标准运作模式。外贸电子商务的价值和魅力，就在于它能够帮助出口企业摆脱依附少数国外采购商的被动地位，从贸易的中间环节获得更多的利益。

（二）国际贸易的风险大

国际货物贸易的交易数量和金额一般较大，运输距离较远，履行时间较长，因此交易双方承担的风险远比国内贸易要大。国际货物贸易容易受到交易双方所在国家的政治、经济变动、双边关系及国际局势变化等条件的影响。国际贸易面临的风险主要是不确定性和不可预测性以及不可控性，具体包括以下五个方面。

1. 商业风险（Commercial Risk）

国际贸易中，贸易商会面临巨大的市场变化，而这种变化对贸易商意味着巨大的商业风险，如时装款式的变化要远远超出国内市场。此外，因出口商交货不符、交货期晚、单证不符，进口商拒收货物或拒付货款等，都会给贸易商造成无法控制的损失。商业风险也包含市场风险和价格风险，在市场经济条件下，价格像一只"看不见的手"，在无形中操纵着市场，并且决定着贸易商的命运。由于国际市场价格变化莫测，买卖双方从成交到履行合同需要较长的时间周期，因此，买卖双方不可避免地面临价格大幅上涨或下跌的风险。特别是大宗交易，价格风险更大。如原油、铁矿石价格的剧烈波动，使贸易商很难把握。

2. 信用风险（Credit Risk）

信用（Credit）也叫资信（Financial Standing），是指贸易商兑现其承诺在未来某一时间应付货物或款项的能力。在国际贸易中，调查客户的信用，一般依据"3C"：Conduct（品行）、Capacity（能力）、Capital（资本）。品行是指客户的可靠性，即在以往的信用记录中，是否有过欺诈、不按期付款、不足额付款或不按期交货、不足额交货的行为。能力是指客户的经营管理水平和经营状况。资本是指客户的资金实力和财务状况。在国际贸易中，由于买卖双方相距遥远，很难进行资信调查，再加上交易时间过长，资信情况会发生变化。因此，国际贸易中的信用风险比较大。因此，企业在和国外客户洽谈生意时，一定要有信用风险意识，加强信用风险管理。

3. 汇兑风险（Exchange Risk）

国际贸易的交易双方必然有一方要以外币计价和付款，但由于世界主要结算货币实行的都是浮动汇率制（System of Floating Exchange Rate），导致汇率不断变化，稍不留神，就会出现汇兑风险。其结果是一些贸易商明明在商品生产和营销上技高一筹，本应获得更多的贸易利益，但由于未能正确把握汇率变动趋势而吃了大亏。例如，我国一家企业向美国出口100万美元的商品，签约时人民币兑美元汇率为：USD1=CNY6.70，收到100万美元货款时人民币兑美元汇率为：USD1=CNY6.30，该企业这笔交易的人民币收入减少了40万元。

4.运输风险（Shipping Risk）

国际贸易货物运输一般都要经过跨洋过海的长距离辗转运输，无论是海运、陆运、还是空运、多式联运，货物运输一般都要涉及多种运输工具，并且需要进行多次装卸，因此在运输过程中发生的风险也随之增多。而突发性自然灾害、战争、海盗等，也大大增加了货物运输的风险。

5.政治风险（Political Risk）

政变、战争、时局的动荡，就像"晴雨表"一样影响着国际贸易的发展。从国家间的战争，到某国、某地区的政治骚乱，都会给国际贸易带来影响。对贸易商来说，这种政治风险之大，波及面之广，是任何风险都无法相提并论的。如最近利比亚等国发生的内战，使贸易商蒙受了巨大的经济损失。

（三）国际贸易具有复杂性

国际货物贸易涉及不同国家或地区在政策措施、法律体系方面可能存在的差异和冲突，以及语言文化、社会习俗等方面带来的差异，所涉及的问题远比国内贸易复杂。

1.交易程序复杂

国际货物贸易除了交易双方，还需涉及运输、保险、银行、商检、海关等部门的协作、配合，交易程序与环节较国内贸易要复杂得多。根据国际商会的问卷调查，贸易商要做成一笔国际交易，一般需要处理上百份文件，获得20多个不同机构的批准和协助。一旦某个环节出现问题，就会影响交易的完成。

2.度量衡制度复杂

目前，世界上使用的度量衡制度主要有四种，即公制、国际单位制、美制和英制。在各国度量衡制度存在较大差异的情况下，贸易中究竟采用哪种度量衡制度（使用何种计量单位？不同的计量单位如何换算？这些都是买卖双方必须面对的头疼问题）。如吨就有公吨、短吨和长吨。

3.货币换算和贸易结算复杂

在国际贸易中，应采用何种货币计价和结算是采用本币，还是对方国家货币，抑或是第三国货币都需要买卖双方认真考虑。此外，买卖双方还不得不选择使用何种结算方式，是选择汇付、托收、还是信用证。这些问题使国际贸易结算比国内贸易复杂得多。

4.海关制度与贸易法规复杂

各国海关对货物进出口都有许多规定，而不同国家的海关规定又不尽相同。因此，从事国际贸易的企业除要了解本国有关规定，还要了解贸易对象国的规定。如许多发达国家海关规定，如果进出口货物使用木质包装，必须有当地商品检验检疫部门出示的熏蒸消毒证明，否则禁止进口。伊斯兰国家的贸易法规禁止商品及包装上使用暴露的女性身体的图案。

5.货物的运输与保险更加复杂

国际贸易运输，除了要考虑运输工具与运费，还要考虑买卖合同的运输条款与运输合同的条款。此外，买卖双方还会面对诸如货主代理、船舶代理、货运代理人、签单代理人、契约承运人、承运人、实际承运人、无船承运人等复杂的运输当事人。由于海运、陆运、空运的环境和条件不同，贸易商不但要有一定的运输知识，还要掌握相关的地理知识、港口状况，只有这样，才能使货物顺利转移，安全地运送到目的港。由于国际贸易货物运输距离远、时间长、数量大、环境恶劣多变，货运容易受损，所以必须考虑运输保险问题。

（四）国际贸易的困难较大

1.各国语言不同

从事国际贸易必然要与外国客商接触，双方的沟通是以语言为载体的。目前，英语已成为国际贸易中的通用语言，因此，熟练掌握英语对成功开展国际贸易活动至关重要。但除英语外，贸易商有时还要通晓与之开展贸易的国家或地区的语言。如法国贸易商一般会坚持在交易中使用法语沟通，拉美国家的许多贸易商习惯使用西班牙语和葡萄牙语。

2.法律适用的不同

国际贸易涉及大量的国际、国内的法律知识，但至今世界上仍没有统一、完整的国际贸易法。由于各国的法律制度、体系不同，法律规则庞杂，甚至迥然不同或相互冲突，因此贸易商必须了解相关的国际贸易法，以及贸易对象国的贸易法规。如美国的贸易法案禁止犯人生产的外国产品的进口。

3.商业习惯不同

在国际贸易中，世界各国都有在长期实践中形成发展起来的商业习惯，这些习惯不但具有一定的商业意义，也蕴含着政治、经济、文化方面的内容。例如，德国和英国的贸易商十分讲究效率，看重信用，交易磋商不会轻易妥协，缺乏足够的灵活性，而一旦达成交易，一般都会严格履约。而拉美国家的贸易商则习惯于"一切都可以商量"，变通有余，严谨不足。如果是面对面谈判，你准时赴约，会把你的贸易对手弄得措手不及，双方都会非常尴尬。

4.国际贸易障碍多

为了争夺市场，维护本国利益，各国或多或少都采取关税壁垒和非关税壁垒限制外国商品的进口，从而给国际贸易造成了许多障碍。如当前世界上流行的绿色贸易壁垒，保护的内容非常广泛，不仅涉及与人类健康、卫生、安全相关的保护，而且涉及对资源、环境、生态的保护。这些绿色保护措施，具有很大的不确定性和不可控性，因此对生产技术水平较低的发展中国家影响就更大、更深。

另外，国际贸易还存在市场调查困难、交易接洽成本高、争议处理困难等问题。

第三节　国际贸易的基本概念

一、贸易额

（一）国际贸易额

国际贸易额又称国际贸易值，是指以货币表示的世界各国的对外贸易总额。这是计算和统计世界各国对外贸易总额的指标，是把世界上所有国家和地区的出口额相加得出的数额。但是，在计算国际贸易额时，不是简单地把世界各国的出口额与进口额加在一起。因为一国（或地区）的出口，就是另一国（或地区）的进口，若两者相加等于重复计算。联合国统计中，通常采用各国出口额相加作为国际贸易额。因为世界上绝大多数国家（或地区）都是用CIF价格计算进口额的，即成本加运费、保险费。显见，把进口值加起来作为国际贸易额，是不准确的。而出口额一般采用FOB价格，即装运港船上交货，相对于CIF价格而言，是比较准确的。CIF价格比FOB价格多了运费和保险费，所以，世界进口额会大于世界出口额。

（二）对外贸易额

对外贸易额（Value of Foreign Trade）又称对外贸易值，这是用货币金额表示的一国一定时期内的进出口的规模。一定时期内一国从国外进口的商品的全部价值，称为进口贸易总额或进口总额；一定时期内一国向国外出口的商品的全部价值，称为出口贸易总额或出口总额。两者相加为进出口贸易总额或进出口总额，是反映一个国家对外贸易规模的重要指标，一般用本国货币表示，也有的用国际上习惯使用的货币表示。联合国编制和发表的世界各国对外贸易值的统计资料，是以美元表示的。在计算时，出口额要以FOB价格计算，进口额则以CIF价格计算。

二、贸易量

对外贸易量（Quantum of Foreign Trade），原意是用进出口商品的数量、重量、长度、面积、体积等计算单位来表示进出口商品的多少和变化的实际情况。这是为剔除价格影响，并能准确反映一国对外贸易的实际数量变化而制定的一个指标，它能确切地反映一国对外贸易的实际规模。对外贸易量是以一定时期的不变价格为标准来计算的对外贸易值，具体计算是：首先，以一定时期的不变价格为标准，来计算各个时期的对外贸易量，即用价格指数除贸易额，得出对外贸易量；其次，以一定时期为基期的贸易量和各个时期的贸易量相比较，就得出表示贸易量的指数。其等式为：

当期贸易量=当期进口或出口总额/进口或出口价格指数

价格指数=（当期价格/基期价格）×100%

贸易指数=（当期贸易量/基期贸易量）×100%

三、贸易收支与贸易差额

国际收支是指在一定时期内（通常为一年），一国或地区与其他国家或地区之间所有的经济交易的收入和支出的系统记录。一国在一定时期内商品出口总额与进口总额相比而形成的差额，则称为对外贸易差额。当出口商品总额超过进口商品总额时，也就是这个国家的贸易收入大于贸易支出，差额部分称为"贸易顺差"，又称贸易收支黑字，也可称"贸易出超"；反之，当进口商品总额超过出口商品总额时，也就是这个国家的贸易收入小于贸易支出，差额部分称为"贸易逆差"，又称贸易收支赤字，也可称为"贸易入超"；如进出口商品总额相等，则叫作"贸易平衡"，又称国际收支平衡。

四、对外贸易依存度

对外贸易依存度通常是指一定时期内一个国家或地区对外贸易总额占该国或地区国内生产总值（GDP）的比重，它反映一国参与全球经济一体化的程度。这是衡量一国国民经济对进出口贸易的依赖程度的一个指标。由于各国经济的发展水平不同，对外贸易政策存在差异，国内市场的大小不同，导致各国的对外贸易依存度有较大的差异。

对外贸易依存度的计算公式为：

$$Z = (X + M)/GDP \times 100\%$$
$$Z_x = X/GDP \times 100\%$$
$$Z_M = M/GDP \times 100\%$$

其中，Z 为对外贸易系数，Zx 出口贸易系数，Zm 进口贸易系数，X 为出口总额，M 为进口总额。即：

对外贸易系数=进出口总额/GDP×100%

出口贸易系数=出口总额/GDP×100%

进口贸易系数=进口总额/GDP×100%

其他相关公式：

外贸对经济增长的贡献率（度）=净出口增量/GDP增量

外贸对GDP增长的拉动度=（净出口增量/GDP增量）×GDP的增长率=净出口的贡献度×GDP的增长率

五、贸易条件

贸易条件又称交换比价，通常用某一时期内的出口商品价格指数与进口商品价格指数之比来表示，反映该国的对外贸易状况，一般以贸易条件指数表示，即：

贸易条件指数（N）=出口价格指数（Px）/进口价格指数（Pm）×100

如果贸易条件指数大于100，说明出口价格比进口价格相对上涨，出口同量商品能换回比原来更多的进口商品，该国的该年度贸易条件比基期有利，即贸易条件改善；如果贸易条件指数小于100，说明出口价格比进口价格相对下跌，出口同量商品能换回的进口商品比原来减少，该国的该年度贸易条件比基期不利，即贸易条件恶化。

六、对外贸易商品结构

对外贸易商品结构是指一个国家一定时期内各种类别的进出口商品占整个进出口贸易额的份额。一个国家对外贸易商品结构，主要是由该国的经济发展水平、产业结构状况、自然资源状况和贸易政策决定的。研究对外贸易商品结构，通常是看初级产品和工业制成品两大类别占世界贸易额的比重。发达国家对外贸易商品结构是以进口初级产品为主，出口工业制成品为主；发展中国家的对外贸易商品结构的特征则是以出口初级产品为主，进口工业制成品为主。"二战"后，工业制成品所占的比重逐渐上升，初级产品所占的比重日益减少。

七、对外贸易地理方向

对外贸易地理方向，也称对外贸易的地理分布，是指一定时期内世界上的一些国家或地区的商品在某一个国家对外贸易中所占的地位，一般以这些国家或地区的商品在该国进出口贸易总额的比重来表示。对外贸易地理方向既标明了一国出口商品的方向，也标明了该国进出口商品的来源，从而反映该国进出口贸易的国别分布与地区分布，表明了它同世界各国或地区经济贸易联系的程度。观察和研究不同时期的国际贸易地理方向，对于我们掌握市场行情的发展变化，认识世界各国间的经济交换及密切程度，开拓新的国外市场，均有重要的意义。

第四节 国际贸易的分类

国际贸易活动种类繁多，性质复杂，从不同的角度进行科学分类是认识和研究国际贸易非常重要的基础工作。根据不同的分类依据，国际贸易大致可以分为以下几种类型：按照交易内容和交际标物的特征划分，国际贸易可以分为货物贸易、服务贸易和技术贸易三大类；按照统计边界不同，国际贸易可分为总贸易和专门贸易两大类；按照商品移动方向划分，国际贸易可以分为出口贸易、进口贸易、复出口贸易、复进口贸易、转口贸易及过境贸易等；按照交易过程是否有第三方参加划分，国际贸易可分为直接贸易、间接贸易和转口贸易；按照参与贸易国家的多少划分，国际贸易可以分为双边贸易和多边贸易；按照货物运送方式不同划分，国际贸易可分为陆路贸易、海路贸易、空运贸易和邮购贸易等；按照清偿方式的不同划分，国际贸易可分为现汇贸易、易货贸易和记账贸易；按贸易方式的不同，国际贸易可分为包销、代理、寄售、招标、拍卖、商品交易所交易、加工贸易、补偿贸易、租赁贸易等。

一、按照交易内容和交易标的物的特征划分

（一）货物贸易

货物贸易属于有形贸易（Visible Trade 或 Tangible Trade），又称物品贸易。这种贸易的标的物是物质产品。它们具有可触摸、可看见的、外在的物理特性。传统意义上的国际贸易就是指这类。为对世界贸易进行统计和分析，由联合国统计委员会对上述商品目录简编进一步修订，于1950年制定完成《国际贸易标准分类》（Standard International Trade Classification，SITC）。《国际贸易标准分类》自1951年颁布实施以后，进行了数次修订，除门类框架不动以外，其他类目，随着层次的增加变动也相应扩大。在这个标准分类中，把有形商品分为10大类（Section）、67章（Division）、261组（Group）、1033个分组（Sub-group）和3118个项目（Item）。联合国国际贸易标准分类法将商品分为10类：食品及主要供食用的活动物（0）；饮料及烟类（1）；燃料以外的非食用原料（2）；矿物燃料、润滑油及有关原料（3）；动植物油脂及蜡（4）；化学品及有关产品（5）；主要按原料分类的制成品（6）；机械及运输设备（7）；各项制品（8）；没有分类的其他产品（9）。

在国际贸易统计中，一般把（0）~（4）类商品称为初级产品，把（5）~（8）类商品称为制成品。

（二）服务贸易

服务贸易（Trade in Services）属于无形贸易（Invisible Trade 或 Intangible Trade），是指服务这类产品的交易。这种贸易标的不是物质产品，而是服务。它们不具有可看见和可触摸的外在物理特性，例如，运输、保险、金融、文化娱乐、国际旅游、技术转让、咨询等方面的提供和接受。一般来说，服务贸易是指提供活劳动（非物化劳动）以满足服务接受者的需要并获取报酬的活动。为了便于统计，世界贸易组织的《服务贸易总协定》把服务贸易定义为四种方式：（1）过境交付，即从一国境内向另一国境内提供服务；（2）境外消费，即在一国境内向来自其他国家的消费者提供服务；（3）自然人流动，即一国的服务提供者以自然人的方式在其他国家境内提供服务；（4）商业存在，即一国的服务提供者在其他国家境内以各种形式的商业或专业机构提供服务。

（三）技术贸易

技术贸易（International Technology Trade）是无形贸易的另一种形式，是指技术供应方通过签订技术合同或协议，将技术有偿转让给技术接受方使用。

有形贸易与无形贸易有一个鲜明的区别，即有形贸易均需办理海关手续，其贸易额总是列入海关的贸易统计，而无形贸易尽管也是一国国际收支的构成部分，但由于无须经过海关手续，一般不反映在海关资料上。但是，对形成国际收支来讲，这两种贸易是完全相同的。无形贸易在国际贸易活动中已占据越来越重要的地位。它的贸易额在最近几年接近于国际商品贸易额的1/4。不少发达国家的服务贸易额已占其出口贸易额的相当比重，有的（如美国）已达一半左右。近年来，服务贸易的增长速度明显快于有形贸易的增长速度，且继续保持着十分强劲的势头。特别是在乌拉圭回合通过了《服务贸易总协定》，规定把服务贸易纳入国际贸易的规范轨道，逐步实现自由化。这将促使各国进一步大力发展服务贸易。

二、按照统计边界划分

（一）总贸易

总贸易体系（General Trade System）亦称一般贸易体系，是以国境为标准，统计进出口货物的方法。凡进入本国国境的货物一律列为总进口，包括进口后供国内消费的部分和进口后成为转口或过境的部分；凡离开本国国境的货物一律列为总出口，包括本国产品的出口、外国商品复出口及转口或过境的部分。总进口额加总出口额构成总贸易额。目前采用总贸易统计方法的有英、日、澳等90多个国家和地区。

（二）专门贸易

专门贸易体系（Special Trade System）亦称特殊贸易体系，是以关境为标准，以货物经过海关办理结关手续作为统计进出口货物的方法。专门贸易体系是以关境作为划分进口和出口标准的统计方法。专门贸易又可分为专门进口和专门出口。外国商品进入关境并向海关缴纳关税，又由海关放行后才能称为专门进口。列入专门进口货物的渠道一般有三种：（1）为国内消费和使用而直接进入的进口货物；（2）进入海关保税工厂的进口货物；（3）为国内消费和使用而从海关保税仓库中提出的货物以及从自由贸易区进口的货物。专门出口是指从国内运出关境的本国产品及进口后来经加工又运出关境的复出口商品。列入专门出口货物的来源一般有：（1）本国生产的产品的出口；（2）从海关保税工厂出口的货物；（3）本国化商品的出口，即进口后经加工又运出关境的商品的出口。专门进口额加专门出口额构成一国的专门贸易总额。目前采用专门贸易统计方法的有德、意、瑞士、法等80多个国家和地区。

美国采用专门贸易与总贸易两种概念分别统计其对外贸易，我国则采用总贸易概念统计对外贸易。

三、按照商品移动方向划分

（一）出口贸易

出口贸易（Export Trade）是指将本国或本地区所生产或加工的商品（包括劳务）输往其他国家或地区进行销售的商品交换活动，也被称为输出贸易。不属于外销的货物则不算。例如，运出国境供驻外使领馆使用的货物、旅客个人使用带出国境的货物均不列入出口贸易。

（二）进口贸易

进口贸易（Import Trade）指将外国或其他地区生产和加工的商品（包括劳务）购买后，输入本国市场进行销售的贸易活动，也被称为输入贸易。同样，不属于内销的货物不算。例如，外国使领馆运进供自用的货物、旅客带入供自用的货物均不列入进口贸易。

（三）复出口

复出口（Re-export Trade）是指从国外输入的商品，没有在本国消费，又未经加工就再出口，也称作复输出，如进口货物的退货、转口贸易等。

（四）复进口

复进口（Re-import Trade）是指输往国外的商品未经加工又输入本国，也称作再输入。产生复进口的原因，或者是商品质量不合格，或者是商品销售不对路，或者是国内本身就供不应求。从经济效益考虑，一国应该尽量避免出现复进口的情况。

（五）转口贸易

转口贸易（Entrepot Trade）是指商品生产国与商品消费国不直接买卖商品，而是通过第三国进行商品买卖。交易的货物可以由出口国运往第三国，在第三国经过加工或不经过加工再销往最终进口国；也可以不通过第三国运往，而由出口国直接将货物运送最终进口国，但出口与最终进口国之间并不直接发生买卖关系，交易是通过第三国的转口商进行的。对第三国来说，这是转口贸易。

（六）过境贸易

过境贸易（Transit Trade）是商品生产国与商品消费国之间进行的商品买卖活动，其货物运输过程必须通过第三国的国境的贸易活动。第三国则对此批货物收取一定的费用，这对第三国来说就构成了该国的过境贸易。比如，从甲国经过丙国国境向乙国运送货物，而货物所有权不属于丙国居民，对丙国来说，称为过境贸易。有些内陆国家同非邻国的贸易，其货物必须通过第三国国境。

转口贸易和过境贸易的区别在于商品的所有权。在转口贸易中，先从生产国出口者那里转到第三国（或地区）商人手中，再转到最终消费该商品的进口国商人手中；而在过境贸易中，商品所有权无须向第三国商人转移。

四、按照交易过程是否有第三方参加划分

（一）直接贸易

商品生产国与商品消费国不通过第三国而直接买卖商品的经营行为，称为直接贸易（Direct Trade），也称为双边贸易（Bilateral Trade）。直接贸易的双方直接谈判，直接签约，直接结算，货物直接运输。货物从生产国直接卖给消费国，对生产国而言，是直接出口贸易；对消费国而言，是直接进口贸易。

（二）间接贸易

间接贸易（Indirect Trade），是指货物生产国与消费国之间，经由第三国商人进行贸易的行为。这种行为对生产国来说，是间接出口贸易；对消费国来说，是间接进口贸易。间接贸易有些是出于政治方面的原因，有些是由于交易双方的信息不通畅而形成的。出口国与进口国之间不能直接进行洽谈、签约和结算，必须

借助于第三国的参加。

（三）转口贸易

转口贸易的定义在上面已经有所阐述，这里不再重复。转口贸易属于间接贸易的一种，商品的生产国和商品消费国之间的交易要通过第三国（或地区）的交易者来完成。

五、按照参与贸易国家的多少划分

（一）双边贸易

双边贸易（Bilateral Trade）是指由两国参加，双方贸易是以相互出口和相互进口为基础进行的，贸易支付在双边贸易基础上进行结算，自行进行外汇平衡。这类方式多适用于外汇管制的国家。现在有时也泛指两国间的贸易关系。

（二）多边贸易

多边贸易（Multilateral Trade）是指三个或三个以上国家之间相互进行若干项目的商品交换，相互进行多边清算的贸易行为。多边贸易为求相互间的收支在整体上获得平衡，通过协议在多边结算的基础上所进行的贸易，又称多角贸易。此类方式，有助于国家相互贸易时，用对某些国家的出超支付对应国家的入超，如有甲、乙、丙三国，甲对乙出超1000万美元，乙对丙出超1000万美元，丙对甲出超1000万美元。从而寻求外汇的平衡。当贸易项目的多边结算仍然不能使外汇平衡时，也可用非贸易项目的收支来进行多边结算。

六、按照货物运送方式的不同划分

陆地毗邻国家之间的贸易多采取陆路贸易（Trade by Roadway），主要运输工具是火车和卡车。

货物通过海上运输的国际贸易称为海路贸易，运输工具主要是各类船舶，这是国际贸易的最主要运输方式。我国的海路贸易最早兴起于唐代，唐代海路贸易的兴起在中国对外贸易史上具有划时代的意义，唐代海路贸易的兴起有其四方面深刻的社会基础：唐中期以前大批外商涌入沿海、唐中期陆路受阻而航运条件却大大改进、政府的鼓励政策以及南方商品经济的发达，这说明唐代海路贸易兴起与发展有其历史必然性。

空运贸易（Trade by Airway）是指单位价值较高或数量较少的货物，为争取时效，往往以航空货运方式装运。

邮购贸易（Mail Order）是指用邮购的方式获取自己所需的各种物品，打个电话、发个传真、发封电子邮件或写一封信，便可得到自己所需的物品。广义地讲，邮购贸易是利用电子工具从事商务及活动（工具包括初级的电报、电话、广播、电视、传真到计算机、计算机网络到各种信息基础结构和 Internet 等现代系统；狭义的讲，一句话：利用 Internet 从事商务及活动。

七、按照清偿方式的不同划分

（一）现汇贸易

以现汇的结算方式进行交易的贸易，称为现汇贸易，由于现汇在运用上灵活、广泛，可以自由地交换其他货币，所以，该方式是目前国际贸易活动中最普遍的一种。其特色是银行逐步支付货物款项，以结清债权、债务，结算方式以信用证为主，辅以托股和汇票等方式。

（二）易货贸易

易货贸易是指商品交易的双方依据相互间签订的易贸协定或易贸合同，以货物通过计价作为结算方式，互相交换货物的一种交易行为。这种方式比较适用于外汇不足或因其他各种原因无法以自由的结汇方式进行相互交易的国家。

（三）记账贸易

记账贸易是指两国政府同一时间签认贸易协定或贸易支付协定，按日记账方法进行结算的贸易。其特点是在一定时期内（多为一年），两国间贸易往来不用现汇逐步清算，而是到期一次性结清。通过记账贸易获得的外汇称为记账外汇，一般仅用于协定国之间，不能用于同第三国的结算。

八、按照贸易的不同方式划分

（一）包销

国际贸易中的包销（Exclusive Sales）是指出口人与国外经销商达成协议，在一定时间内把指定商品在指定地区的独家经营权授予该经销商。经销商则承诺不经营其他来源的同类或可替代的商品。通过包销协议，双方可以建立起一种稳定的长期的买卖关系，而具体的每一笔交易，则以包销协议为基础，另行订立买卖合同。

（二）代理

在国际贸易中，商业上的代理是指货主或生产厂商（委托人），在规定的地区和期限内，将指定商品交由国外客户代销的一种贸易方式。其做法是由委托人与代理人签订代理协议，授权代理人在一定范围内代表他向第三者进行商品买卖或处理有关事务，如签订合同及其他与交易有关的事务等；代理人在委托人授权范围所作的行为所产生的权利和义务，直接对委托人发生效力，即代理人是在授权范围内以委托人的名义行事。代理双方属于一种委托和被委托的代销关系，而不是买卖关系。

（三）寄售

寄售（Consignment）是一种委托代售的贸易方式，也是国际贸易中习惯采用的做法之一。在我国进出口业务中，寄售方式运用并不普遍，但在某些商品的交易中，为促进成交、扩大出口的需要，也可灵活适当地运用寄售方式。

"寄售"是一种有别于代理销售的贸易方式。它是指委托人（货主）先将货物运往寄售地，委托另外一个代销人（受委托人），按照寄售协议规定的条件，代替货主进行销售，货物出售后，由代销人向货主结算货款的一种贸易做法。

（四）招标

招标是一种国际上普遍运用的、有组织的市场交易行为，是贸易中的一种工程、货物、服务的买卖方式，相对于投标，称为招标。招标是指招标人（买方）发出招标公告或投标邀请书，说明招标的工程、货物、服务的范围、标段（标包）划分、数量、投标人（卖方）的资格要求等，邀请特定或不特定的投标人（卖方）在规定的时间、地点按照一定的程序进行投标的行为。

（五）加工贸易

加工贸易是指利用本国的人力、物力或技术优势，从国外输入原材料、半成品样品或图纸，在本国内加工制造或装配成成品后再向国外输出的，以生产加工性质为主的一种贸易方式。"三来一补"中的"三来"是主要的加工贸易形式，具体是指来料加工、来样加工和来件装配。

（六）补偿贸易

补偿贸易是指参与两国间贸易的双方，一方以货物购进机器、设备或其他技术，或者是以对方提供的机器、设备或技术进行生产和加工活动，待一定时期后，该方用该项目下的产品或是其他产品或者是产品销售后的收入去偿还对方的设备技术款项的一种贸易方式。这种方式对解决买方的资金暂时不足、帮助卖方推销商品均有一定的作用。

（七）租赁贸易

租赁贸易的本质是租，它是由租赁公司以租赁的方式将商品出售给非国外的用户使用，国外用户不交付商品货款而交付商品租金的一种交易方式，因而也称租赁款。这种贸易方式的特点是：出租的商品一般都是价格较为昂贵的设备或交通工具等；租赁公司享有该商品的所有权，并可按期收回稳定的资金；租户可避免积压大量的设备资金，并可及时更新、使用更新的技术。这种方式在国际贸易活动中发展迅速，并逐渐发展至租购结合，即先租，到一定时期后，该商品所有权即时为租户所有，变成了买卖关系。

  此外，国际贸易还可以按照以下几种方式划分：按照经济发展水平划分，国际贸易可以分为水平贸易和垂直贸易；按照贸易政策划分，国际贸易可以分为自由贸易、保护贸易和统制贸易。

第二章　国际贸易的产生与发展

第一节　国际贸易的产生

国际贸易的产生与发展是一个历史范畴，国际贸易是在人类社会生产力发展到一定阶段才产生和发展起来的。国际贸易的产生必须具备两个基本的条件，一是有剩余的产品可以作为商品进行交换，即商品贸易的出现；二是要有国家的存在，即出现了政治实体，商品交换要在各自为政的社会实体之间进行。这些条件不是人类社会一产生就有的，而是随着社会生产力的不断发展和社会分工的不断扩大而逐渐形成的。因此，社会生产力的发展和社会分工的扩大，是对外贸易产生和发展的基础。

国际贸易的产生与人类历史上三次社会大分工密切相关。

在原始社会初期，人类的祖先结伙群居，打鱼捕兽，生产力水平极其低下，人们处于自然分工状态，劳动成果仅能维持群体最基本的生存需要，没有剩余产品用以交换，因此谈不上对外贸易。

人类历史的第一次社会大分工，即畜牧业和农业的分工，促进了原始社会生产力的发展，产品除维持自身需要以外，还有少量的剩余。人们为了获得本群体不生产的产品，便出现了氏族或部落之间用剩余产品进行原始的物物交换。当然，这种交换还是极其原始并偶然发生的物物交换。

在漫长的年代里，随着社会生产力的继续发展，手工业从农业中分离出来成为独立的部门，形成了人类社会第二次大分工。由于手工业的出现，便产生了直接以交换为目的的生产——商品生产。当产品是专门为满足别人的需要而生产时，商品交换就逐渐成为一种经常性的活动。随着商品生产和商品交换的扩大，出现了货币，于是，商品交换就变成了以货币为媒介的商品流通，这样就进一步促使私有制和阶级的形成。由于商品交换的日益频繁和交换的地域范围不断扩大，又产生了专门从事贸易的商人阶层。第三次社会大分工使商品生产和商品流通进一步扩大。商品生产和流通更加频繁和广泛，从而阶级和国家相继形成。于是，到原始社会末期，商品流通开始超越国界，这就产生了对外贸易。早在公元前3500年前后，人类文明就开始在中东产生。当时，世界其他地方还比较落后，处于亚欧非三大洲之间的中东就比较发达了。除了基督教、犹太教和伊斯兰教三大宗教发源于中东，农业、城市、贸易也最早从中东开始。

人类社会三次大分工，每次都促进了社会生产力的发展和剩余产品的增加，同时也促进了私有制的发展和奴隶制的形成。在原始社会末期和奴隶社会初期，随着阶级和国家的出现，商品交换超出了国界，国家之间的贸易便产生了。可见，在社会生产力和社会分工发展的基础上，商品生产和商品交换的扩大，以及国家的形成，是国际贸易产生的必要条件。

总而言之，国际贸易的产生需要具备两个条件，一是剩余产品的出现产生了贸易；二是各自为政的社会实体出现产生了国家。剩余产品的出现是生产力发展的结果。各自为政的社会实体的产生是社会分工的结果。归根结底，国际贸易的产生是人类社会生产力发展到一定阶段的必然结果。

第二节 奴隶社会的国际贸易

在奴隶社会，自然经济占统治地位，其特点是自给自足，生产的直接目的主要是消费，不是交换。奴隶社会虽然出现了手工业和商品生产，但在一国整个社会生产中显得微不足道，进入流通的商品数量很少。同时，由于社会生产力水平低下和生产技术落后，交通工具简陋，道路条件恶劣，严重地阻碍了人与物的交流，对外贸易局限在很小的范围内，各个国家对外贸易的范围受到很大限制，其规模和内容都受到很大的限制。奴隶社会的对外贸易虽然有限，但对手工业的发展促进较大，在一定程度上推动了社会生产的进步。

奴隶社会是奴隶主占有生产资料和奴隶的社会，奴隶社会的对外贸易是为奴隶主阶级服务的。交易的商品主要是奴隶和供奴隶主消费的奢侈品。奴隶贸易成为奴隶主经常补充奴隶的重要来源。当时，奴隶主拥有财富的重要标志是其占有多少奴隶，因此奴隶社会国际贸易中的主要商品是奴隶。据记载，希腊的雅典就曾经是一个贩卖奴隶的中心。此外，粮食、酒及其他专供奴隶主阶级享用的奢侈品，如宝石、香料和各种织物等也都是当时国际贸易中的重要商品。

奴隶社会时期从事国际贸易的国家主要有腓尼基（公元前2000多年）、希腊（公元前1000多年）、西罗马帝国（公元前2世纪到公元2世纪）等，这些国家在地中海东部和黑海沿岸地区主要从事贩运贸易。我国在夏商时期进入奴隶社会，贸易集中在黄河流域沿岸各国。到公元100年左右，古典时代进入鼎盛时期，地中海的罗马帝国、中东的帕提亚帝国、印度的贵霜帝国以及中国的汉王朝分别发展成为各地区强大的政治经济实体。最初的"国际贸易"，更确切地说是"地区间贸易"也由此产生。当时各地区之间交换的物品主要有罗马的亚麻布、金银铜锡、玻璃，印度的香料、宝石和中国的丝绸，其中主要的产品是丝绸。国际贸易主要的通道是欧亚大陆之间的"丝绸之路"。然而，从公元2世纪末开始，世界各文明古国均不同程度地出现了动荡。汉帝国和罗马帝国相继灭亡，东西方的贸易也随之断断续续、时盛时衰。

综上所述，奴隶社会的国际贸易特点如下：（1）奴隶社会自然经济占统治地位，生产的直接目的是消费，商品生产在整个经济生活中还是微不足道的，进入国际贸易的商品很少；（2）在商品结构方面，一类是奴隶，一类是供奴隶主和王室享用的奢侈品；（3）由于奴隶社会生产技术落后，交通工具简陋，国际贸易的范围受到很大限制。

第三节　封建社会的国际贸易

到了封建社会，随着社会经济的发展，国际贸易也有了很大的发展。在封建社会早期，封建地租采取劳役和实物的形式，进入流通领域的商品并不多。到了封建社会中期，随着商品生产的发展，封建地租转变为货币地租的形式，商品经济的范围逐步扩大，对外贸易也进一步增长。在封建社会晚期，随着城市手工业的发展，资本主义因素已孕育生产，商品经济和对外贸易都有较快的发展。城市手工业的发展是推动当时国际贸易发展的一个重要因素。而国际贸易的发展又促进了社会经济的进步，并促进了资本主义因素的发展。另外，交通运输工具，主要是船只有较大的进步，国际贸易的范围扩大了。这一时期，中国与欧亚各国通过丝绸之路进行国际贸易活动，地中海、波罗的海、北海和黑海沿岸各国之间也有贸易往来。15世纪末至16世纪初的地理大发现，推动了国际贸易的发展。

从国际贸易的商品来看，在封建社会，封建地主阶级占统治地位，对外贸易是为封建地主阶级服务的。奴隶贸易在国际贸易中基本消失。参加国际贸易的主要商品，除了奢侈品，还有日用手工业品和食品，如棉织品、地毯、瓷器、谷物和酒等。这些商品主要是供国王、君主、教皇、封建地主和部分富裕的城市居民享用的。

对国际贸易的第一次大推动是中世纪后期西欧的势力扩张。在中世纪以前，西欧还是一个不发达的地区，其地处欧亚大陆的西端，不像中东地区那样有机会与其他民族接近，经济上也比较落后。然而，欧洲人所信仰的基督教使得他们有比别的民族更强烈的扩张性与好战性。为了使异教徒或不信教的人皈依基督教，他们不惜使用武力。从公元11世纪到13世纪，十字军多次东征从穆斯林手中夺得了地中海，从而使地中海像古代一样再一次成为欧亚大陆贸易的海上通道，将西欧融入了世界。成千上万的欧洲人参加了一次又一次的远征，看到了东方发达的经济和丰富的物质，以至于回国后仍垂涎于看到的和享受到的奢侈品。此时，西欧人的扩张除了为上帝服务征服异教徒，寻找黄金和获取资源也成为非常强烈的动机。由于地理和资源的限制，西欧做不到自给自足，他们急迫地需要寻找新的资源和产品，从而大大推动了欧洲以及欧亚大陆的贸易发展。

在欧洲，封建社会的早期阶段，国际贸易主要集中在地中海东部。在东罗马帝国时期，君士坦丁堡是当时最大的国际贸易中心。公元7~8世纪，阿拉伯人控制了地中海的贸易，通过贩运非洲的象牙、中国的丝绸、远东的香料和宝石，成为欧、亚、非三大洲的贸易中间商。11世纪以后，随着意大利北部和波罗的海沿岸城市的兴起，国际贸易的范围逐步扩大到整个地中海以及北海、波罗的海和黑海的沿岸地区。当时，南欧的贸易中心是意大利的一些城市，如威尼斯、热那亚等，北欧的贸易中心是汉撒同盟的一些城市，如汉堡、卢卑克等。到了14世纪，整个欧洲已形成了几个主要的贸易区，包括以意大利的威尼斯、热那亚和比萨等城市为中心的地中海贸易区，以布鲁日等城市为中心的北海和波罗的海贸易区，包括基辅、诺甫哥罗得、车尔尼哥夫、彼列雅斯拉夫尔等城市的东欧罗斯贸易区，德意志北部和北欧斯堪的纳维亚地区的汉萨贸易区，以及不列颠贸易区。这些贸易区不仅有大量的区内交易，相互之间的贸易往来也很密切。

在亚洲，当时也形成了几个比较重要的贸易区，包括以中国、朝鲜和日本为主的东亚贸易区，占婆（今越南南部）和扶南（今柬埔寨）等国的东南亚贸易区，以及以印度为主的南亚贸易区。各国之间的贸易由近海逐渐扩展到远洋。早在西汉时期，中国就开辟了从长安经中亚通往西亚和欧洲的陆路商路——丝绸之路，把中国的丝绸、茶叶等商品输往西方各国，换回良马、种子、药材和饰品等。到了唐朝，除了陆路贸易，还开辟了通往波斯湾以及朝鲜和日本等地的海上贸易。在宋、元时期，由于造船技术的进步，海上贸易进一步发展。在明朝永乐年间，郑和曾率领商船队七次下"西洋"，经东南亚、印度洋到达非洲东岸，先后访问了30多个国家，用中国的丝绸、瓷器、茶叶、铜铁器等同所到的国家进行贸易，换回各国的香料、珠宝、象牙和药材等。

在公元13~14世纪，东西方之间通过陆路和海路也进一步发展了贸易。陆上通道主要是原来的"丝绸之路"。此时正值中国元朝时期，元帝国三次西征，疆界扩至黑海南北两岸和波斯湾地区，打通了从中国直至欧洲的通道。海上通道则主要从地中海，经红海和印度洋到印度，或从波斯湾经阿拉伯海到印度。欧洲从东方进口的商品主要有中国的丝绸、瓷器、茶叶，印度的珠宝、蓝靛、药材、地毯，以及东南亚的香料。这些商品在欧洲人的消费中占据了越来越重要的地位。但欧洲能向东方出口的产品却不多，除了出口羊毛、呢绒和金属制品，不得不支付大量的黄金与白银。

综上所述，资本主义社会以前的国际贸易是为奴隶主和封建地主阶级利益服务的。随着社会生产力的提高，以及社会分工和商品生产的发展，国际贸易不断扩大。但是，由于受到生产方式和交通条件的限制，商品生产和流通的主要目的是满足剥削阶级奢侈生活的需要，贸易主要局限于各洲之内和欧亚大陆之间，国际贸易在奴隶社会和封建社会经济中都不占有重要的地位，贸易的范围和商品品种都有很大的局限性，贸易活动也不经常发生。那么，15世纪的"地理大发现"及由此产生的欧洲各国的殖民扩张则大大发展了各洲之间的贸易，从而开始了真正意义上的"世界贸易"，而到了资本主义社会，国际贸易才获得了广泛的发展。

第四节　资本主义时期的国际贸易

国际贸易虽然源远流长，但真正具有世界性质是在资本主义生产方式确立起来之后。资本主义生产方式之下，国际贸易额急剧扩大，国际贸易活动遍及全球，贸易商品种类日渐增多，国际贸易越来越成为影响世界经济发展的一个重要因素。而在资本主义发展的各个不同时期，国际贸易的发展又各具特征。

一、地理大发现对国际贸易的影响

1486—1488年，葡萄牙人巴托罗缪·迪亚士沿非洲西海岸南下，到达非洲南端的好望角，这是寻找新航路的第一次重要突破。

1497—1498年，葡萄牙人瓦斯科·达·伽马从欧洲绕过非洲南端的好望角到达印度。葡萄牙贵族瓦斯科·达伽马奉葡萄牙国王之命于1497年7月8日从里斯本出发，绕过非洲南端的好望角，再沿非洲东海岸北上，穿越印度洋，于1498年5月20日到达印度。这两次航行历史上人们称为"发现新航路"。

1492—1493年，热那亚人哥伦布从西班牙出发经大西洋发现了美洲；热那亚人（今意大利人）克里斯多佛·哥伦布于1492年8月3日奉西班牙国王派遣率船队西行，横渡大西洋，最终到达中美洲的圣萨尔瓦多岛、海地岛、古巴岛。此后，哥伦布又三次西航，陆续抵达西印度群岛和中、南美洲大陆的其他一些地方，历史上称为"发现新大陆"。

1519—1522年，葡萄牙人麦哲伦完成了环球航行。葡萄牙航海家斐迪南多·

麦哲伦奉西班牙国王之命于1519—1522年横渡大西洋，沿巴西东海岸南下，绕过麦哲伦海峡，进入太平洋，抵达菲律宾群岛。在此麦哲伦被当地土人杀害，其同伴继续绕过马鲁古群岛进入印度洋，绕过好望角沿非洲西海岸北上，最终返回西班牙，完成了人类第一次环球航行。

以上这些新航路的开辟，基于以下原因与条件：一方面，随着生产力和经济的发展，市场进一步扩大，对货币的需要不断增加；另一方面，商业危机促使欧洲人开辟了新航路。西欧生产力的发展，天文、地理知识的进步，航海、造船技术的成就，为远洋航行开辟新航路准备了必要的条件。这些地理大发现对西欧经济发展和全球国际贸易产生了十分深远的影响。大批欧洲冒险家前往非洲和美洲进行掠夺性贸易，运回大量金银财宝，甚至还开始买卖黑人的罪恶勾当，同时还将这些地区沦为本国的殖民地，妄图长久地保持其霸权。这样，既加速了资本原始积累，又大大推动了国际贸易的发展。西班牙、荷兰、英国之间长期战火不断，目的就是争夺海上霸权，说到底，就是要争夺殖民地和国际贸易的控制权。可见，国际贸易是资本主义生产方式的基础，同争夺海运和国际贸易的霸权相呼应，这些欧洲国家的外贸活动常常具有一定的垄断性质，甚至还建立了垄断性外贸公司（如英国的东印度公司）。

地理大发现的直接结果是扩大了欧洲国家对外贸易的地理范围，国际贸易版图从西欧拓展到美洲、非洲和亚洲，同时，也极大地丰富了贸易内容。欧洲向美洲出口制成品，包括纺织品、家具、家庭用品，非洲向美洲输出奴隶，美洲向欧洲输出黄金、白银、烟草和茶叶，欧洲从亚洲进口的仍然是丝织品、香料和茶叶等。地理大发现的另一结果是引起了西欧商业性的革命，出现了海外贸易公司这一重要的组织形式。地理大发现及随后的殖民扩张推动了洲际之间的贸易，将各大洲独自发展的国家联系起来，初步形成了以西欧为中心的世界市场，使得国家之间的贸易具有了"世界"的概念。

二、资本主义初期的国际贸易

地理大发现时期也是资本主义生产方式准备和产生时期，即16世纪至18世纪中叶，是资本原始积累和工场手工业大发展时期，也是新航线发现和世界市场开始产生的时期。这一时期工场手工业的发展使劳动生产率得到提高，商品生产和商品交换进一步发展，这为国际贸易的扩大提供了物质基础。地理大发现更是加速了资本的原始积累，促进了世界市场的初步形成，从而扩大了世界贸易的规模。

这一时期盛行的贸易思想是重商主义。地理大发现的结果使西欧各国纷纷走上了向亚洲、美洲和拉丁美洲扩张的道路，在殖民制度下进行资本血腥的原始积累。当然这对资本主义生产方式的发展和在全世界范围内的确立起到了巨大的作用。

从16世纪到18世纪，随着殖民扩张和各洲之间贸易的发展，西欧各国经济发生了很大的变化。一方面，欧洲从海外获得了大量的金银财宝，积聚了大量的商业资本和工业资本，从而基本完成了资本的原始积累，为资本主义生产方式的产生和发展奠定了基础；另一方面，海外市场尤其是美洲市场的开发使得对欧洲工业产品的需求迅速增加，这一点对欧洲来说非常重要。在与亚洲的贸易中，他们一直处于逆差状态。欧洲产品在亚洲一直没有市场，而美洲市场的出现使欧洲的贸易不平衡状况得到大大的改善。当时的美洲主要是欧洲的殖民地，欧洲移民到了美洲以后需要大量的食物、酒、油、金属制造品、枪支、火药和毛麻织品，从而大大刺激了欧洲的工业生产。欧美之间的贸易大大促进了欧美国家以分工交换为基础的市场经济的形成和经济实力的加强。

三、工业革命对国际贸易的影响

17世纪中期英国资产阶段革命的胜利，标志着资本主义生产方式的正式确立。随后英国夺得海上霸权，意味着它在世界贸易中占据主导地位，为其向外掠夺扩张铺平了道路。18世纪中期的工业革命又为国际贸易的空前发展提供了十分坚实而又广阔的物质基础。一方面，蒸汽机的发明使用开创了机器大工业时代，生产力迅速提高，物质产品大为丰富，从而真正的国际分工开始形成；另一方面，交通运输和通信联络的技术和工具都有突飞猛进的发展，各国之间的距离似乎骤然变短，这就使得世界市场真正得以建立。正是在这种情况下，国际贸易有了惊人的发展，并且从原先局部的、地区性的交易活动转变为全球性的国际贸易。这个时期的国际贸易，不仅贸易数量和种类有长足增长，而且贸易方式和机构职能也有创新发展。显然，国际贸易的巨大发展是资本主义生产方式发展的必然结果。

工业革命可以分为两个阶段。第一阶段大约从1770年开始到1870年，以蒸汽机的发明和使用为主要标志，建立起了纺织、冶金、煤炭三大支柱产业，特别是蒸汽机在火车和轮船上的应用促进了交通运输工具的改革，相对缩短了国家间的距离，使更多的国家和商品进入了国际交换的领域。第一次工业革命主要发生在英国。当时的英国是全世界最大的殖民帝国，殖民地的贸易以惊人的速度增长，用于殖民开发的斧子、钉子、枷锁、铁链，以及武器的需求大大促进了英国炼铁工业的发展，继而推动了炼铁所用的煤炭的开采。对棉纺织品的需求也刺激着纺织工业的技术更新。强烈的需求增长导致了在这些工业里的一系列发明，包括阿克赖特的水力纺纱机（1769年），哈格里夫斯的多轴纺纱机即珍妮机（1770年），克朗普顿的走锭纺纱机（1779年），瓦特的蒸汽机（1782年），德尔比父子的煤与焦炭混和石灰炼铁法（1735年），科特的搅拌炼铁术（1783年），以及凿井机、曳运机、蒸汽抽水机等。纺织机、蒸汽机和冶金新技术则代表这一时期在工具、动力和材料上的技术革命。

工业革命的第二阶段约从1870年到20世纪初，人们也常把这一时期称为"第二次技术革命"，以电力发明和应用为主要标志、以重化工业兴起为特征，主要发生在德国和美国，也包括其他欧洲国家。这一阶段的主要特点有两个，一是科学指导下的技术革命在工业生产中发挥了重要作用，二是大批量生产的技术得到了改善和运用。

1870年以后，欧美出现了许多装备了精密仪器和配备了训练有素的科学家的实验室。许多新的技术不断涌现，包括贝塞麦、西门子-马丁以及托马斯的炼钢法，石油勘探和开采的技术，发电技术、照明技术、电讯技术、各种化学产品的发明与生产等；物理学、化学等科学指导下的发明创造取代了偶然或单独的发明；新的大量的发明创造造成了大量新的工业的产生。另外，以大批量生产为目的的技术也不断出现，包括制造生产标准化零件的模子和设计生产出装配线，这种新技术的应用不仅强化了专业化分工，同时大大提高了劳动生产率，使生产规模大大扩大。

经过工业革命以后，欧美发达国家的生产力大大提高，经济体制和经济结构发生了巨大的变化。到1914年第一次世界大战爆发时，欧洲、北美、日本和澳大利亚都先后完成了工业化过程，从自然的农业手工业经济过渡到资本主义工业经济。整个世界形成了以欧美国家为主的现代工业经济为一极和其他国家组成的农业手工业等传统经济为一极的两极格局。

资本主义的生产方式和工业革命对世界贸易的影响是极其深远的。一方面，贸易作为商品销售和资本积累的方式，促进了资本主义生产方式和工业革命的产生和发展；另一方面，贸易作为资本主义社会化生产方式和工业革命的必然结果而被不断扩大。在资本主义生产方式下，贸易不再只是自然经济中的互通有无，而是作为主要的谋利手段。工业革命则彻底改变了各国和世界的自然经济结构，使国际分工和国际贸易成为人类经济活动中的必要组成部分。

工业革命对国际贸易的影响主要表现在三个方面。第一，工业革命大大提高了劳动生产力，促进了生产。人们在满足了本国本地区的消费需求外，有大量的剩余产品可以用来与别国交换。工业化了的欧洲需要为他们的剩余制造品获得市场，也最终有了改变与亚洲贸易中长期处于逆差的地位。第二，推动了交通运输工具和通信联络工具的巨大发展和广泛运用，缩短了国际间的距离，推动了国际贸易的发展。第三，也是最重要的，工业革命使世界从单一的农业社会转向以工业生产为主的现代经济。与农产品和其他初级产品不同，工业产品的种类千千万万，无穷无尽，且随着科技的不断进步而日新月异，任何一国都不能自己生产全部的工业产品,都不可能达到农业社会时的"自给自足",各国都只能生产一部分产品,然后用自己的产品与外国的产品进行交换。国际范围内的分工和交换即国际贸易逐渐成为现代经济中必不可少的一部分。

经过工业革命,世界日益成为一个经济整体,并形成了一个以西欧、北美国家生产和出口制成品,其余国家生产和出口初级产品并进口欧美制成品的国际分工和世界贸易格局。世界贸易的基础已不仅仅是各国的天然资源。各国生产技术不同而产生的成本差异成为决定贸易模式的重要因素。

四、资本主义自由竞争时期的国际贸易

18世纪后期至19世纪中叶是资本主义的自由竞争时期。一方面,欧洲国家先后发生了工业革命和资产阶级革命,资本主义机器大工业得以建立并广泛发展,社会生产力水平大大提高,生产规模的空前扩大,引起了国际贸易额的迅速增长。可供交换的产品空前增加,真正的国际分工开始形成;另一方面,大工业使交通和通信联络发生了变革,极大地便利和推动了国际贸易的发展,特别是工业革命以后,国际贸易出现了前所未有的大发展。

(一) 国际贸易规模

国际贸易额空前增加,此前从18世纪初到19世纪初的将近100年里,世界贸易总额增长了1倍多。然而,仅在19世纪的前70年(1800—1870年)中,世界贸易就增长了6.7倍,平均年增长率超过9%。如果扣除价格下跌的因素,实际贸易量增长了9.6倍,从1870年到第一次世界大战前的1913年,尽管除英国以外的主要欧美国家开始实行贸易保护主义的政策并先后出现了几次经济衰退,世界出口总额仍然从51.3亿美元增加到184亿美元,增长了将近2.6倍,年平均增长率仍达6%。

(二) 国际贸易地理格局

资本主义自由竞争时期英国、法国、德国和美国在国际贸易中占主要地位。18世纪末和19世纪初,英国在国际贸易中处于垄断地位,整个世界成了英国大工业的销售市场和原料来源地。到了19世纪中叶,其他资本主义国家先后发展起来,在世界市场上与英国展开了竞争。19世纪前半期,法国在欧洲大陆国家中在工业生产和国际贸易方面都占重要地位。19世纪后半期,德国的统一,特别是由于1870—1871年普法战争的胜利,大大推动了德国工业的发展,使德国在世界贸易中的比重超过了法国。

(三) 国际贸易经济结构

工业革命改变了欧洲各国的经济结构,农业在国民经济中的比重迅速下降,

工业的比重大大增加。工业的发展不仅生产出大量的制成品需要寻找市场，也需要进口更多本国没有或不足的原料（如棉花、橡胶、石油、各种矿产资源）。因此，国际贸易越来越成为欧美工业国家经济中不可缺少的重要部分。从1840年到1870年，英国的出口占国民生产总值的比重从9%上升到16%，法国和德国也都从原来的7%增加到16%，在30年中增加了一倍多。

（四）国际贸易的商品结构

在地理大发现和西欧殖民扩张以前，世界贸易中的主要产品是各洲各国的特产和手工业产品，如香料、丝绸。殖民开发以后，增加了许多殖民地奴隶种植园中生产的大宗消费品如蔗糖、咖啡、可可、茶叶等，但工业原料和制造品在国际贸易中仍不是主要的。而工业革命以后，国际贸易的商品结构和流向都发生了重大变化。初级产品中，矿产原料所占比重快速上升，食品和农业原料的比例下降。制成品中，纺织品比例下降，金属产品的比例上升。其主要表现在：第一，工业制成品特别是机器棉纺织品的贸易迅速增长，成为欧洲最重要的大宗出口产品，并以低廉的价格和标准稳定的质量取代了印度、中国等国的手工纺织品，成为19世纪国际贸易中的主要商品；第二，大宗工业原料成为殖民地和半殖民地国家的主要出口产品，棉花、黄麻、生丝、烟草以及矿产原料逐渐取代香料、茶叶等成为19世纪初级产品贸易中的重要商品；第三，机器设备和运输工具在国际贸易中的地位日益重要，随着英法等国的殖民扩张和资本输出、铁轨、机车、蒸汽机、矿山机械等机器设备成为重要的贸易产品；第四，农产品特别是谷物贸易大大增加。农产品作为初级产品，各国都能生产，在以互通有无为主的自然经济的贸易中，农产品的进出口量并不很大。工业革命的结果使得欧洲各国农产品的相对成本和价格都大大提高，美国、加拿大和澳大利亚的大规模农业生产又大大降低成本，作为比较优势和专业化分工的结果，农产品贸易占世界贸易的比重也增加了。

五、垄断资本主义时期的国际贸易

垄断资本主义时期指的是19世纪70年代到20世纪40年代。从19世纪70年代起，自由竞争的资本主义向垄断资本主义即帝国主义过渡，19世纪末20世纪初，资本主义变成了帝国主义。这一期间的国际贸易不可避免地带有"垄断"的特点。垄断开始对国际贸易产生重要影响。由于生产和资本的高度集中，垄断组织经济生活起着决定性的作用。它们在控制国内贸易的基础上，在世界市场上也占据了垄断地位，通过垄断价格使国际贸易成为垄断组织追求最大利润的手段。在这一时期，国际贸易中明显形成了大型垄断组织瓜分世界市场的局面。一些主要资本主义国家的垄断组织开始资本输出。为了确保原料的供应和对市场的控制，少数富有的资本主义国家开始向殖民地国家输出资本。

1870年至1914年期间，德国和美国首先发生了第二次工业革命，逐步扩散到欧洲其他国家，这次工业革命以"钢和电的革命"为标志。电和电动机的发明及其应用大大改善了人类的生活水平，加快了电力工业、钢铁工业、汽车工业、化学工业、冶金制造工业等重工业的发展，使得工业国家的重工业的比重逐渐增加，并取代轻工业而居主导地位。第二次工业革命对社会生产力的发展起到了巨大的推动作用，工业生产在19世纪末得到了迅速发展，资本主义的国际贸易发展在第一次世界大战前的20年处于特别强盛时期。

在1914年7月28日到1918年11月11日期间发生了第一次世界大战，欧洲遭到非常严重的破坏，尽管美国和日本发了战争横财，但国际贸易额锐减并停滞不前。两次世界大战期间，资本主义世界爆发了三次经济危机，战争的破坏和空前的经济危机使世界工业生产极为缓慢，在1912—1938年的25年间，世界工业生产量只增长了83%。同时，这一时期贸易保护主义显著加强，奖出限入措施交互推进，螺旋上升，给国际贸易的发展设置了层层人为的障碍。因此，两次世界大战期间，国际贸易的扩大过程几乎处于停滞状态。1913—1938年，世界贸易量只增长了3%，年增长率为0.7%，世界贸易值反而减少了32%，而且这一时期，国际贸易的增长更为明显地落后于世界工业生产的增长，许多国家对对外贸易的依赖性减小了。

（一）国际贸易规模

从自由竞争进入帝国主义，截至第一次界大战前，国际贸易规模仍呈现出明显的增长趋势，但与自由竞争时期相比，增长速度已经下降了，1840—1870年这30年间，国际贸易量增长3.4倍，而1870—1900年这三十年间，国际贸易量却只增长了1.7倍，1900—1913年间仅增长了62%。1913—1938年，世界贸易量的年平均增长率仅为0.7%，世界贸易值反而减少了32%。在资本主义自由竞争时期，国际贸易的增长速度超过了世界工业生产。而在这一时期，世界出口量增长落后于世界工业生产，世界市场的容量在缩小。1876—1913年，世界出口量的年平均增长率为3.3%，世界工业生产的年均增长率为4.1%。1913—1938年世界贸易量的年平均增长率下降到0.7%，世界工业生产的年均增长率也下降到2.5%。

两次世界大战期间，国际政治经济形势发生了很大的变化：1929—1933年世界性的经济危机，对整个世界经济的发展有很大的不利影响，而战争的破坏性直接影响了世界经济的发展。世界生产和贸易经历了衰退和萧条，如表2-1所示。

表 2-1　1913—1948 年国际贸易增长情况

时间段	世界工业生产年增长率/%	国际贸易年增长率/%
1913—1929	2.7	0.72
1929—1938	2.0	-1.15
1938—1948	4.1	0.00

（二）国际贸易的地理格局

在这一时期，国际贸易的地理格局发生了变化。"一战"前，英国在世界贸易中的地位已经开始下降。西欧国家及北美、非洲、拉丁美洲国家在世界贸易中所占的比重增加。19 世纪 80 年代，美国出口的 4/5 是输往欧洲的。1895 年以后，美国对加拿大、拉丁美洲和亚洲的出口虽然有所增加，但在 1913 年欧洲仍然占美国出口的 60%。拉丁美洲的对外贸易有 2/3 是对欧洲的贸易。第一次世界大战打断了各国间特别是欧洲国家与海外国家间的经济贸易联系，使欧洲在国际贸易中的比重下降，而美国的比重却有了较大的增长。亚洲、非洲和拉丁美洲经济不发达国家在国际贸易中的比重亦有所上升。两次世界大战期间的国际贸易地理格局表现为：欧洲、俄国比重下降，美国、北美、日本和大洋洲国家的比重提高，亚洲、非洲和拉丁美洲经济略有提升。

但在这一时期，欧洲国家仍然处于国际贸易的控制地位，因为两次世界大战期间的经济危机和超保护主义政策措施在限制欧洲各国间贸易的同时，鼓励和扩大了欧洲对其他国家的贸易。

（三）国际贸易的商品结构

"一战"前，从商品结构上看，由于机器制造业、铁路业和造船业的发展，使矿业原料加工业制成品的比重增加；初级产品和制成品在世界贸易中所占比重持续稳定；食品、农业原料、纺织品的比重下降；矿产原料、金属产品、化学品、纸张、木制品、陶土制品和玻璃器皿的比重增加。

两次世界大战期间，国际贸易商品结构的特点表现在初级产品和制成品上。1913—1939 年，初级产品和制成品在世界贸易中所占的比重持续稳定。食品和农业原料所占的比重均有所下降，而燃料和其他矿产品的比重皆有所增加，其中矿物产品和石油所占的比重迅速上升。制成品贸易结构的突出变化是重工业品贸易所占比重显著增加和纺织品贸易比重下降，制成品中机械产品和武器产品的贸易所占的比例迅速增加，金属和化学品的国际贸易比重也有所增加，但其他轻工产品贸易比重则下降了。制成品贸易日益从消费品贸易转向资本货物贸易，半制成品贸易也稍有增加。

第五节 "二战"后的国际贸易

一、国际贸易发展三阶段

第二次世界大战后,国际贸易的发展大概可以分为三个阶段。第一阶段,1973年前的国际贸易迅速发展,主要原因有两个:一是科技革命大幅度提升了国际生产力水平;二是"二战"后建立起了国际货币体系、关税与贸易总协定,为国际贸易的发展提供了一个稳定、可预见的、自由的外部贸易环境等。第二阶段,1973年至1990年期间的国际贸易缓慢发展,原因是经济危机及世界经济进入了滞胀期,使许多国家开始实施新的保护贸易政策,影响了国际贸易的发展。第三阶段,特别是1995年以后,由于WTO正式运行,国际贸易获得了迅速发展。

第一阶段,黄金时期,国际贸易迅速发展。

1950—1973年的23年间,国际贸易从600亿美元增加到5740亿美元,增长了8.5倍,年平均增长率为10.3%,高于同期世界工业生产增长率5.2%,也超过了国际贸易历史上增长最迅速时期的水平。

这个时期的典型特征是形成了以美国为重心的资本主义经济政治体系,确立了美国的世界霸主地位;成立了国际货币基金组织和世界银行,关税与贸易总协定,为国际贸易发展起了很大的促进作用;国际贸易发展不平衡,资本主义国家占绝对优势,以中国为首的社会主义国家和第三世界国家崛起,在国际贸易中占很大一部分比重;商品输出依然以农产品等初级商品为主;国际贸易中发达国家之间的贸易占绝对份额。

第二阶段,滞胀时期,国际贸易缓慢发展。

1973—1990年,该时期内国际贸易的增长速度明显减缓。其中1974—1979年世界贸易年平均增长率为18.9%,世界贸易出口年平均增长率仅为4%,远低于20世纪六七十年代的水平,进入20世纪80年代后期,国际贸易增长逐步恢复,整个20世纪80年代,世界贸易出口量年平均增长率达到5%。

这个时期国际贸易的特征:新兴工业国家和地区出现,特别是西欧和日本崛起,资本主义世界三大经济中心形成(美国、西欧、日本),亚洲四小龙迅速发展,在国际贸易中占很大比重;科学技术成为第一生产力,各国越来越重视科技的力量;资本主义国家从以商品劳务输出转变为以资本输出为主。

第三阶段:国际贸易快速发展。

20世纪90年代以后国际贸易增长波动很大,但整体进入了一个快速发展期。

该时期是国际贸易迅速发展期,超过了以前国际贸易发展的任何时期,国际贸易起伏增长率为4%~10%，但始终高于世界经济增长率4%左右，国际贸易发展不平衡，特别是发达国家和发展中国家的国际贸易发展不平衡。发达国家之间贸易额所占比重继续上升，发展中国家所占比重下降。

这个时期国际贸易发展的主要特征有：知识对于国际贸易起了越来越重要的作用，人类进入了知识经济时代；国际贸易中工业制成品所占的比重大幅度提高，农产品等初级产品所占的比重下降；服务业对于国际贸易发展起着越来越大的贡献；发达国家的贸易成为主要贸易，北北贸易取代南北贸易成为主要的贸易形势；美国仍是头号贸易强国，但领先地位有所下降，德国、日本的贸易地位有所提高，形成美日欧三足鼎力的局面，亚洲的份额有所增加，而拉美、非洲的比例有所下降，新兴工业国家和地区成为主要力量；经济全球化和区域一体化迅速发展，跨国公司迅速发展；在国际贸易发展的同时，发达资本主义国家不再只注重贸易增长量，也开始注重环境保护的重要性，把一些环境污染重、耗能高的企业转移到发展中国家，极大地造成了发展中国家的环境污染。

二、国际贸易发展特征

"二战"后，国际贸易进一步扩大和发展，20世纪50年代以后，随着生产的社会化、国际化程度的不断提高，特别是新科技革命带来的生产力的迅速发展，国际贸易空前活跃。国际贸易无论是总量、规模，还是结构、形式都将逐步改变。国际分工、世界市场和国际贸易也都发生了巨大的变化。概括来说，当代国际贸易发展有以下一些新特征。

第一，科技革命促进国际贸易纵深发展。

"二战"后，美国成为第一经济大国。以美国为先导出现了以原子能、电子、合成材料、航天技术、生物技术为标志的新的科学技术革命，促成了一系列产业的诞生和发展，20世纪90年代信息技术革命为国际贸易和国际分工的发展提供了强大的技术支持。科技革命不仅带来了生产力的迅速提高，而且使国际分工在广度和深度上得到了进一步的拓展，越来越多的国家纳入了国际分工的体系中。

第二，国际贸易发展迅速。

"二战"后的国际贸易迅速发展，其速度和规模都远远超过了19世纪工业革命以后的贸易增长。从1950年到2000年的50年中，全世界的商品出口总值从约610亿美元增加到61328亿美元，增长了100倍。即使扣除通货膨胀因素，实际商品出口值也增长了15倍多，国际贸易远远超过了工业革命后乃至历史上任何一个时期的国际贸易增长速度。当前，世界GDP的年平均增长速度是3.8%左右，而国际贸易实际价值的年平均增长速度是6%左右，国际贸易增长速度超过了同期世界实际GDP增长的速度。这意味着国际贸易在各国的GDP中的比重在不断上升，国际贸易在现代经济中的地位越来越重要。

第三，服务贸易的快速发展。

国际贸易的增长速度大大超过世界产值的增长速度，服务贸易的增长速度又大大超过商品贸易的增长速度。"二战"后，伴随着第三次科学技术革命的发生，各国，尤其是发达国家产业结构不断优化，第三产业急剧发展，加上资本国际化和国际分工的扩大和深化，国际服务贸易得到迅速发展。发达国家服务业占其国内生产总值比重达 2/3，其中美国已达 3/4，发展中国家服务业所占比重也达 1/2。发达国家服务业就业人数占其总就业人数比重达 2/3，发展中国家的这一比重达 1/3。随着服务业的发展，其专业化程度日益提高，经济规模不断扩大，从而效率不断提高，为国际服务贸易打下了坚实的基础。

第四，网络贸易的蓬勃发展。

在国际贸易商品结构不断软化的过程中，国际贸易的交易手段也发生着变化。特别是 20 世纪 90 年代，随着信息技术的发展，信息、计算机等高科技手段在国际贸易上的应用，出现了网络贸易这种新型的贸易手段，无纸贸易和网络贸易市场的发展方兴未艾，已经引起了全球范围的结构性商业革命，有人声称，没有电子数据交换系统（EDI），就没有订单。据统计，EDI 使商务文件传递速度提高了 81%，文件成本降低了 44%，文件处理成本降低了 38%，由于错误造成的商贸损失减少了 40%，市场竞争能力则提高了 34%。利用国际互联网络的网上交易量也呈逐年上扬的势头，据国际电信联盟统计称，1996 年因特网交易总额为 20 亿~30 亿美元，1998 年增长至 500 亿美元。

第五，世界贸易的商品结构发生了重要变化。

新商品大量涌现。制成品、半制成品，特别是机器和运输设备及其零部件的贸易增长速度，石油贸易增长较迅猛，而原料和食品贸易发展缓慢，石油以外的初级产品在国际贸易中所占的比重下降。在制成品贸易中，各种制成品的相对重要性有了变化。非耐用品的比重下降，而资本货物、高科技办公用品所占的比重上升。技术贸易等无形贸易及军火贸易迅速增长。

第三章 传统国际贸易理论

第一节 绝对成本论与比较成本论

一、绝对成本理论

亚当·斯密（Adam Smith，1723—1790年），其生活的年代处于工场手工业向机器大工业过渡时期。因此他通过多年的钻研，在1776年发表了《国民财富的性质和原因的研究》（*An Inquiry into the Nature and Cause of the Wealth of Nations*）（又称《国富论》或《原富》）一书，书中提出了著名的绝对成本理论（The Theory of Absolute Cost），是国际分工与贸易理论的源头和基础。

所谓绝对成本，是指某两个国家之间生产某种产品的劳动成本的绝对差异，即一个国家所耗费的劳动成本绝对低于另一个国家。

亚当·斯密的绝对成本说主要阐明了如下内容。

分工可以提高劳动生产率，增加国民财富。斯密认为，交换是出于利己心并为达到利己目的而进行的活动，是人类的一种天然倾向。人类的交换倾向产生分工，社会劳动生产率的巨大进步是分工的结果。他以制针业为例说明其观点。根据斯密所举的例子，分工前，一个粗工每天至多能制造20枚针；分工后，平均每人每天可制造4800枚针，每个工人的劳动生产率提高了几百倍。由此可见，分工可以提高劳动生产率，增加国民财富。

分工的原则是成本的绝对优势或绝对利益。斯密进而分析到，分工既可以极大地提高劳动生产率，那么每个人专门从事他最有优势的产品的生产，然后彼此交换，则对每个人都是有利的。即分工的原则是成本的绝对优势或绝对利益。他以家庭之间的分工为例说明了这个道理。他说，如果一件东西购买所花费用比在家内生产的少,就应该去购买而不要在家内生产,这是每一个精明的家长都知道的格言。裁缝不为自己做鞋子,鞋匠不为自己裁衣服,农场主既不打算自己做鞋子,也不打算缝衣服。他们都认识到,应当把他们的全部精力集中用于比邻人有利地位的职业,用自己的产品去交换其他物品,会比自己生产一切物品得到更多的利益。

国际分工是各种形式分工中的最高阶段,在国际分工基础上开展国际贸易,对各国都会产生良好效果。斯密由家庭推及国家,论证了国际分工和国际贸易的必要性。他认为,适用于一国内部不同个人或家庭之间的分工原则,也适用于各国之间。国际分工是各种形式分工中的最高阶段。他主张,如果外国的产品比自己国内生产的要便宜,那么最好是输出在本国有利的生产条件下生产的产品,去交换外国的产品,而不要自己去生产。他举例说,在苏格兰可以利用温室种植葡萄,并酿造出同国外一样好的葡萄酒,但要付出比国外高30倍的代价。他认为,如果真的这样做,显然是愚蠢的行为。每一个国家都有其适宜于生产某些特定产品的绝对有利的生产条件,如果每一个国家都按照其绝对有利的生产条件(生产成本绝对低)去进行专业化生产,然后彼此进行交换,则对所有国家都是有利的,世界的财富也会因此而增加,如表3-1所示。

表3-1 英国和葡萄牙在分工前后生产酒和毛呢的情况⑧

	国家	酒产量(单位)	劳动投入(人/年)	毛呢产量(单位)	劳动投入(人/年)
分工前	英国	1	120	1	80
	葡萄牙	1	80	1	120
分工后	英国			2.5	200
	葡萄牙	2.5	200		
交换后	英国	1		1.5	
	葡萄牙	1.5		1	

国际分工的基础是有利的自然禀赋或后天的有利条件。斯密认为,有利的生产条件来源于有利的自然禀赋或后天的有利条件。自然禀赋和后天的条件因国家而不同,这就为国际分工提供了基础。因为有利的自然禀赋或后天的有利条件可

以使一个国家生产某种产品的成本绝对低于别国而在该产品的生产和交换上处于绝对有利地位。各国按照各自的有利条件进行分工和交换，将会使各国的资源、劳动和资本得到最有效的利用，将会大大提高劳动生产率和增加物质财富，并使各国从贸易中获益。这便是绝对成本说的基本精神。

亚当·斯密还论述了自由贸易所带来的好处，概括来说，大致有三个方面：第一，互通有无，交换多余的使用价值。也就是说，把本国多余的商品输出国外，换回本国无法生产或生产不足的商品，满足了双方需要。第二，增加社会价值，获取更大的利益。由于各国的社会劳动生产率参差不齐，商品价值的货币表现自然不尽相同，这样，通过对外贸易得到的某些商品的数量会超过本国所可能生产的，从而节省了本国的劳动力或增加了使用价值。第三，互惠互利，共同富裕。一国从对外贸易中得到的主要利益在于输出了本国消费不了的剩余货物，因此，即使两国贸易平衡，由于都为对方的剩余货物提供了市场，双方还是都有利益。所以对外贸易具有共同利益，而不是一方得到，一方受损。

总体来说，绝对成本理论可以概括为以下几点。

（1）认为分工导致专业化，分工导致生产率的提高引起社会财富不断增长。

（2）认为每一个国家都有其适宜于生产某些特定产品的绝对有利的生产条件（生产成本绝对低），各国应按照其绝对有利的生产条件去进行专业化生产，然后彼此进行交换，这样做对所有交换国家都有利。

（3）生产成本绝对差别的存在，是国际分工产生的基础和原因。要保证这种分工和交换的利益，其前提必须是自由贸易。

绝对成本理论论证了参与国际分工与贸易的国家都可获利，其利益是指劳动量不变情况下的商品增加，获利的原因是劳动生产率比贸易伙伴国高，推动了英国外贸的发展。

但它只能解释在生产上具有绝对优势的国家之间的贸易，而不能解释事实上存在的几乎在所有产品上都处于绝对优势的发达国家和几乎所有产品都处于绝对劣势的不发达国家之间的贸易现象。国际贸易学是研究国际间商品与劳务交换过程中的生产关系及有关上层建筑发展规律的科学。作为一门学科，国际贸易学是一门部门经济学，是经济学科中一个不可缺少的组成部分。国际贸易学的研究任务解释国际间贸易产生与发展的原因，分析国际贸易的归宿及其制约因素，考究各个国家的国际贸易条件及贸易格局，研究国际贸易的理论与政策，并要揭示其中的特点与运动规律。国际贸易学的研究对象既包括国际贸易的基本理论，也包括国际贸易政策以及国际贸易发展的具体历史过程和现实情况，世界各国（或地区）之间商品和服务的交换活动。

二、比较成本理论

英国古典经济学家大卫·李嘉图（David Richard，1772—1823年），他生活的年代正处于英国工业革命深入发展时期。在废除1815年修订的《谷物法》论战中，在绝对成本理论的基础上，他于1817年出版了《政治经济学及赋税原理》，提出了比较成本（也译作比较优势理论）理论（The Theory of Comparative Cost）。

比较优势理论认为，国际贸易的基础是生产技术的相对差别（而非绝对差别），以及由此产生的相对成本的差别。每个国家都应根据"两利相权取其重，两弊相权取其轻"的原则，集中生产并出口其具有"比较优势"的产品，进口其具有"比较劣势"的产品。比较优势贸易理论在更普遍的基础上解释了贸易产生的基础和贸易利得，大大发展绝对优势贸易理论。

比较成本的核心在于存在一个相对优势，是指某种革新与其所替代的旧的技术相比，其先进的程度。而相对优势度常常用经济收益、低初始成本、适应性的增强、一段时间内储蓄的增加、社会声望和回报的快速性等来表示。一项革新较前一方案的相对优势度越高，改革新方案的使用率越高。

在经济学中，比较成本原理是指一个生产者（个人、公司或国家）能以低于另一个生产者的机会成本生产商品或提供服务。比较成本原理解释了双方进行贸易的好处，即使其中一方可以以比对方更少的资源进行生产，它也可以从贸易中获益，因为它可以专门从事自己具有比较优势的活动。比较优势是国际贸易理论的主要准则。

（一）内容

论证了国际贸易与分工的基础不限于绝对成本差异，只要各国之间产品的生产成本存在着相对差异，即"比较成本"差异，就可以参与国际分工并获得贸易利益。"两优取重，两劣取轻"，生产优势较大或劣势较小的商品，使彼此的可消费物品增加，从而提高了人民的福利水平。其前提也必须是自由贸易。

比较成本差异有两重含义：（1）同一国家内部生产不同种类商品的成本差异；（2）不同国家之间生产同一商品成本的差异。一国在特定产品生产上的比较优势取决于相对成本差异。

（二）评价

（1）积极意义。

英国和葡萄牙在分工前后生产酒和毛呢的情况，如表3-2所示。

表 3-2　英国和葡萄牙在分工前后生产酒和毛呢的情况⑬

	国家	酒产量（单位）	劳动投入（人/年）	毛呢产量（单位）	劳动投入（人/年）
分工前	英国	1	120	1	100
	葡萄牙	1	80	1	90
分工后	英国			2.2	220
	葡萄牙	2.125	170		
交换后	英国	1		1.2	
	葡萄牙	1.125		1	

理论上：比较成本论论证了任何国家均可参与国际分工与国际贸易并获得利益，成为国际贸易理论的基石。

实践中：推动英国对外贸易与资本主义生产方式迅速发展。

（2）不足。

首先，没有分析各国贸易利益不均的现象，由此导致的自由贸易会使落后国家的生产力长期处于低水平，称为"比较利益陷阱"。

比较成本理论的分析方法属于静态分析。该理论认为世界是永恒的，是一个静态均衡的世界，是一个各国间、各经济集团间利益和谐一致的世界。李嘉图提出了九个假定作为其论述的前提条件。

一是只考虑两个国家两种商品。

二是坚持劳动价值论，以英葡两国的真实劳动成本的差异建立比较成本说，假定所有的劳动都是同质。

三是生产是在成本不变的情况下进行的。

四是没有运输费用。

五是包括劳动在内的生产要素都是充分就业的，它们在国内完全流动，在国际之间不能流动。

六是生产要素市场和商品市场是完全竞争的市场。

七是收入分配没有变化。

八是贸易是按物物交换的方式进行。

九是不存在技术进步和经济发展,国际经济是静态的。

其次,李嘉图解释了劳动生产率差异如何引起国际贸易,但没有进一步解释造成各国劳动生产率差异的原因。

再次,该理论的一条重要结论是:各国根据比较优势原则,将进行完全的专业化生产。现实中,难以找到一个国家在国际贸易中进行完全的专业化生产。一般来说,各国多会生产一些与进口商品相替代的产品。

最后,根据其结论进行推导,两国比较优势差距越大,则贸易的空间越大。那么,当前的国际贸易应该主要发生在发达国家与发展中国家之间。但现实情况却是,国际贸易主要发生在发达国家之间。比较成本说在历史上对推动国际贸易的发展起到了一定作用,但它把复杂的国际经济问题过分简单化了,在当今复杂的国际经济关系中,不能简单地套用这个理论。不过,该理论对国际经济发展的作用仍然是不可低估的,其所提出的比较优势原理,在现实经济中有着重要的意义。

(三)比较成本理论的意义及影响

比较成本理论在历史上起过进步作用。它为自由贸易政策提供了理论基础,推动了当时英国的资本积累和生产力的发展。在这个理论影响下,"谷物法"废除了。这是19世纪英国自由贸易政策所取得的最伟大的胜利。

整体来看,比较成本理论在加速社会经济发展方面所起的作用是不容置疑的。它对国际贸易理论的最大贡献是,首次为自由贸易提供了有力证据,并从劳动生产率差异的角度成功地解释了国际贸易发生的一个重要起因。直到今天,这一理论仍然是许多国家,尤其是发展中国家制定对外经济贸易战略的理论依据。

最后,比较优势理论的扩展,至少可以在三个方面进行,使理论更接近现实。

(1)引入货币媒介,将物物交换变为货币媒介的贸易。

(2)引入多个国家,将两国模型变为多国模型。

(3)引入多种商品,将两种商品贸易变为多种商品贸易。

用古典贸易模型分析多个国家的贸易有很大的局限性。例如,没有考虑需求的影响,也没有考虑中间国家的贸易对国际市场上商品交换比率的影响。

古典模型分析最重要的结论是中间国家生产和出口什么商品,进口什么商品,同哪个国家进行贸易都取决于国际交换比率。而国际交换比率,也就是贸易条件的决定,正是新古典贸易理论的一个重要方面。

第二节 比较优势的新古典解释

1933年美籍奥地利经济学家哈伯勒（Haberler Gottfried）将机会成本与生产可能性曲线两个概念同时引入国际贸易理论中，并给予李嘉图理论以第一个完整而简练的新古典解释。在剔除劳动价值论之外的李嘉图原有假定条件之上，设英、葡两国倾其全部资源分别生产两种产品——葡萄酒与棉布，则两国比较优势基础上的贸易及其利得可以借助简单的几何图形说明。

一、机会成本不变条件下的比较优势

机会成本不变的生产可能性曲线是一条直线，如图3-1所示。

说明：如图A所示，英国的生产可能性曲线为 S_1Y'。封闭经济下英国倾其全部资源，可以生产 S_1 的棉布，或者 Y' 的葡萄酒；如果两种产品都生产，则其生产组合须沿其生产可能性曲线移动，其中 S_0 为多种选择之一种。在 S_0 点，其生产组合为 X_0 单位的棉布加上 Y_0 单位的葡萄酒，这也代表了其国民所能达到的最大可能的消费水平（或福利水平）。开放贸易之后，按照比较优势法则，英国将倾其全部资源生产棉布。它可以生产 S_1 的棉布，其中 OX_1 不用于国内消费，X_1S_1 用于出口，按照 S_1C_1 线段及其延长线所代表的国际交换比率，它可以进口 OY_1 的葡萄酒。结果，英国国民消费水平（或福利水平）可以达到 C_1 点，明显高出 S_0 点所代表的水平。至于英国的贸易伙伴葡萄牙的比较优势，则可以用图B予以说明。非常清楚，与英国不同的是，葡萄牙的比较优势在纵坐标轴所代表的葡萄酒的生产上，因此开放贸易之后，它集中其全部资源用于葡萄酒的生产，其生产点自然在 S_1 点，但国民福利水平，则可以达到较高的 C_1 点。

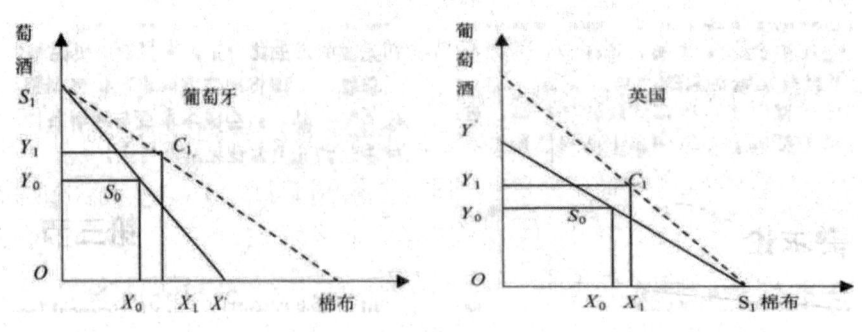

图3-1 机会成本不变条件下的比较优势

二、机会成本递增条件下的比较优势

机会成本递增的生产可能性曲线是一条凹向原点的曲线，如图3-2所示。

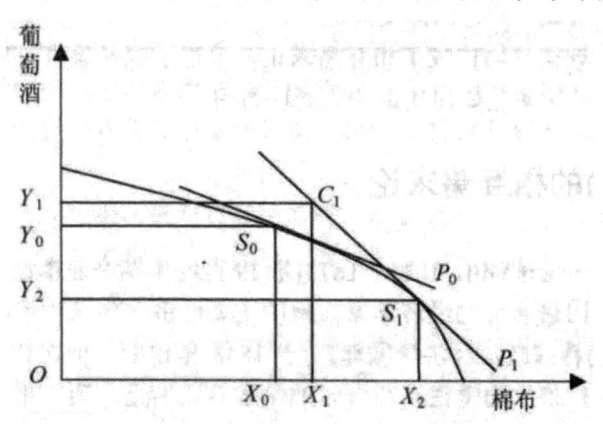

图 3-2 机会成本递增条件下的比较优势

说明：图3-2只给出两国贸易模型下之一国的贸易图。生产可能性曲线的形状表明，该国在生产棉布方面具有比较优势。两条直线 P_0、P_1 之斜率分别代表两产品贸易前后的交换比率（也是价格比率）。在机会成本递增条件下，英国的生产可能性曲线凹向原点；开放贸易之前，其生产点与消费组合点同为 S_0；开放贸易之后，其生产点会沿着生产可能性曲线向横轴移动。但由于越接近横轴，生产棉布的机会成本越大，因此，它不可能像在机会成本不变条件下那样实现完全的专业化分工，即不能将其全部资源用于生产棉布，而必须同时生产两种产品。但它仍然可以通过出口棉布进口葡萄酒，使本国消费水平达到较高的 C_1 点。这种不完全的国际分工依旧符合比较优势法则。

可见，即使在更接近现实世界的机会成本递增之条件下，李嘉图比较优势理论仍然是成立的。

值得注意的是，两种假定条件下一国比较优势发挥的主要差异在于，在机会成本不变的条件下，一国可以达到完全的专业化国际分工；但在机会成本递增的条件下，一国不能达到完全的专业化分工，它只能尽可能多地生产本国具有比较优势的产品。

总结：一国将根据国际市场价格调整生产，优化配置资源，出口比较优势产品，进口比较劣势产品。机会成本不变与递增条件下比较优势论都成立，区别在于两种情形下，一国可否达到完全专业化国际分工。

第三节 相互需求论

相互需求理论（Theory of Reciprocal Demand）又称"国际需求方程式"，从需求和交换比率方面论述国际分工和国际贸易的理论。比较成本论从供给角度论证了自由贸易将给各国带来利益，相互需求论则从需求方面进一步论证了国际贸易利益的范围及分配问题。

20世纪30年代前，廉价学派提出了相互需求论，约翰·穆勒承上启下，对李嘉图的比较成本理论进行了重要的补充，提出了相互需求的理论；用以解释国际间商品交换比率。他使用了比较利益的概念，解释贸易双方在利益分配中各占多少的问题。

英国经济学家马歇尔在穆勒理论的基础上，提出了供应条件（或提供条件）曲线，用几何方法来证明供给和需求如何决定国际交易比率。

穆勒和马歇尔的理论共同构成了相互需求论，论述了贸易条件，即国际贸易中两国产品交换形成的国际交换比率是如何决定和达到均衡的。

一、约翰·穆勒的相互需求论

约翰·穆勒（John Stuart Mill，1812—1873年）是19世纪中期产业革命深入发展到英国资本主义空前繁荣时期英国最著名的经济学家。他的主要经济著作《政治经济学原理及其在社会哲学上的应用》（简称《政治经济学原理》）于1848年出版，他在该书中提出的"国际交换条件"决定"国际价值"的学说，被当时的学术界认为是一项"重大贡献"。相互需求论亦称国际价值论或国际方程式。

（一）主要内容

穆勒认为，两国进行交换，其交换比率取决于双方对各该项商品需求的大小，并稳定在输出货物恰好能抵偿输入货物的水平上。例如，以同一劳动量，英国可生产呢绒10码或亚麻布15码，德国可生产呢绒10码或亚麻布20码。在此情况下，英国可专门生产呢绒，德国可专门生产亚麻布，然后相互进行贸易，英国以10码呢绒换取德国的17码亚麻布，这样对两国都有利。但若英国对亚麻布的需求减少或德国对呢绒的需求增加，交换比率成为10码呢绒对18码亚麻布时，贸易条件对英国较有利；若交换比率成为10码呢绒对16码亚麻布时，贸易条件则对德国较有利。这两种情况下，贸易都不易展开。只有在两国相互需求的商品价值相等时，贸易才能实现稳定的均衡。相互需求理论是对比较成本说的补充，只能适用于经济规模相当、双方的需求对市场价格有显著影响的两个国家。

相互需求理论是对比较成本论的重要补充,因为比较成本论虽然揭示了分工和交换能为分工国带来利益,但是却有两个问题没有解决:一是贸易给各国带来的利益有多大;二是这个范围内双方各占的比例是多少。而相互需求理论正好对这两个问题做出了补充,从而使比较成本论更完善。

在由比较成本所决定的国际交易比价界限内,两国间具体的商品交易比率由两国对彼此商品的需求程度决定。只有在相互需求均衡,一国输出商品数量恰好等于从另一国输入商品数量时所形成的交换比价才体现商品的国际价值。需求强度越大,则贸易利益越小。

(二)论证

(1)贸易双方获利的范围:两国国内交换比例的上限和下限所构成的区间。

要使两国间开展贸易,必须确定一个适当的交换比例,即通过这个交换比例双方都能获得贸易利润,这个适当的交换比例是由两国国内交换比例确定的,其上限为10∶20,下限为10∶15。两国等量投入生产两种商品的数量如表3-3所示。

表3-3 两国等量投入生产两种商品的数量[1]

国家	呢绒细棉布(码)	亚麻布(码)	国内交换比例
英国	10	15	10∶15
德国	10	20	10∶20

(2)贸易利益分配的决定因素:国际交换比例。

国际交换比例越接近于本国国内交换比例,本国分得的贸易利益越少。

(3)国际交换比例的决定因素:相互需求强度。

需求强度越大,国际交换比例对自己越不利。

穆勒引入了"国际需求方程式"的概念,就是指贸易双方相互需求相等时(供求一致时)的交换比例所构成的供求数量。

例如,在10∶17的交换比例下,两国相互需求强度均为100,则贸易平衡,(100×10)∶(100×17)=10∶17。如果两国的相互需求强度发生变化,英国只需求80×17的亚麻布,而德国对细棉布的需求强度不变,仍为100×10码,此时,10∶17的交换比例显然不会使原来的方程平衡。由于德国对英国细棉布的需求强烈,故德国为了取得英国细棉布,必须多出口亚麻布。

假设交换比例变为10∶18,在此比例下,由于细棉布的交换价值上升,故德国的需求减少,由原来的100减少至90;而英国的需求增加,由原来的80增加至90时。此时,10∶18的交换比例恰恰能使国际需求方程式成立,即(90×10)∶(90×18)=10∶18交换比例下,相互需求达到均衡水准,国际交换条件又稳定下来。

二、马歇尔对相互需求论的精确分析

马歇尔（Alfred Marshall，1842—1924年）用几何图形进一步解释相互需求论。

（一）提供曲线

提供曲线（Offer Curve）反映一个国家在各种不同的贸易条件下愿意进口和出口的商品数量。即它反映该国对进口商品的需求，同时也反映在贸易条件下该国愿意出口的本国生产的商品数量。

它表明出口商品的数量将随着贸易条件的改善而有所增加（供给状况），也表明进口商品的数量将随着贸易条件的改善而有所增加（需求状况）。在这里贸易条件的改善意味着一定量的出口商品能换取的进口商品的数量增加，贸易条件的恶化则意味着一定量的出口商品能换取的进口商品的数量减少。

它同时包括了供给和需求两方面的因素，所以，提供曲线又被称为"相互需求曲线"。

A国的贸易条件从 T_0 到 T_2，贸易条件改善，即 P_x/P_y 增大，A国愿意出口更多的X来换取进口商品Y，所以A国提供曲线向上弯曲（见图3-3）。

B国的贸易条件从 T_0 到 T_2，贸易条件恶化，即 P_y/P_x 下降，B国愿意出口更多的Y来换取进口商品X，所以B国提供曲线向下弯曲（见图3-4）。

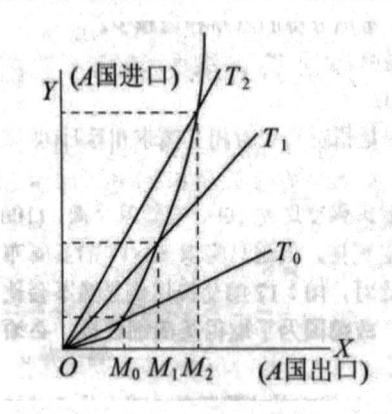

图 3-3　A国提供曲线　　　　图 3-4　B国提供曲线

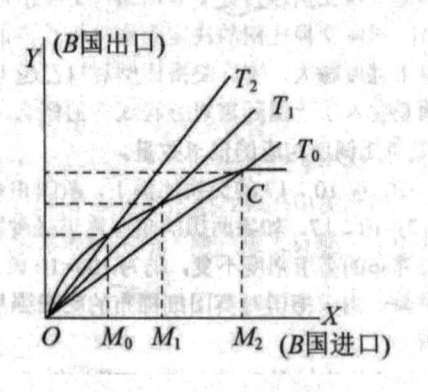

（二）马歇尔贸易均衡模型

现将图3-3和图3-4叠加起来得到图3-5。

由图3-5可知，B国提供的曲线 OB 与 A国提供的曲线 OA 在 E 点相交。由于 OA 过 E 点，所以A国愿意出口X的量为 M_2；由于 OB 也过 E 点，所以B国愿意进口X的量也为 M_2。因此 E 点为两国进出口量相等的均衡点，而过该点的射线 T_0 的斜率就是贸易双方相互需求平衡的国际商品交换比率。

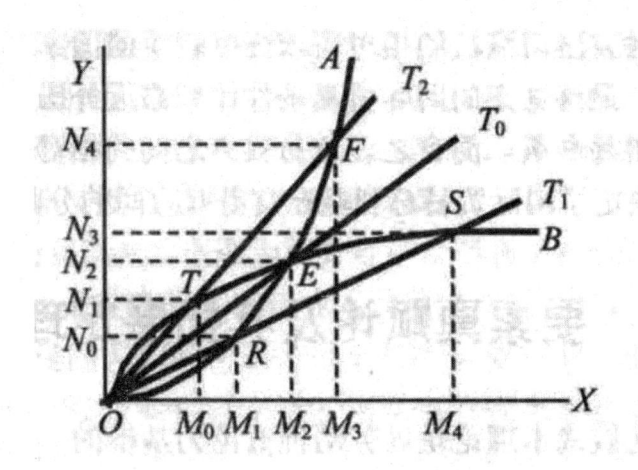

图 3-5　A、B两国贸易均衡的相对价格

在此贸易条件下，国际市场处于一般均衡状态，即贸易双方按T_0贸易条件继续交换下去。在此外的任何一个价格水平上，对这两种产品的进口和出口意愿都不会相等。若一方需求强度增大，进出口数量将变化，国际交换比例将朝着对其不利的方向变向，即贸易利益变少。

三、相互需求原理的理论要点

（一）相互需求论是对比较成本论的补充

比较成本论从供给角度说明分工和贸易能增加物质财富，使贸易参加国多得产品；相互需求论则从需求的方面解释了贸易条件的确定，回答的是贸易双方各得多少利益。

（二）马歇尔提出提供曲线对贸易条件几何分析

开始把几何方法作为国际贸易理论的分析工具，为西方传统贸易理论增添了新的表达手段。

（三）国际贸易条件，即用本国出口商品数量表示的进口商品的相对价格

其水平高低取决于两方面因素：其一，外国对本国商品需求的数量及其增长同本国对外国商品需求的数量及其增长之间的相对关系；其二，本国可以从服务于本国消费需求的国内商品生产中节省下来的资本数量。因而，"在国际贸易中享有最为有利的贸易条件的国家正是那些外国对它们的商品有着最大需求，而它们自己对外国商品的需求最小的国家"。

（四）一个国家向其他国家出口商品的意愿取决于它因此能从外国获得的进口商品的数量

即一国的出口规模随其国际贸易条件而变化。基于国际贸易条件由两国间的相互需求决定，在某一特定贸易条件下，一国愿意提供的出口商品的数量正好等于其贸易伙伴国在同一贸易条件下所愿意购买的进口商品的数量，或一国的出口总额恰为它愿意支付的进口总额。也就是说，某一特定的贸易条件为贸易双方共同遵守。在这样的贸易条件下，两国的进口需求与出口供给两两对等，国际贸易处于均衡状态。

（五）在双边贸易中，对对方出口商品的需求

以及贸易双方共同遵守的国际贸易条件，随着由各国消费者的消费偏好等因素决定的对对方出口商品的需求强度的相对变动而发生变化。倘若外国对本国出口商品的需求甚于本国对外国出口商品的需求，外国的相对需求强度较大，本国的相对需求强度较小，则外国在同本国的竞争中就不得不做出某些让步，本国就可以享有比较有利的国际贸易条件。

（六）具体来说，对对方出口商品的相对需求强度较小的国家

在贸易双方的相互竞争中占有较为有利的位置，最终决定的国际贸易条件比较靠近外国的国内交换比率，因而本国可以获得相对较大的贸易利益。简言之，贸易双方之间的相对需求强度决定着国际贸易条件的最终水平，进而决定了国际贸易总利益在交易双方间的分割。

第四节 要素禀赋论及其拓展定理与质疑

以李嘉图为代表的比较成本理论是以劳动价值论为基础的，由该理论是单一生产要素理论推断，产生比较成本差异的原因是各国生产率（劳动生产率）的差异。但是，如果假定各国之间的劳动生产率相同，那么，产生比较成本差异的原因是什么呢？解释这个问题的是生产要素禀赋理论，又称资源禀赋理论（The Theory of Resource / Factor Endowment）。

一、生产要素禀赋理论的基本内容

1933年，瑞典经济学家伯尔蒂尔·俄林（Beltil Gotthood Ohlin）出版了《地区间贸易和国际贸易》一书，提出了生产要素禀赋理论，用在相互依赖的生产结构中的多种生产要素理论，代替李嘉图的单一生产要素理论。由于俄林在其著作中采用了老师赫克歇尔（Eil Filip Heckscher）的主要论点，因此生产要素禀赋理

论又称赫克歇尔—俄林模型或H—O模型。

在俄林看来,"空间"(Space)在要素禀赋理论中具有极为重要的作用。他认为"在经济生活中,空间这个概念之所以重要是因为:第一,生产要素是被限制在一定的地域范围以内,因此难以移动;第二,运输费用和其他一些障碍也阻碍着生产要素的自由移动"。这样一来,处于不同空间位置上的"各个国家之间就产生了某种自然差异,即各国拥有不同的生产要素的自然禀赋"。可见,要素禀赋理论的重要的理论假定的前提仍旧是生产要素的国际不流动。

俄林将人与人之间的劳动分工归结为人们在个人能力上天生的差异。"每个人天生获得的才能使一部分人更适合于当工程师,另一部分人更适合于当医生或律师,还有一部分人更适合于做花匠。"进而,他将对个人经济行为的分析推演至国家的经济行为。"各个国家的情况同每个人的情况一样,生产各种产品的能力是大不相同的",其所以如此,"皆因为各国生产要素的供给各异",而且,"正是因为一国各种要素的比例决定了它专门从事某项生产的适应性""一个国家当然不可能生产出需要使用本国所不具备的生产要素才能生产出来的那些产品"。据此,"一个国家最适合于生产需要更大比例地使用该国拥有的相对丰裕的要素的那些商品,最不适合于生产需要更大比例地使用该国国内拥有量最小或完全不拥有的要素的那些商品"。俄林强调指出,"这就是国际贸易的原因"。基于这样的原因,"每一个国家在密集地使用该国丰裕而价格低廉的要素的那些商品的生产上具有比较优势"。

按照赫克歇尔和俄林的分析论述,要素禀赋理论的基本原理可以作如下概括:各国生产要素自然禀赋的相对差异决定了不同生产要素的使用方法和价格,因而也就决定了各国在不同商品生产上的成本差异,决定了各国的比较优势和贸易利益,成为国际贸易的原因。因此,各国生产要素自然禀赋的相对差异构成了比较优势和国际贸易的现实基础。

要素禀赋理论,将各个国家之间在生产要素自然禀赋方面的相对差异作为理论研究的出发点,标志着国际贸易理论研究进入了一个新的阶段。从这个意义上说,要素禀赋理论可以被看作国际贸易理论发展历史中的一座里程碑。

赫克歇尔—俄林模型创立以来,逐渐为西方经济学界普遍接受,奠定了其在自由贸易理论中的主导地位,并被公认是继李嘉图比较成本理论之后,贸易理论史上的又一个里程碑。这个理论模型所揭示的道理同人们的常识是一致的:只要知道一个国家的要素禀赋情况,就可推断出它的贸易走向。如资本相对丰裕的国家出口资本密集型产品,劳动相对丰裕的国家则出口劳动密集型产品。

(一) 几个概念

(1) 要素禀赋 (Factor Endowment)。它指一国或一地区所拥有的各种生产要素的总量。国与国之间在生产要素禀赋上的差异,决定了它们产出上的差异。

(2) 要素丰裕 (Factor Abundance)。它是指在一国或一个地区的生产要素禀赋中,某种要素相对于其他要素的供应量较大的情形。

(3) 要素密集度 (Factor Intensity)。这是要素比例概念的延伸。根据产品生产所要求的不同要素间的比例,可以把产品划分为不同种类的要素密集型产品,将耗费最多的要素的特定产品称作该要素密集型产品。贸易经济学家们将商品分为劳动密集型、资本密集型与土地(含自然资源)密集型三种基本类型。

(二) 思路

国际贸易→商品价格比率差异→商品成本比率差异→要素价格比率差异→要素禀赋差异。

(三) 内容

生产要素禀赋的不同,是产生国际贸易的最重要的基础。一个国家出口的是它在生产上大量使用该国比较丰裕的生产要素的商品,而进口的是它在生产上大量使用该国比较缺的生产要素的商品。各国比较利益的地位是由各国所拥有的生产要素的相对丰裕程度决定的。

理论没有试图去解释国际间生产率的重要差异。这种差异致使各国间比较成本的不同,并由此引起国际贸易。在现代赫克歇尔—俄林理论中,这些生产率差异本身被归因于各国初级要素拥有量的差异,这种初级要素拥有量的差异实际上肩负了解释国际贸易的全部重任:比较明显的对外贸易商品构成的原因,如要素质量的国际差异以同一产品生产函数的差异等,都通过假设前提而精心排除了。赫克歇尔—俄林的理论最终形成了现在众所周知的国际贸易模型的赫克歇尔—俄林定理(HOT):一个国家出口用其相对富足的要素密集生产的那些物品,进口该国相对稀缺的要素密集生产的那些物品。

(四) 例证

假设美英两国均生产小麦与纺织品,而且生产函数一样,都用2单位土地与1单位劳动力结合生产1单位小麦,都用1单位土地与2单位劳动力结合生产1单位纺织品,如表3-4所示。可见三种情形:(1) 绝对成本差异;(2) 比较成本差异;(3) 相同成本比例。圆括号中为第(2)、(3)种情形。第(1)、(2)种情形下可长期开展贸易,是土地较充裕的美国出口土地密集型的小麦,而劳动力较充裕的英国出口劳动密集型的纺织品。第(3)种情形下贸易只是暂时的,由于美国的小麦与纺织品全向英国出口，导致美国商品价格上升，最终与英国持平，贸易终止。

表3-4　两国利用两种要素生产两种商品交换比价®

	生产要素单价（$）		商品单价（$）		两国小麦与纺织品交换比价
	土地	劳动力	小麦	纺织品	
美国	1	2	4	5	4∶5
英国	2	1（3、4）	5（7、8）	4（8、10）	5∶4（7∶8）（4∶5）

（五）评价

（1）积极意义。

充分论证了各种生产要素禀赋对国际贸易的影响，拓展与深化了比较成本论。

（2）不足。

首先，众多假设前提使理论有些脱离现实。总计有十一大假设条件：①贸易中有两个国家（A国和B国），两种生产要素（劳动L和资本K）和两种商品（X和Y），即这是一个典型的2×2×2模型。②两国在生产中使用相同的技术，即生产函数相同。③在这两国中，商品X都是劳动密集型产品，Y都是资本密集型产品。④在两国中，两种商品的生产规模报酬都是不变的。⑤两国在生产中均为不完全分工。⑥两国需求偏好相同。⑦在两个国家中，两种商品和两种要素的市场都是完全竞争的。⑧在一国内，要素可以自由流动，但要素不能在国际间自由流动。⑨没有运输成本，没有关税和其他影响国际贸易自由进行的壁垒。⑩两国的资源都实现了充分就业。⑪两国的贸易是平衡的。

其次，这个定理看似甚有道理，但却也十分鲁莽，它用供给条件解释整个外贸商品的构成，如果一国的进口需求倾向于用其富足的要素比较密集地生产的那些物品，那赫克歇尔—俄林定理就没法解释了。

最后，在一系列特定条件下，自由贸易将使要素价格基本上完全、而不是局部均等。这些特定条件包括：完全竞争、无交换成本、不完全专业化、相同的线性齐次生产函数、无外生经济、在所有相对要素价格上相对要素密集程度不变、要素质量相同、要素数量不大于商品数量。这种绝妙的阐述（李嘉图的比较优势理论）最后推广到了n个国家、n种要素和n种物品；H—O理论则没能做到这一点，它至今仍只是一个讨论两个国家、两种要素和两种商品的定理。

（3）与比较成本论的区别。

比较成本论认为各国劳动异质，劳动生产率差异导致成本差异而引发国际贸易；要素禀赋论认为各国要素同质，要素价格差异导致成本差异而引发国际贸易。

二、资源要素禀赋H—O理论的拓展定理

完整的H—O理论还包括四个拓展定理,即生产要素价格均等化定理、斯托尔珀—萨缪尔森定理、特定要素模型、雷布津斯基定理。

(一) 生产要素价格均等化定理

生产要素价格均等化定理又被称为H—O—S定理。在满足生产要素禀赋理论的全部假设条件下,国际贸易将通过使商品绝对和相对价格均等化,使丰裕要素的价格上升和稀缺要素的价格下降,使同种要素的绝对和相对价格趋于均等。

要素禀赋论的基本论点是赫克歇尔首先提出来的。俄林师承赫克歇尔,创立了要素禀赋论。萨缪尔森则发展了赫—俄理论,提出了要素价格均等化学说。

要素价格均等化定理是俄林研究国际贸易对要素价格的影响而得出的著名结论。俄林认为,在开放经济中,国际间因生产要素自然禀赋不同而引起的生产要素价格差异将通过两条途径逐步缩小,即要素价格将趋于均等。第一条途径是生产要素的国际移动,它导致要素价格的直接均等化;第二条途径是商品的国际移动,它导致要素价格的间接均等化。

国际贸易最终会使所有生产要素在所有地区都趋于相等。同时,俄林认为生产要素价格完全相同几乎是不可能的,这只是一种趋势。

但是萨缪尔森用数学的方法证明了:在特定的条件下,生产要素价格均等不仅仅是一种趋势,国际贸易将使不同国家间同质生产要素的相对和绝对收益必然相等。这通常被称为要素价格均等化定理。

要素价格均等化理论有以下两点寓意。

第一,它证明了在各国要素价格存在差异,以及生产要素不能通过在国际间自由流动来直接实现最佳配置的情况下,国际贸易可替代要素国际流动,"间接"实现世界范围内资源的最佳配置。

第二,它说明了贸易利益在一国内部的分配问题,即说明国际贸易如何影响贸易国的收入分配格局。

(二) 斯托尔珀—萨缪尔森定理

斯托尔珀、萨缪尔森在《保护主义与实际工资》(1941年)一文中,提出关于关税对国内生产要素价格或国内收入分配影响的一种西方经济学理论,被称为斯托尔珀—萨缪尔森定理,该定理证明了实行保护主义会提高一国相对稀缺要素的实际报酬。

斯托尔珀—萨缪尔森定理的基本思想是:关税提高受保护产品的相对价格,将增加该受保护产品密集使用的要素的收入。如果关税保护的是劳动密集型产品,

则劳动要素的收入趋于增加；如果关税保护的是资本密集型产品，则资本要素的收入趋于增加。

斯托尔珀—萨缪尔森定理的论点：某一商品相对价格的上升，将导致该商品密集使用的生产要素的实际价格或报酬提高，而另一种生产要素的实际价格或报酬则下降。

国际贸易通过影响进出口商品的相对价格使丰裕要素的价格上升和稀缺要素的价格下降，这就会影响这些要素所有者的收入再分配，会使在商品相对价格上升的行业（出口行业）中密集使用的生产要素的报酬提高，而使在商品相对价格下跌的行业（进口竞争行业）中密集使用的生产要素的报酬降低。反之，对进口竞争品的保护会提高该部门密集使用的生产要素的收入。

例如，假设一国只生产两种商品，一种商品的相对价格的提高会增加该商品生产中密集使用的那种要素的收入，同时减少（按两种商品情况）另一种生产要素的收入。例如，布（劳动密集的商品）的相对价格的上升会增加工资率（按布和钢两种商品情况），同时降低资本的利润率。同理，在存在关税的情况下，关税将增加受到保护的商品中密集使用的要素的收入。如果英国对进口的美国钢征收关税，就会提高英国的资本的收入。

"斯托尔珀—萨缪尔森定理"概括了这种情形，即：开展贸易后，会使出口行业（价格上升行业）中密集使用的生产要素的报酬提高，而使进口竞争行业（价格下跌行业）中密集使用的生产要素的报酬降低。如果贸易引起分配格局的变化变得十分不合理或不公正，就会涉及社会的安定、影响经济的平衡增长。这样，政府就必须采取适当的收入分配调节政策和措施，如利用税收、补贴等办法，使任何个人或阶层都不因对外开放而蒙受收入水平绝对下降的痛苦。进一步分析，如果出口收入的国内分配有利于对国产品具有较高消费倾向的集团，其结果就会有效地提高对国产品的需求，从而带动本国的生产和就业。当出口收入的增加集中到储蓄倾向较高的居民手中，则出口的扩大又会给其他部门的增长提供资金，提高投资水平。反之，如果有较高进口倾向的集团或对进口品消费倾向较高的居民更多地得到了出口收入，则出口对经济发展的贡献力量就受到了削弱。当然，收入分配对经济发展的影响大都是间接的，但贸易引起收入分配格局的变化对经济发展产生影响，则是可以肯定的。

若生产函数 $Q=F(K, L)$ 规模收益不变，则有：$(1/L)F(K, L)=F(K/L, 1)$ 令 $f(k)=F(K/L, 1)$ $F(K, L)=Lf(k)$ $MPPL=F(K, L)/L=(Lf(k))$ $/L=f(k)+Lf'(k)(-K/)=f(k)(-K$ $MPPK=F(K, L)/K=Lf'(k))(1/L)=f'(k)$。因此，在规模收益不变的条件下，边际生产力取决于两要素投入的相对比例（资本-劳动的比率），与要素投入的绝对量无关。由于资本变得相对越来越昂贵，劳动变得相对越

来越便宜，所以每个部门的厂商都会调整其要素使用的比例，增加劳动雇佣来替代部分资本，进而降低资本-劳动比率。在产量增加的同时，资本-劳动比率却下降，则资本的边际生产力提高，资本的实际报酬上升；劳动的边际生产力降低，劳动的实际报酬下降。

结论：一种产品的相对价格上升，将导致该产品密集使用的生产要素实际报酬或实际价格提高，而另一种生产要素的实际报酬或实际价格下降。

这一结论表明，国际贸易虽然能提高整个国家的福利水平，但是并不对每一个人都有利，一部分人在收入增加的同时，另一部分人的收入却减少了。国际贸易会对一国要素收入分配格局产生实质性的影响。这也恰恰是为什么有人反对自由贸易的原因。

政策主张：斯托尔珀—萨缪尔森定理对新古典贸易中只有自由贸易才能产生福利的观点提出了质疑，认为在一国国内要素自由流动的条件下，该国对其使用相对稀缺要素的生产部门进行关税保护，可以明显提高稀缺要素的收入。

（三）特定要素模型

特定要素模型是保罗·萨缪尔森和罗纳德·琼斯创建发展的。这个模型假定一个国家生产两种产品，劳动供给可以在两个部门间进行配置。与李嘉图模型不同的是，特定要素模型中存在劳动以外的生产要素，劳动可以在部门间流动，是一种流动要素。其他要素则是特定的，只能被用于生产某些特定产品。

所谓特定要素，是指一种要素的用途通常仅限于某一部门，而不适合于其他部门的需要。如汽车行业的资本不能适用纺织行业，纺织行业的资本也不适合于汽车行业，因此，这两个行业所使用的都是特定资本。

如果某一要素被较为固定地使用在出口部门的产品生产中，那么该要素的报酬会随出口贸易的发展而增加。相反，如果某一要素被较为固定地使用在进口部门的产品的生产中，那么该要素的报酬会随进口贸易的发展而下降。

在短期内，假设有一个生产要素是固定不变的，即不能加以调整，而另一个生产要素则可自由变动。通常我们视资本在短期内是不能变动的，即在不同部门间不能自由流动。之所以认为资本在短期内不能流动，一个主要理由是资本在短期内属于一种"特定要素"（Specific Factor）。

关于生产要素性质的分析也同样适用于另外一种情形：生产要素包括三种，但每种生产只使用其中的两种要素。例如，小麦生产使用土地和劳动两种要素，而服装生产使用资本和劳动两种要素。实际上，在这个例子中，土地和资本都属于特定要素，只不过这里要素的特定性与时间无关，所以以下的特定要素模型同样适用于分析三种要素下的特定要素问题。

特定要素模型的基本结构，与前面的要素禀赋理论相比，除了关于要素流动性的假设不同，其他方面基本相同。其具体包括以下内容。

（1）X、F两种产品生产都使用资本和劳动。

（2）规模收益不变。

（3）劳动是同质的，可在两个部门间自由流动。

（4）劳动总量是固定的，并且充分就业。

（5）资本是特定生产要素，即两个部门的资本不能互相使用。

（6）每个部门的资本投入都是固定不变的。

（7）所有商品市场和要素市场都是完全竞争的。

根据特定的要素模型所得出的结论是：贸易对一国流动要素的影响是不明确的，同时将有利于用于该国出口商品的非流动要素，而不利于该国进口商品的非流动要素。

（四）雷布津斯基定理

1955年，雷布津斯基发表《要素与相关要素价格》的文章，对生产要素的增长对国际贸易关系的影响进行讨论，从而提出该定理。

在生产要素的相对价格不变、两种商品均被生产，并且其他要素供给数量均保持不变的条件下，一种生产要素的增加会导致密集使用该要素生产的产品的产出增加，同时又使其他产品的产出下降。

假定商品和要素的相对价格不变，如果一种生产要素增加，会使密集使用这种生产要素的商品的产量增加，同时，使另一种产品的产量减少。

雷布津斯基定理在要素和商品价格不变的情况下，一种生产要素的数量增加而另一种要素的数量保持不变，其结果是密集地使用前者进行生产的产品数量将增加，而密集使用后者进行生产的产品数量将绝对减少。这一定理的意义在于说明，如果两种要素同比率增加，则要素增长的结果是"中性"的，因为要素增长后，一国的比较优势并未因此而发生改变；若增加的要素所生产的产品是其具有比较优势的产品，此时的比较优势比原有的优势更大，这种要素变化是有利于贸易的；反之，增加的要素所生产的产品不是其具有比较优势的产品，则不利于贸易。

结论：某要素禀赋增加时，有的行业出现增长，有的行业会出现衰退减产，这主要取决于行业使用该要素的密集程度。

总结：H—O理论的四个拓展定理分别从四个方面拓展了H—O理论，即贸易对要素价格、国内收入分配、特定要素价格的影响，以及要素数量变化对生产乃至贸易的影响。

传统贸易理论解释了贸易的原因、原则、利益分配,但局限于产业间贸易、完全竞争假设与静态分析。

三、里昂惕夫之谜及其解释

(一) 里昂惕夫之谜

随着经济的发展,对外贸易及资本流动的国际扩展,不但隐含着各国进出口结构的不断变动,而且也推动了各国产业结构的变化。就国际贸易理论的发展来看,大体经历了三个阶段:亚当·斯密绝对成本理论、李嘉图的比较利益理论、赫克歇尔—俄林的资源禀赋理论。其中最具有代表性的是李嘉图的比较成本理论和赫克歇尔—俄林的资源禀赋理论。但问题在于,不少国家在很多时候并不符合比较优势理论。里昂惕夫在1953年和1956年的两次研究中发现了一个难以解释的现象:按照传统理论,美国这个世界上具有最昂贵劳动力和最密集资本的国家,应主要出口资本密集型产品、进口劳动密集型产品,但事实恰好相反,美国出口量最大的却是农产品等劳动密集型产品,进口量最大的却是汽车、钢铁等资本密集型产品。这被称为"里昂惕夫之谜"。

在1951年,麦克杜格尔对李嘉图的贸易理论首次进行了检验,几年以后,华西里·里昂惕夫把他1947年的投入产出表运用于美国贸易模型,他发现美国的出口品是相对劳动密集的,而它的进口品则是相对资本密集的,这个结论与我们根据赫克歇尔—俄林定理所作的预期完全相反。

里昂惕夫于1953年发表了《国内生产和对外贸易:美国资本地位的再审查》论文,对美国200个产业1947年和1951年的生产情况进行了统计分析,比较每生产百万美元出口商品和与进口相竞争的替代品的所有资本有机构成的高低,如表3-5所示。里昂惕夫估算时使用的是进口替代品的资本/劳动比率,而不是进口商品的资本/劳动比率。

里昂惕夫检验结果显示美国出口商品的资本密集程度低于进口替代商品。据此可认为美国出口的是劳动密集型商品,进口的是资本密集型商品。这与H—O理论的预测完全相反,这就是有名的"里昂惕夫之谜"(LeontiefParadox)。

表3-5 美国每百万美元产品的要素投入

年份与生产要素	美国每百万美元进出口商品需要的资本和劳动		
	出口	进口替代	进口替代/出口
1947年			
资本(美元)	2550780	3091339	

续表

年份与生产要素	美国每百万美元进出口商品需要的资本和劳动		
	出口	进口替代	进口替代/出口
劳动（人/年）	182	170	
资本/劳动	14010	18180	1.30
资本/劳动（不包括自然资源）			1.04
资本/劳动（不包括自然资源，包括人力资源）			0.92
1951年			
资本（美元）	2256880	2303400	
劳动（人/年）	174	168	
资本/劳动	12977	13726	1.06
资本/劳动（不包括自然资源）			0.88

1953年里昂惕夫以美国的情况为案例，用投入—产出分析法计算了在1947年生产每百万美元的出口品和每百万美元的进口替代品所需要的国内资本和劳动力及其比例，将表3-5进一步汇总得表3-6结果。

表3-6　1947年美国每百万美元产品的要素投入结构

生产要素	出口品	进口替代品	出口品与进口替代品的资本/劳动力之比
资本（美元，1947年价格）	2 550 780	3 091 339	—
劳动力（人/年）	182	170	—
资本/劳动力	14015	18 184	77%

根据表3-6可以清楚地看出，美国出口品的资本/劳动力比率。

出口品实际上只不过是进口替代品的77%，这表明美国出口产品所含的资本密集程度低于进口替代品，即美国出口的是劳动密集型产品，而进口的是资本密集型产品。而美国在1947年，其资本丰富程度在世界上是首屈一指的，按照赫克歇尔—俄林模型推断，美国应出口资本密集型产品，进口劳动密集型产品，即出口品和进口替代品的资本/劳动力比率至少在100%以上，上述实际验证结果恰好与此相反。这种由里昂惕夫发现的赫克歇尔—俄林理论与贸易实践的巨大背离现象，被称为里昂惕夫之谜或里昂惕夫悖论（Leontief Paradox）。里昂惕夫于1956年又利用投入产出法对美国1951年的贸易要素投入结构进行第二次检验，得到的出口品和进口替代品的资本/劳动力之比为95%，这与1953年的检验结果是一致的，谜题仍然存在。

（二）对里昂惕夫之谜的解释

很多经济学家从不同的角度提出了自己观点，在一定程度上促进了"二战"后西方国际分工和国际贸易理论的发展。

1. 人力资本说

人力资本说（Human Capital Theory）的主要代表人物有克拉维斯（Irving Kravis）、凯南（Peter Kenen）、基辛（Kessing）等人。他们认为，一个国家或某一个人为其未来的长远发展所进行的投资，并不仅仅局限于表现为企业、厂房、机器、设备、技术发明等物质形态上，同时在很大程度上也表现为在教育、训练、医疗、保健、卫生、社区服务等各种人力资源开发（Development of Human Resources）上的投入。前者为物质形态的实物资本（Physical Capital），后者可以概括为人力资本（Human Capital）。

国际贸易商品生产所需的资本投入应包括有形资本和无形资本。无形资本即人力资本，人力资本主要是指一国用于职业教育、技术培训等方面投入的资本，人力资本投入可提高劳动技能和专门知识水平，促进劳动生产率的提高。由于美国投入了较多的人力资本，因而拥有更多的熟练劳动力，因此，美国出口产品含有较多的熟练劳动。如果把熟练劳动收入高出非熟练劳动的部分资本化，并同有形资本相加，美国出口产品的资本密集度就会高于进口产品的资本密集度。

人力资本投资也要取得相应的投入回报。因此，对劳动要素的基本构成单元的每一个从业人员说来，他所得到的工资收入就并不完全是就其眼下的劳动付出支付的报酬，其中必有一个部分，是就其过往进行的人力资本投资给予的相应回报。如果在一国的出口商品生产中使用的人力资本要素大于该国进口商品中包含的人力资本要素，该国实际上是在出口人力资本密集型商品（Human Capital Intensive Goods）。倘若如里昂惕夫那样，对人力资本要素完全忽略不计，就极有可能出现里昂惕夫之"谜"表现出来的"反常"现象。

综合起来看，美国劳动力的受教育程度普遍高于其他国家，美国的平均工资也高于其他国家，这在相当程度上反映了美国同其他国家相比，在人力资源投资及其回报上的相对差异，进而也证明了美国是一个人力资本要素相对丰裕的国家。美国出口商品中理所当然地包含着密集程度相对较高的人力资本要素。因此，从这个意义上说，将美国出口商品中劳动要素的密集程度相对较高，笼统地理解为美国是在出口劳动密集型商品，不符合现实情况，显然是不正确的。

当然，要相对准确地测算人力资本投资的数量的确存在技术上的困难。较为粗略的方法是直接将从事较为复杂劳动的"白领员工"的平均收入同从事较为简单的劳动的"蓝领员工"的平均收入的差额作为人力资本投入的参考指标；较为精细的方法是将实际发生的教育费用、职业培训费用、医疗保健费用、社区服务费用等加以汇总，测算出人力资本资的约数。无论采取何种测算方法，人力资本在美国的对外贸易中都占有相当重要的地位，已经成为决定美国发挥比较优势，进而决定美国对外贸易结构和商品流向的重要因素。基辛（Donald Keesing，1966）将劳动分为八类，第一类是科学家和工程师，他们的人力资本最高，第二类是技术人员，人力资本其次，最后一类为没有技术的工人。基辛用美国1962年的贸易数据分析，把劳动分成八类后，两要素模型变为了多要素模型。基辛通过检验美国进出口商品发现，在美国的出口产品中，第一类劳动的含量比例最高，在美国的进口产品中第一类的劳动含量比例最低。通过美国和13个其他国家相比，美国出口的是技术劳动密集型产品。里昂惕夫认为悖论可能是把劳动看成同质引起的，不同质量的劳动在生产中的作用是不同的，简单地按人/年或单位劳动小时计算，会引起误差。如果将美国工人人数乘以3，美国的贸易模式就符合赫克歇尔—俄林模型的推测。加入人力资本后，列昂惕夫悖论可以得到解释。

波斯特纳（Harry Postner）采用美加两国的统计资料，研究了美—加双边贸易中两国的劳动力受教育程度的相对差异，为人力资本说提供了较有说服力的佐证。

波斯特纳的研究结果表明，在整个加拿大的对外贸易中，进口商品中包含着相对较多的受教育程度较高的熟练劳动要素，出口商品中包含着相对较多的受教育程度较低的简单劳动要素。究其原因，主要是因为加拿大最大的贸易伙伴美国是一个人力资本要素丰裕的国家。考察加拿大同美国的双边贸易，就能更加清楚地看到，美国主要是在向加拿大出口熟练劳动相对密集的商品，从加拿大进口简单劳动相对密集的商品。但如果不是参照受教育程度注意到形成熟练劳动要素过程中大量人力资本要素的投入，看起来加拿大就是在从美国进口劳动要素相对密集的商品，向美国出口的商品中劳动要素的相对密集程度反而较低，于是就出现了里昂惕夫之"谜"那样的"假象"。其实，作为一个"人力资本要素相对丰裕的国家"（A country relatively abundant in human capital），美国是在向加拿大出口"人力资本要素密集型商品"，美国的对外贸易符合要素禀赋理论的基本原理，不存在里昂惕夫之"谜"。

但是这种解释的困难在于，难以具体衡量人力资本的真正价值，因此，并非人人都认可。但凯南将里昂惕夫和基辛的观点进行深化，对熟练劳动说起到了一定的补充解释的作用。

2.要素密集度逆转

要素密集度逆转（Factor Intensity Reverse）是指生产的某种商品，在劳动力相对丰富的国家中属于劳动密集型产品，但在资本相对丰富的国家中则属于资本密集型产品。生产要素密集度逆转这一学说最先是由罗纳德·琼斯（R. Jones）提出，他认为由于各国的生产要素赋予程度和要素价格不同，它们在生产同一种商品时可能会采用不同的方法,因而投入的要素比例也就不同。这样同一商品可能在不同的国家就表现为不同的要素密集型产品。对于这种情形,西方经济学家就称为"生产要素密集度逆转"。

生产要素密集度逆转是指某种商品在资本丰富的国家属于资本密集型产品,而在劳动力相对丰富的国家则属于劳动密集型产品,如小麦在非洲是劳动密集型的产品,而在美国则是资本密集型的产品,即是大机器和高效化肥生产的产品。所以,同一种产品是劳动密集型产品还是资本密集型产品并没有绝对的界限。美国因为工资水平高,将会用资本密集型技术生产小麦,结果在生产小麦时发生了要素密集型的逆转,美国进口小麦实际上是进口劳动密集型商品。但里昂惕夫以美国小麦替代进口小麦,把进口小麦估算成资本密集型商品。生产要素密集度逆转认为,由于每一个国家的生产要素价格不同,因此其商品的要素密集度含义是不同的。在一种要素价格下,X商品与Y商品相比可能是劳动密集型的,但在另一种要素价格下,X商品与Y商品相比则变为资本密集型的。例如,稻米生产在印度被认为劳动密集型生产,而在美国则被看成资本密集型生产。另外,由于要素之间可有一定的替代作用,故生产中劳动与资本的结合比例也会发生变化。例如,若稻米价格昂贵,则生产稻米所需的密集要素(劳动)的价格也随之提高,各部门遂多用资本以代替劳动。这种替代达到一定程度后,就可能使稻米由劳动密集型变为资本密集型。因此,一种商品究竟是劳动密集型还是资本密集型没有一个绝对标准。由于美国资本丰饶,美国进口替代品产业大多属于资本密集型,而这在国外则大多属于劳动或土地密集型。所以,要素禀赋与比较利益的联系,就有可能发生要素密集度逆转。

这种理论前提是要素之间必须可以相互替代;用来解释里昂惕夫反论;但在国际经济实际中,并不是普遍现象,只是个别国家的个别现象。

美国对许多自然资源的进口依赖性很强。这些自然资源产品作为进口竞争品在美国国内生产,必须投入较多的资本;而对于出口国来说,这些产品是资源密集型产品,投入的资本相对少。这也导致了生产要素密集度逆转。

里昂惕夫通过考虑要素密集度逆转,部分但不是完全地解释了这一矛盾。

生产要素密集度逆转在现实中出现的概率有多大,这又是一个实证检验的问题。经济学家H.G.格鲁贝尔在1962年对19个国家的24个行业进行了统计分析,发现有五个行业存在生产要素密集度的逆转。B.S.明哈斯在1962年发表的研究结果表明,有大约1/3的研究样本中出现了生产要素密集度逆转的情况。明哈斯的研究结果受到了里昂惕夫的质疑,他认为明哈斯的数据来源有偏差,在纠正了这些偏差之后,出现生产要素密集度逆转的情况只剩下8%。经济学家鲍尔(Ball)也对明哈斯的研究结果重新进行了检验,其结果也认为要素密集度逆转的情况在现实中很少发生。因此，试图通过要素密集度逆转对"谜"进行的解释也没有很强的说服力。

除了上述解释，还有一些经济学家从其他方面对这一问题进行了研究。日本国际经济学家小岛清教授曾经指出，要解释"里昂惕夫之谜"首先要弄清楚里昂惕夫和俄林所使用的"生产要素的丰裕程度"是否是同一个概念，他认为俄林在使用这一概念时指的是考虑了价格后的要素丰裕程度，而里昂惕夫使用这一概念时指的却是单纯的生产资料的技术比例。这两者并不是同一个概念，用马克思政治经济学的语言来表述，前者指的是资本的价值构成，后者指的是资本的技术构成。这两个概念在含义上和计算上是有差别的，必须明白这一点才能真正理解H—O模型与"里昂惕夫之谜"。还有一些经济学家从需求的角度来解释"里昂惕夫之谜"。认为美国可能特别偏好于消费资本密集型商品，所以导致它出口劳动密集型商品进口资本密集型商品。但侯萨克尔曾于1957年、1960年和1963年三次对此进行了实证研究，结果发现美国和其他国家的需求函数极为类似，并不特别偏好消费资本密集型商品，相反，随着人们收入的提高，各国都倾向于增加劳动密集型商品的消费，所以这一学说是站不住脚的。

3.需求偏好差异

赫克歇尔—俄林理论假定第六条为：两国消费者对两种商品偏好相同。

但是，在实际贸易中，供求双方的国内需求都会对国际贸易产生影响。如果一国对于某一种商品享有比较优势，而且消费者特别偏好这一商品时，赫克歇尔—俄林定理决定的进口方向将改变。例如，美国的需求偏好强烈地偏向资本密集型产品，这使得美国的资本密集型商品的相对价格较高，因此美国就会出口劳动密集型商品。由于美国存在对资本和技术密集型产品的消费偏好，有更多的需求，于是美国根据这种需求来进口更多的资本技术密集型产品。同时，劳动密集型产品由于需求不足出现剩余，促使更多出口。

这一解释不被认可的原因就是各国需求偏好是相似的。

1957年，豪萨克（Houthakker）对许多国家家庭消费模式的研究表明，对食物、衣物、住房以及其他种类的商品的收入需求弹性在各国是很相近的。

4.关税和其他贸易壁垒

克拉维斯（Kravis）在1954年的研究中发现，美国受贸易保护最严格的产业就是劳动密集型产业。首先，美国基于国家利益，如保护非熟练劳动力的就业机会，避免遭受其他国家或发展中国家的挤压，而对劳动密集型产品的进口设置重重障碍。

其次，美国为避免其他国家在贸易中获得更多美国的先进技术，在美国技术密集型产品的出口上也设置了大量贸易壁垒。

这就影响了美国的贸易模式，降低了美国进口替代品的劳动密集度。这对解释里昂惕夫之谜有一些帮助。

（三）对里昂惕夫之谜及其解释的评价

首次运用投入—产出法对贸易商品结构定量分析，具有科学性与现实性。

各种解释是对H—O定理的整修、补充。增加要素如人力资本、技术、自然资源，修改的前提有劳动不同质、生产函数不一样、需求偏好差异、保护贸易等。

对里昂惕夫之谜的解释揭开了现代贸易理论的序幕。

直到弗农1966年提出"产品周期理论"，才解开了"里昂惕夫之谜"。在弗农看来，科技创新在对外贸易中有相当重要的作用，即创新产品初始垄断优势以及其后技术转移与扩散形成的垄断优势的丧失，决定着国际贸易的格局变化，从而推动一国产业结构的演进。关于这一点，我们可以从美国产业结构变化中看得更清楚。从20世纪80年代起，美国政府就加大了对R&D（研究与开发）的支持力度。1994年美国R&D开发投资达1730.2亿美元，超过日本和德国两国R&D投资的总和（1707.4亿美元），占美国GDP的2.61%。这样，高技术产业对美国经济增长的贡献率已从1986—1990年的14%左右提高到1991—1995年的28%以上，1996年已接近35%，而作为传统支柱产业的建筑业和汽车业的贡献率分别为14%和4%。经过技术改造，美国的汽车等传统产业的竞争力也普遍提高。1986—1995年，美国出口知识类产品占其出口总额的比重已从12%上升到42%。

第四章 当代国际贸易理论

第一节 规模经济理论与国际贸易

传统的贸易理论都假设产品的规模报酬不变,即假定某个行业中的投入增加一倍,产出也相应地扩张一倍。这在以初级产品生产为主的前工业化时代,这个假设基本符合事实。但在现代社会的工业生产中,很多行业都已经具有生产规模越大、生产效率越高的规模报酬递增的特征,即大规模生产,反而会降低单位产品成本,即存在"规模经济"。

一、规模经济理论

美国经济学家、诺贝尔经济学奖获得者克鲁格曼(Paul Krugman)在1979年发表了一篇题为《报酬递增、垄断竞争和国际贸易》的论文,在该文中提出了规模经济理论。规模经济从微观经济角度是指产品的长期平均成本会受到生产规模的影响。如果生产规模太小,劳动分工和生产管理会受限,每单位产品的成本会比较高;随着规模的扩大,产量增加,分摊到每个产品的固定成本会越小,产出增加而平均成本下降,这被称为"规模报酬递增"或"规模经济";随着产量的不断增加,规模报酬递增会达到顶点,即最佳规模,此刻平均成本达到最低,不会再因为产量增加而平均成本下降,此阶段为"规模报酬不变";如果生产规模进一步扩大,平均成本会因为规模过大,管理效率和合作效率的下降而上升,这被称为"规模报酬递减"或"规模不经济"。

规模经济可以分为内部规模经济(Internal Economies of Scale)和外部规模经济(External Economies of Scale)。

内部规模经济主要来源于企业本身规模的扩大。由于生产规模的扩大和产量增加，分摊到每个产品上的固定成本，包括管理成本、信息成本、设计成本、科研成本与发展成本等会越来越少，从而降低了产品的平均成本。具有内部规模经济的企业一般都为大企业、大公司，多集中在设计、管理、销售成本较高的制造业和信息产业，如汽车、飞机、钢铁和电脑软件行业等。从上述行业可见，在内部规模经济的条件下，存在不完全竞争的市场结构。

外部规模经济主要来源于行业内企业数量的增加所引起的产业规模的扩大，常常由聚集效应而产生。由于同行业内企业的增加和相对集中，在信息收集、产品销售、交通运输等方面的成本会降低。外部规模经济一般会出现在竞争性恒强的同质产品行业中。例如，美国的"硅谷"、北京的"中关村电脑城"、广州的"天河城百脑汇"等，都聚集了很多电脑公司，它们聚集在一起，形成了外部规模经济，还有"好莱坞""宝莱坞"和中国"横店"影视拍摄基地，都集聚众多影视公司，从编导到跑龙套的，剧组在拍摄时所需要的场地、群众演员、后期制作人才等聚集一起就节约了很大的成本，这些都具有外部规模经济特征。由此可见，存在外部规模经济的行业，往往由众多小厂商组成，所有的厂商处于完全竞争状态。

二、规模经济与国际贸易

内部规模经济和外部规模经济都会引起国际贸易的产生，下面分别介绍。

（一）内部规模经济与国际贸易

在存在内部规模经济的行业中，大规模生产的经济性刺激了有关部门和企业对规模经济的追求，导致了企业不断扩大生产规模。随着规模的不断扩大，产品的平均成本下降，产品的竞争力上升，从而使其他行业难以进入该行业，逐渐产生商品生产的垄断，削弱了企业或行业内部竞争，最终的结果就是形成了不完全竞争的市场结构。

追求利润最大是企业的根本目标，垄断或获得市场的定价权是企业的追求。但当企业还不足以影响行业或者同类产品的价格时，企业要想获得某种产品价格的控制权就必须进行差异化生产，即在产品的品牌、款式、质量等方面与其他产品不同且赢得消费者的认可。而规模生产的经济性要求标准化程度高，大批量生产以降低成本。而差异化生产则要求小批量、多品种和个性化，生产成品较高，难以达到规模经济的效果。特别是在当今的国际贸易，这种差异化的需求和个性化定制更是未来发展的主流。如果一国既希望获得规模经济的效果，又希望满足消费者对产业化产品的追求，最后的解决办法就是进行国际贸易，这就为差异化产品的生产提供了价格制定权的余地。特别是自2010以来，跨境电商B2C和C2C

的发展，更验证了这一点。

（二）外部规模经济与国际贸易

外部规模经济依赖于产业中厂商数量的增加，而不是单个厂商规模的扩大。阿尔弗雷德·马歇尔曾对厂商集中所带来的外部规模经济的利益进行解释，集中的厂商比孤立的厂商更有优势，地理位置的集中有利于行业可供共同使用的专业化劳动力队伍的形成，可以调剂企业间的余缺，有利于市场共享和知识外溢。

外部规模经济在国际贸易中也发挥着重要的作用。当存在外部规模经济时，大规模从事某一行业产品生产的国家，往往在该产品生产上具有较低的平均成本，使得该国在该产品具有比较优势，形成很强的竞争优势，企业就有动力出口该产品，从而产生国际贸易。在存在外部规模经济的行业，最先在哪一国建立，很大程度上取决于历史原因，一国存在外部规模经济行业的比较优势往往与时间的积累分不开。

例如，瑞士生产的钟表享誉全球。钟表生产，由于中国的工资水平低于瑞士，因此，中国的钟表生产成本曲线位于瑞士的下方，中国的钟表会比瑞士的便宜。但是，由于历史的原因，瑞士较早建立了钟表业，并成为世界市场的钟表供应国，随着出口的增加和技艺成熟，钟表生产的成本进一步下降，而中国钟表业建立较晚，初始平均成本高于瑞士，不能同瑞士相竞争。可见，即使瑞士不具备劳动成本的优势，但在外部经济的影响下，瑞士仍能够维持原有的贸易模式，成为钟表的净出口国。

第二节 产业内贸易理论

传统的国际贸易理论主要针对不同产品之间的贸易，但自20世纪60年代以来，国际贸易大多发生在发达国家之间，而发达国家间的贸易又出现了既进口又出口同类产品的现象。为了解释这种现象，国际经济学界产生了新的理论——产业内贸易理论（Intra-industry Trade Theory）。该理论是当前国际贸易理论最热门的课题之一，博采了第二次世界大战后国际贸易新理论的研究成果，着重产业内贸易的探讨，即一国同时出口和进口统一产业的产品，国家间进行相同产业的产品差异化竞争，并认为这更符合现实情况的国际贸易。

一、产业内贸易理论的发展

产业内贸易理论经历了20世纪70年代中期以前的经验性研究和随后的理论性研究两个阶段。

20世纪70年代中期以前，西方经济学家佛丹恩（Vordoom）、麦凯利（Mlchaely）、巴拉萨（BelaBalassa）和考基玛（Kojlma）对产业内贸易做了大量的经验性研究。佛丹恩通过对比荷卢经济同盟的集团内贸易格局变化的统计分析，表明和集团内贸易相关的生产专业化形成于同种贸易类型之内，而不是在异种贸易类型之间，而且交易的产品具有较大的异质性。麦凯利对36个国家五大类商品的进出口差异指数的计算结果，显示高收入国家的进出口商品的结构呈现明显的相似性，而大多数发展中国家则相反。考基玛对发达国家之间的贸易格局的研究发现，高度发达的，类似的工业国之间横向制成品贸易迅速增长，因而认为产业内贸易现象的背后必然包含着一种新的原理，对这一新原理的解释，可以在传统比较利益理论的基础上形成一种理论创新。

20世纪70年代中期，格鲁贝尔（Herbert G.Grubel）和劳尔德（P.J Loyld）对产业内贸易现状做了开创性的系统研究，使产业内贸易理论发展步入第二阶段——理论性研究阶段。他们合著的《产业内贸易》一书认为，技术差距、研究与开发、产品的异质性和产品生命周期的结合，以及人力资本密集度的差异与收入分配差异相结合，可能导致了产业内贸易。

戴维斯以进入市场的障碍解释产业内贸易，并从规模经济的角度解释产业内贸易的成因，认为规模经济可以在产业内形成互有竞争力的价格，从而导致产业内贸易发生。之后，格雷（Gray）、克鲁格曼和兰卡斯特（Lancaster）等对产业内贸易进行了大量的理论性研究，使产业内贸易理论日趋成熟，经验性研究也步步深入，开始致力于研究产业内贸易的程度和趋势，以及在不同类型的国家、不同产业中的发展状况和原因。

二、产业内贸易理论的解释

产业内贸易是指统一产业部门内部的差异产品（Differentiated Products）及其中间产品的交换。也就是一国同时出口和进口同类型的制成品，如美国每年要出口大量的汽车，但又同时大量进口来自日本、德国、韩国的汽车。《国际贸易标准分类》（Standard International Trade Classification）中，将产品分为：类、章、组、分组和基本项目五个层次，每个层次中用数字编码来表示，产业内贸易的产品就是指的至少前三个层次分类编码相同的产品。

产业内贸易是相对于产业间贸易（Inter-Industry Trade）而言的，它是指不同产业之间完全不同产品的交换，如出口初级产品、进口制成品。传统的国际贸易理论，国家间的要素禀赋只能解释产业间贸易，显然已无法解释当前的产业内贸易。产业内贸易理论表明，产品差异、规模经济及需求偏好相似可以解释产业内贸易现象。

(一) 产品差异性

在每一个产业部门内部，由于产品的质量、性能、规格、设计、装潢等的不同，甚至每种产品在每一个方面都有细微差别而形成了由无数产品组成的差别化系列产品。各国由于人力物力财力的约束和科学技术的差距，不可能在真有比较利益的部门生产所有差异化产品，只能着眼于某些差别化产品专业化生产，以获取规模经济利益。因此，每一产业内部的系列产品常产自不同的国家。而消费者的多样化消费需求，使得各国对同种产品产生相互需求，从而产生贸易。例如，欧盟建立以后，随着关税的下降或取消，各厂商得以生产专业化的少数几种产品，使单位产品成本大大下降，成员国之间的差异化产品的交易也大大增加。

与产业内差异产品贸易有关的是产品零部件贸易的增长。未来降低成本，一种产品的不同部分往往通过国际经济合作形式在不同的国家生产，追求多国籍化的比较优势。例如，波音777飞机的32个构成部分，波音公司承担了22%，美国制造商承担了15%，日本供应商承担了22%，其他国际供应商承担了41%。飞机总体在美国设计，美国主要承担发动机等主要部件的设计和制造，其他外国承包商在本国设计和制造相应的部件，然后运到美国装配。类似这样的多国籍产品在跨国公司间的国际联盟、协作生产和零部件贸易正在不断地发展，从而使全球各国经济相互依赖加深，产业内贸易不断扩大和发展。

(二) 规模经济说

产业内贸易理论的实证研究表明，国家间的要素禀赋越接近，越可能生产更多相同类型的产品，它们之间的产业内贸易量越大，而这样的结果产生的原因是规模经济和产品差异之间的相互作用。这是因为，一方面，规模经济导致了各国产业内专业化的生产，从而得以使产业内专业化为基础的产业内贸易迅速发展；另一方面，规模经济和产品差异之间有着密切的联系。正是由于规模经济的作用，使生产同类产品的众多企业优胜劣汰，最后由一个或者少数几个大型厂家垄断了某种产品的生产，这些企业逐渐成为出口商。而产品差异化的存在，既使企业走向专业化、大型化，获得规模经济效应，又为各个企业提供了竞争市场，使消费者能够有更多的选择。因此，规模经济为产业内贸易提供了基础。

(三) 需求偏好相似说

瑞典经济学家林德（S.Linder）在1961年出版的《论贸易与转变》一书中提出了偏好相似理论，他从需求的角度探讨了国际贸易产生的原因。他认为，国际贸易是国内贸易的延伸，在本国消费或者投资生产的产品才能够成为潜在的出口产品；两个国家的消费者需求偏好越相似，一国的产品也就越容易打入另一国家的市场，因而两国之间的贸易量越大。影响一个国家需求结构的最主要因素是人均收入水平，人均收入水平的相似性可作为需求偏好的指标。

在研究中发现，发达国家之间由于收入水平相近，产品层次和消费结构大体相同，两国厂商所提供的各种档次的同类产品，基本能够被对方各层次消费者接受，对双方的产品形成了广泛的相互需求，从而产生了较大的重叠需求，正是这种重叠需求导致了发达国家的产业内贸易的发生。不仅如此，发达国家和发展中国家也存在部分的产品层次与消费层次的重叠，从而也为发达国家和发展中国家的产业内贸易提供了前提和基础。

三、产业内贸易程度的测度

产业内贸易程度可通过产业内贸易指数（IIT）来测量。

$$IIT = 1 - \frac{|X-M|}{X+M}$$

式中，X与M分别代表一国属于同一产业的产品的出口值和进口值。IIT的最大值为1，最小值为0。当一国产业产品的进出口相等时，即$X-M=0$时，IIT为最大值1，表明产业内贸易程度非常高。一国产业产品只有进口没有出口，或者只有出口没有进口时，IIT值为0，表明没有产业内贸易。需要注意的是，界定一个产业范围的大小不同，会得出极不相同的IIT值，界定范围越大，IIT值也越大。

四、对产业内贸易理论的简评

总体而言，产业内贸易的前提假设更符合实际，规模经济给厂商利益的来源；同时，供给方面参与国际贸易的厂商通常处于垄断竞争的条件下，产生了差异化的产品，在需求方面，消费者的偏好具有多样性，相同收入水平的国家具有消费需求的重叠，从而给发展中国家带来更多的启示，一方面，一国国际贸易地位的提高，不仅仅依靠丰富的资源、技术，还需要从规模经济入手提高国际竞争力；另一方面，对产业政策和贸易政策的干预也非常必要。

第三节 国际贸易新要素理论

古典国际贸易理论对生产要素的分析仅限于土地、劳动和资本三种，随着现代国际经济的发展，西方经济学认为，生产要素不仅包括土地、劳动和资本，还应包括技术、人力资本、研究与开发、信息等新型生产要素。新要素理论从要素的国际移动、要素密集型的转变等方面来分析国际贸易的基础和贸易格局的变化。

一、国际贸易新要素理论的内容

(一) 技术要素说

传统的生产要素定义为生产过程的投入物,把工艺流程、方式方法等技术排除在生产要素之外。但是,技术在现代经济活动中的地位越来越重要。技术能够提高要素生产率,节约要素的使用,降低商品成本和价格,优化产品质量效能,提高生产经营水平,增强国际市场竞争力,当今国际经济的竞争在很大程度上是技术水平的竞争,技术进步会对各国生产要素禀赋的比率产生影响,从而影响各国的相对优势,进而影响贸易格局的变动。

(二) 人力资本要素说

人力资本要素说(Human Capital Theory)是美国经济学家舒尔茨(T.W.Schultz)创立的。他用人力资本的差异来解释国际贸易产生的原因和一国对外贸易格局。

舒尔茨和许多西方经济学家认为,各国劳动要素生产率的差异实质上是人力技能的差异,因为技能也是一种生产要素,人力技能又可称为人力资本,人力资本丰富的国家,如美国、日本,在知识和技术密集型产品的生产和出口上具有比较优势,反之如大多数发展中国家,则处于劣势地位。

根据人力资本要素说,把劳动分为两类:一类是简单劳动,即无须经过专门培训就可胜任的非技术性的体力劳动;另一类是技能劳动,即必须经过专门培训形成一定的劳动技能才能胜任的技术性劳动。要对劳动者进行专门培训就必须经过投资,人力资本投资的效果实际就是人力资本效用发挥的程度。

人力资本赋予状况对国际贸易格局、流向、结构和利益等方面具有重要影响,人力资本者基辛(Kessing)、凯能等认为资本充裕的国家同时也是人力资本充裕的国家,因此,这些国家的比较优势实际上在于人力资本的充裕,这是它们参与国际分工和国际贸易的基础。在贸易结构和流向上,这些国家往往出口要素密集型产品。如美国最充裕的不是要素资本而是人力资本,于是美国的贸易结构中技能密集型的出口占主体,如最先进的通信设备、电子计算机等,而在劳动密集型方面进口则占主体。

(三) 研究与开发要素说

研究与开发要素说(Theory Of Factors of Research and Development)是由西方经济学家格鲁勃(W.H.Gruher)、梅达(D.Mehta)、弗农(R.Vemon)、基辛(Kessing)等人提出的。研究是指与新产品、新技术、新工艺紧密相关的基础与应用研究;开发是指新产品的设计开发与试制。该学说认为研究与开发也是一种生产要素，但它不同于生产过程中其他形式的要素投入，它是以投入到新产品中的与研究和开发活动有关的一系列指标来衡量的。比如，可以通过计算机研究与开发费用占销售额的比重、从事研究与开发工作的各类科学家和工程技术人员占整个就业人员的比例、研究与开发费用占一国国民的生产总值或出口总值的比重等，来判断各国研究与开发要素在经济贸易活动中的重要性。

研究和开发要素对一国贸易结构有很大影响。一个国家越重视研究与开发，投入的资金越多，其产品中知识与技术密集度就越高，在国际市场竞争中的地位就越有利。

1965年基辛在《劳动技能与国际贸易：用单一方法评价多种贸易》一文中，以美国在十个主要工业发达国家不同部门的出口总额中的比重代表其出口竞争能力，分析研究与开发要素与出口竞争力的关系。结果表明，美国产品竞争力强而且出口占十国出口总额比重大的部门，投入的研究和开发费用占美国销售额的百分比也大，科学家和工程师的人数占美国该部门全部就业人数的比重也大。这就证明了一个国家出口产品的国际竞争能力和该种产品的研究与开发要素密集度之间存在着很高的正相关关系。

（四）信息要素学

西方经济学家认为在现代经济生活中，企业除了需要土地、劳动力、资本等生产要素以外，更需要信息，信息已成为越来越重要的生产要素。信息要素是指来源于生产过程之外的并作用于生产过程中的能带来利益的讯号总称。信息要素是无形的、非物质的，它区别于传统生产要素，是生产要素观念上的重大变革。信息作为一种能够创造价值的资源和有形资源结合在一起，构成现代生产要素。

信息要素具有特殊性，是一种能创造价值并能交换的无形资源，一方面，由于信息创造价值的能力难以用通常的方法衡量，所以其交换价值只能取决于信息市场的自然力量；另一方面，由于信息强烈的时效性，所以信息交换也常常带有不可预见的性质。随着市场在世界范围内的拓宽，以及各种经济贸易活动的日益频繁，社会每时每刻都在产生着巨量的信息，这些信息都在不同方面、不同程度影响着社会经济活动，影响着企业生产经营的决策和形式方式，影响着一个国家的比较优势，从而改变一国在国际分工和国际贸易中的地位。比如，信息在日本综合商社中占据重要地位，日本综合商社大都在总部设有情报中心，还在世界各地设置办事处或信息中心，从而形成遍布全球的国际通信信息网，以便对世界经济形式及时准确地作出判断。

（五）管理要素说

管理是指在一定技术条件下保持最优的组织、配置和调节各种生产要素之间的比例关系。管理既可以看成生产函数的一个单独要素，也可以看成劳动要素的特殊分类。但是有一点需注意，管理是生产要素的补充而不是替代。它和其他生产要素之间不存在相互替代关系。

管理需求随生产规模扩大而增强。在现实经济活动中，管理通过相应的管理人员（如经理等）的工作来体现。西方经济学家认为管理水平的差异说明了劳动生产力的差异，一般来说经济水平落后的国家，管理要素都相对稀缺，表现在管理人员比重小和管理水平比较低等方面。哈比逊曾指出，20世纪50年代埃及的工厂在工艺技术上和美国工厂基本类似，但劳动生产率仅为美国的20%上下，其原因就在于埃及管理资源稀缺、管理方法落后。由于管理资源的丰富和稀缺影响到生产效率和生产成本，管理也就直接影响到一国比较优势地位和对外贸易的各个环节。

二、对国际贸易新要素理论的简评

国际贸易新要素理论对第三次科技革命所带来的世界经济的飞速发展和世界贸易格局的革命性改变，在理论上给予了新的解释，突破了生产要素的限制，赋予了生产要素更丰富的含义，并扩展了生产要素的范围，使对国际贸易的分析更接近现实。

但是，新要素学说就其分析方法而言，只是对传统的要素学说进行了改良，即只是从供给方面考虑贸易问题，而没有从供求两方面考虑贸易问题。

第四节 技术差距理论

传统的国家贸易理论虽然早已注意到技术进步的作用，但只是从静态的角度分析，直到技术差距理论和产品生命周期理论产生以后，才将技术的动态变化作为国际贸易的单独因素，从动态的角度分析说明贸易格局的变化。

技术差距理论（Theory of Technological Gap）是由美国学者波斯纳（Porsner）和哈弗鲍尔（Hufbauer）在20世纪60年代提出的。他们认为，技术差距产生的主要原因是发达国家的技术创新。已经完成了技术创新的国家，不仅取得了技术上的优势，而且凭借技术上的优势在一定的时期内在某种产品的生产上取得了垄断地位，从而形成了与未进行技术创新的其他国家间的技术差距，并且导致了该技术产品的国际贸易。随着该技术产品国际贸易的扩大，技术创新国为追求特殊利润，可能经过多重途径和方式进行技术转让。由于该技术（产品）在经济增长中的示范效应，其他国家也会进行技术研究与开发或技术引进，从而掌握该技术，技术差距缩小，使在该项技术产品上技术引进国和技术创新国的国际贸易下降。

波斯纳在分析这一过程时，提出了需求滞后和模仿滞后的概念。所谓需求滞后，是指技术创新国出现新产品后，其他国家消费者从没有产生需求到逐步认识到新产品的价值而开始进口的时间间隔。它的长短取决于其他国家消费者对新产品的认识与了解。所谓模仿滞后是指从创新国制造出新产品到模仿国能完全仿制出这种产品的时间间隔。模仿滞后由反应滞后和掌握滞后构成。反应滞后是指从创新国生产到模仿国决定自行生产的时间间隔。反应滞后的长短取决于模仿国的规模经济、产品价格、收入水平、需求弹性、关税和运输成本等多种因素。掌握滞后是指模仿国从开始生产到达到创新国的同一技术水平并停止进口的时间间隔。其长短取决于创新国技术转移的程度、时间，模仿国需求强度以及对新技术的消化吸收能力等因素。

该理论表明：(1) 技术领先国若能有效地反模仿，技术利益能够保持较长时间。(2) 两国技术水平和市场范围距离越小，需求时滞的时间越短，贸易发生就越早，贸易发展的速度也就越快。(3) 模仿时间滞后，追随国的贸易利益取决于低工资成本。

第五节 产品生命周期理论

一、产品生命周期理论对国际贸易的解释

产品生命周期理论（Theory of Product Life Cycle）是美国哈佛大学教授弗农（Raymand Vernon）在1966年发表的《产品周期中的国际投资与国际贸易》一文中提出的，该理论从产品生产的技术变化出发，分析了产品生命周期各阶段的循环及其对国际贸易的影响。

该理论指出，由于每个国家的技术水平不一样，一种产品的生命周期在各国的发生时间和过程也是不同的，各国之间存在一个较大的时间差，正是这一时间差，表现为不同国家在技术上的差距，从而决定了国际贸易、国际投资的变化和不同国家在国际市场上的竞争地位。为了便于区别，弗农把这些国家依次分为：技术创新国家、一般发达国家和发展中国家。

由于各国技术发展水平不同，技术创新国家可能率先开发出某种新产品并出口到其他国家；经过一段时间后，一般发达国家即技术较先进的国家掌握了该技术，开始从事新产品的生产，并凭借较低的要素成本优势占领国际市场，成为新的出口国，甚至占领创新国的国内市场；发展中国家即技术相对落后的国家较长时间之后才能掌握这种技术，最后，发展中国家依靠低廉成本和丰富的资源优势成为该产品的出口国。可见，产品生命周期概念从国内市场延伸到国际市场，可

以用它来解释国际产业转移现象。

二、产品生命周期理论基础上的国际贸易

弗农还把生命周期分为三阶段,即新产品阶段、成熟产品阶段和标准化产品阶段,以此来解释国际贸易的发生。

(一) 新产品阶段

新产品阶段又称产品创新阶段或引进阶段。由于消费者不是特别了解新产品的特性、用途、使用效果以及优点,故需求量少,且需求主要来自国内,生产基本针对国内,无出口。对投入的技术要求比较高,对劳动者技术水平的要求也高,由于技术投入大,可以说这一时期的产品是技术密集型产品。

在新产品阶段,技术创新国在国际生产上具有完全的技术垄断优势和国际竞争力,有条件向其他发达国家市场出口这种产品。

(二) 成熟产品阶段

在产品成熟阶段,生产技术已成熟,产品被消费者广泛接受,产品市场饱和,国内产品销售量的增长率开始下降。此时,国外需求已经产生,创新国开始向其他国家出口,成熟的技术也随之转移出去,进口国能够迅速掌握技术,进而开始在本国生产,该阶段技术开始标准化,市场迅速扩张,生产规模急剧扩大,从而要求投入资本比较多,因此这一时期的产品可以说是资本密集型产品。

在该阶段,由于创新国技术垄断和市场垄断地位受到模仿国的冲击,竞争者不断增加,市场竞争变得激烈,市场替代产品开始增多,产品的附加值也在不断降低。为了获得利润,企业越来越重视降低产品的成本。同时,市场在创新国和一般发达国家市场上产品开始出现饱和。为降低成本,提高经济效益,抑制国内外竞争者,企业逐步放弃国内生产,纷纷到生产成本较低的发展中国家建立生产基地。

(三) 标准化产品阶段

标准化阶段又称产品衰退阶段。产品生产技术不再是新颖和秘密了,甚至开始老化,技术本身的重要性逐渐消失,技术垄断优势已经全部丧失。这时,发展中国家已经成为世界上最理想的低成本生产区,发达国家通过技术转让或跨国投资把产品生产设立在落后的发展中国家,使发展中国家成为世界市场的主要生产和出口基地,随后,开始向发达国家市场大量出口返销这种工业品,发达国家的这种新型工业品产业开始衰退,新产品的生命周期结束。

代表性的是迈克尔·波特提出的国家竞争优势理论,该理论是从产业经济层面入手,探讨它对企业乃至国家对外贸易的决定作用,从而对国际贸易的产生和

发展提供新的解释。

将产品的生命周期理论的基本思想与国际营销理论结合,用来解释国际投资和技术转让的原因,可以使企业看清形势,通过把自己的产品销往国外市场来延长其产品寿命。产品生命周期与国际贸易方向变化模式,如图4-1所示。

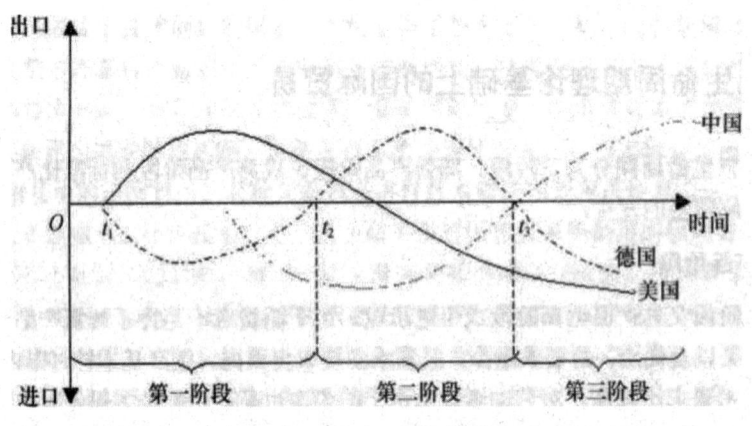

图 4-1 产品生命周期与国际贸易方向变化模式

第六节 国家竞争优势理论

一、国家竞争优势的内涵

随着产业内贸易理论的不断发展和完善,人们对于国际贸易产生的原因认识更加多元化,特别是自20世纪80年代以来,对国际贸易理论的研究出现了一些新动向,其中最具代表性的是迈克尔·波特提出的国家竞争优势理论,该理论是从产业经济层面入手,探讨它对企业乃至国家对外贸易的决定作用,从而对国际贸易的产生和发展提供了新的解释。从20世纪80年代到90年代初,美国哈佛大学商学院的迈克尔·波特(M.Porter)教授相继出版了《竞争战略》《竞争优势》和《国家竞争优势》三部著作,从微观、中观、宏观三个层次较为全面地论述了"竞争"问题,系统地提出了竞争优势理论。国家竞争优势理论的核心是"创新是竞争力的源泉"。波特在《国家竞争优势》中认为一国的竞争优势就是企业、行业的竞争优势,一国兴衰的根本原因在于它能否在国际市场中取得竞争优势,而竞争优势形成的关键在于能否使主导产业具有优势,产业的竞争优势又源于企业是否具有创新机制,具体到国际贸易理论层面,现有的国际贸易理论只能对国际贸易模式做出部分解释,但不能说明为什么一个国家能在某一行业建业和保持国家优势。波特进一步认为一国兴衰的根本在于能否在国际市场上赢得优势,但个别企业、产业的竞争优势并不必然导致国家的竞争优势。一国的竞争力高低取决于其产业发展的创新能力的高低。企业因为压力和挑战才能战胜世界强手而获得竞争优势，它们得益于拥有国内实力雄厚的对手、勇于进取的供应商和要求苛刻的顾客。在全球竞争日益加剧的当今，国家变得越来越重要。国家的作用随着竞争的基础越来越转向创造和对知识的吸收而不断增强，国家竞争优势通过高度地方化过程得以产生和保持，国民价值、文化、经济结构、制度及历史等方面的差异均有助于竞争的成果。然而各国的竞争格局存在明显的区别，没有任何一个国家能在所有产业或绝大多数产业具有竞争力，各国至多能在一些特定产业竞争中获胜，这些产业的国内环境往往最有动力和最富挑战性。

波特将竞争优势的各个方面归为四个基本因素和两个辅助因素的整合作用。四个基本因素为生产要素条件（Factor Conditions），需求条件（Demand Conditions），相关和支持产业（Related and Supporting Industries），公司战略、结构和竞争对手（Firm Strategy, Structure and Rivalry）。两个辅助因素为机遇（Chance）和政府作用（Government）。由此构成"波特菱形"或完整的"钻石系统"（State Diamond），如图4-2所示。

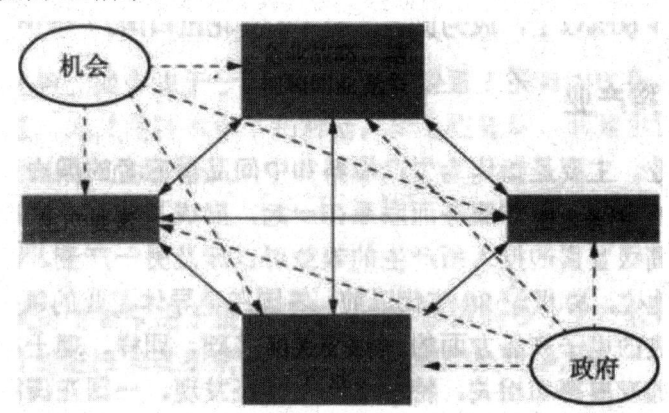

图 4-2　完整的钻石模型

（一）生产要素条件

根据波特的观点，生产要素包括自然资源、人力资源、基础设施、资本资源和知识资源。这些要素可以归类为基础要素和高级要素。基础要素是指不需花费多少代价即可获得的要素，如非熟练劳动力、自然资源、气候、地理位置等。高级要素是指花费和大代价才能得到的要素，如熟练劳动力、通信设施、科研设施和技术诀窍等。比较起来，基础要素可以提供初始优势且这种要素可以通过对高级要素的投资得以扩展和强化，但高级要素对竞争优势的形成更为重要。因为一国在高级要素上处于劣势是无法通过其他方法来弥补的；相反，一个国家基础要素不足但高级要素在世界上具备优势，这个国家在世界上仍然有可能成为具有竞争优势的国家。如非熟练劳动力不足可以通过生产自动化来缓解或通过引进国外劳工来解决；而且基础要素处于劣势有可能对企业产生压力，促使其在高级要素上进行投资和创新，从无优势变成动态优势。如日本自然资源匮乏，国民和企业在心理上颇具危机感，但通过大量投资创建了巨大的高级要素，在制造业领域具有很强的竞争优势。因此波特认为基础要素并不是竞争力的唯一源泉，最为重要的是一国不断创造、改进和调动其生产要素的能力，高级要素比基本要素更具有价值。

（二）本国需求条件

波特认为需求特别是国内需求包括本国需求结构、规模成长率、高价购买者压力及需求的国际化对于一国竞争优势的形成具有相当重要的作用。如果对某种产品有较大的国内需求就会促进国内竞争，产生规模经济。而且如果国内消费者善于挑剔、品位较高，将会有利于企业不断努力，以提高产品的质量、档次和服务水平，使之在世界市场上具有很强的竞争能力。如果国内消费者渴望购买其他国家产品，则会刺激本国企业从事这类产品的生产与创新。同样，如果国内市场需求饱和且竞争激烈，也会推动国内企业为持续增长而进入外国市场。

例如，荷兰人对鲜花特别喜爱，并由此而产生了庞大的花卉产业。阿姆斯特丹西南郊拥有的花田无边无际，平均每天销售花卉600万份。海牙以北有一座世界上最大的鳞茎花公园，以盛产郁金香闻名。显然，正是国内对鲜花的强烈需求和高度"挑剔"，才使得荷兰花卉交易额占世界60%以上，成为世界上最大的鲜花出口国。

（三）相关和支持产业

相关和支持产业，主要是指作为生产原料和中间品供应者的国内企业，它们因共有某些技术，共享同样的营销渠道和服务而联系在一起，形成具有互补性或相互强化的产业。相关和支持产业对高级要素的投入所产生的效益可以涉及另一产业，从而帮助该产业在国际市场上确定竞争地位。20世纪80年代以前，美国在半导体工业的领先地位为美国在个人电脑和其他技术先进的电子产品方面的成功提供了基础。同样，瑞士在制药方面的成功也与其过去染料工业的发展密切相关。特别是，波特还发现，一国在国际市场上具有竞争力的成功产业一般是由很多相关产业组成的产业集群。如德国的纺织服装就是这样的产业群，它包括高质量的棉花业、合成纤维业、纺织针制造业和一系列纺织机械制造业。

（四）公司战略、结构和竞争对手

不同的国家存在不同的制度环境，由此产生不同的企业管理战略、结构和竞争对手。如德国企业有强大的工会组织和管理惯例，高级经理通常都精通技术、具有产业技术和工程背景是企业取得巨大成功的特征。日本企业有等级森严的组织和管理惯例，优秀企业经理荣誉将享誉终生甚至名垂青史，尤其是年功序列制和雇佣终身制为日本企业取得巨大成功提供了制度保证。而美国普遍实行高风险高收益的股票期权激励机制、完善的资本市场结构和市场竞争机制，为美国企业取得巨大成功提供公司治理保证。因此，没有一种管理系统是普遍适用的。只有当企业所采取的公司战略和结构既能适应国家环境，又适于培植产业竞争优势的源泉时，国家才能在这些产业上赢得竞争优势，在国际竞争中取得成功。

同时，一个国家内部市场的竞争结构会对企业的国际竞争力产生重大影响。国内竞争会迫使企业不断更新产品，提高生产效率，形成与之相适应的战略结构，以取得持久、独特的优势地位。此外，激烈的国内竞争还会迫使企业走出国门参与国际竞争。因此，经过国内激烈竞争锻炼的企业往往更加成熟，更具有国际竞争力，更容易在国际竞争中取胜。

除了上述四个基本因素，机遇与政府的作用两个辅助因素也在影响着国家的整体竞争优势。机遇是指经济发展过程遇到的一些新机会和新情况，比如，战争、大的经济动荡、石油危机以及重大技术创新和汇率变化等。这些偶然性因素会影响需求、供给、成本、价格等，从而会使各国的竞争优势发生大的变化，有的国家会在机遇中快速上升，有的国家则因竞争优势的失去而逐渐没落。政府的辅助作用也很明显，它主要是通过对四个基本因素施加影响而发挥作用。政府通过宏观调控政策、微观扶持政策、制定规则和培养高素质劳动力等环节来影响供给和需求，帮助产业和企业提供竞争优势。

二、国家竞争优势的四个发展阶段

波特从动态的角度分析国家竞争优势，认为一国的竞争优势不是一成不变的，受其驱动力的影响可以分为四个不同的阶段。

（一）要素驱动阶段

此阶段的竞争优势主要取决于一国在自然生产要素上拥有的优势，处于这一阶段的国家整体经济水平较低，尤其是技术水平相对低，资金也短缺，其竞争优势主要依靠国内丰富的自然资源和廉价的劳动力资源。

（二）投资驱动阶段

此阶段的竞争优势主要取决于资本要素，此时本国的技术生产较落后，通过大量的资本投入可以引进国外先进技术设备来提高生产效率和产品竞争力。

（三）创新驱动阶段

此阶段的竞争优势主要取决于技术创新，谁能在激烈的竞争中不断推出新产品，谁就能取得竞争优势。这种压力迫使企业进行大量的研发投入，以及各种新产品、新工艺、新设备的开发去提高竞争力，占领更多的市场份额。中国当前已经走过了要素驱动阶段和投资驱动阶段，逐步开启了创新驱动阶段。

（四）财富驱动阶段

此阶段的社会富有而稳定，创新意识和竞争压力都在减弱，企业和产业越来越不是通过竞争机制来提高自己，而是力图通过财富和实力来影响政府以保持自己的利益。此时的国家竞争力有下降的趋势，必须通过调整产业结构和制度创新等途径防止衰退。

波特的国家竞争优势理论与传统的国际贸易理论相比，不仅强调了动态分析，而且更加贴近国际贸易现实，从多层面、多因素、多阶段分析了经济生活的现象与本质。波特深刻地认识到了国家取得优势的关键是要确保竞争机制发挥作用，而国家竞争优势获取的主要途径是技术创新与技术进步。这其中，政府的作用是为竞争机制、创新机制的生存营造适宜的国内环境。波特的这些观点是有创意的。当然，波特的理论也存在一些明显缺陷，比如，他过多地强调了市场的作用，而只把政府的作用作为一个辅助因素来看待。

第五章 对外贸易政策与理论

第一节 对外贸易政策概述

一、对外贸易政策的含义与构成

对外贸易政策是一国政府在一定时期内为实现一定的政策目标对本国进出口贸易制定并实施的政策，它从总体上规定了该国对外贸易活动的指导方针和原则。

对外贸易政策的内容一般包括对外贸易总政策、进出口商品政策和国别或地区政策等。

对外贸易总政策包括进口总政策和出口总政策，是根据国民经济发展的需要，结合本国在世界经济贸易中所处的地位、本国经济发展战略和本国产品在世界上的竞争能力以及本国的资源、市场和产业结构等情况，所制定的在一个较长的时期内发展对外贸易的基本方针和原则。例如，中国对外贸易的总政策是：以积极的对外贸易政策为方向，以多样的政策措施为手段，借助对外贸易推动产业结构的升级和经济的工业化，实现中国经济的可持续发展。

进出口商品政策是根据对外贸易总政策和国内产业结构、国内外市场状况等分别对进出口商品的生产、销售、采购等制定的政策。例如，为了保护本民族工业的发展，对某些外国同类商品实行进口限制。又如，为了防止某些尖端技术或战略性物资流向敌对国家，对某些高技术产品实行出口限制等。

国别对外贸易政策是根据各国或地区与本国不同的政治、经济和外交关系而采取的区别对待的贸易政策。

二、对外贸易政策的性质

对外贸易政策是一个国家经济政策和对外政策的重要组成部分。对外贸易政策作为国家经济政策的一个组成部分,为国家经济总政策服务。在制定对外贸易政策时,既要考虑对外贸易本身的需要,又要考虑国民经济其他组成部分的需要。对外贸易政策的制定与实施必须与国家其他经济政策密切配合,如产业政策、外汇政策、外资政策等。对外贸易政策作为国家对外政策的一个组成部分,服从于国家最高利益,配合外交活动。一个国家的贸易政策是独立自主制定的,但由于它具有涉外性,因而在优先考虑本国利益的同时,还必须适当考虑有关国家的利益,除考虑国内政治经济环境,还要考虑国际政治经济环境。

三、对外贸易政策的类型

迄今为止,对外贸易政策有两种基本类型:自由贸易政策和保护贸易政策。

自由贸易政策的主要内容是:国家取消对进出口贸易的限制和障碍,取消对本国进出口商品的各种特权和优待,只要是合法制造的商品,就可以自由进出口,在国内外市场上自由竞争。这是一种中性的贸易政策,国家只负责营造公平的竞争环境和维持正常的竞争秩序。

保护贸易政策的主要内容是:国家对进出口贸易施加干预,利用各种措施限制商品进口,保护国内市场和国内生产,使之免受外国商品的竞争;对本国出口商品给予优待和补贴,以鼓励扩大出口。简言之,即奖出限入政策。

一个国家选择实行何种对外贸易政策,主要取决于该国的经济发展水平和在国际经济中所处的地位,以及其经济实力和产品的竞争能力。小国多倾向于采取自由贸易政策,大国则有所差异;那些经济发达、经济实力雄厚、产品具有竞争能力的大国,往往提倡自由贸易政策或带有自由化倾向的政策;而那些经济发展起步较晚、经济发展水平和实力较差、产品缺乏竞争力的大国,一般采取保护贸易政策。

从世界经济发展的不同时期来看,一般而言,当世界经济普遍繁荣时,国际贸易自由程度较高,贸易障碍减少;当世界经济衰退、市场不景气时,各国为保护国内经济而增加贸易障碍,贸易自由度降低,保护贸易政策便成为主流。

第二节 对外贸易政策的历史演变

纵向来看,对外贸易政策随着时代的变化而变化。封建社会与资本主义社会的对外贸易政策不同,而在资本主义时代的各个发展时期,资本主义国家的对外贸易政策也有变化。横向来看，在同一发展时期内，各国由于情况不同，也会实行不同的对外贸易政策。

一、资本主义生产方式准备时期的对外贸易政策

重商主义政策是资本主义生产方式准备时期，西欧国家为了促进资本原始积累而普遍实行的对外贸易政策，最早出现于意大利，后来在西班牙、葡萄牙和荷兰实行，最后在英国、法国、德国和俄国也先后实行。这是一种早期的保护贸易政策，主张国家干预经济和对外贸易，通过对金银货币和贸易的管制实现贸易顺差来加速资本的积累。其理论基础是货币差额论和贸易差额论（详见重商主义的贸易思想）。

在当时的历史条件下，重商主义的对外贸易政策对于促进资本主义商品货币关系的发展，加速资本原始积累，推动从封建制度向资本主义制度过渡，曾起到了一定的积极作用。到自由竞争资本主义时期，它却成为资本主义经济进一步发展的障碍。

二、资本主义自由竞争时期的对外贸易政策

18世纪中叶至19世纪末是资本主义自由竞争时期。在这一时期，各国由于其工业发展水平及在世界市场上竞争地位的不同，采取了不同的对外贸易政策。

（一）自由贸易政策

自由贸易政策在历史上多为经济强盛国家所采用，因而常被称为"强者"的政策。英国是最早实行自由贸易政策的国家。在18世纪后半期，英国最先进入了产业革命，确立了资本主义在国内的统治地位，大机器工业代替了民族手工业，工业生产迅速发展。19世纪英国成为最强的工业国家，它的商品销往世界各地，原料、食品来自世界各地，英国的地位被形容为"世界工厂"。但是，直到19世纪初，已经进行产业革命达半个世纪的英国却仍然是一个实行关税保护政策的国家。贵族地主阶级主张关税保护政策，力图阻止国外廉价粮食和原料的进口，以保持国内这些商品的高价，维护其自身的利益。在英国"世界工厂"地位已经确立并获得巩固，其工业品已经不怕外国竞争的情况下，重商主义的保护贸易政策便成为束缚英国经济发展和阻碍英国工业对外扩张的严重障碍。为此，英国新兴工业资产阶级迫切要求废除以往的保护贸易政策，主张实行在世界市场上进行无限制的自由竞争和自由贸易的政策。从19世纪20年代开始，以伦敦和曼彻斯特为基地的英国工业资产阶级展开了一场大规模的自由贸易运动。运动的中心内容就是反对保护贸易的立法——《谷物法》。经过数十年的斗争，工业资产阶级终于取

胜，英国开始实行自由贸易政策。

英国在这个时期实行自由贸易政策主要表现在以下几个方面：

（1）废除《谷物法》。

《谷物法》是英国推行重商主义保护贸易政策的重要立法。主要内容是运用关税政策，限制或禁止谷物的进口，维持国内谷物的高价，保护贵族地主阶级的利益。《谷物法》的实施，引起了其他粮食输出国家对英国工业品提高关税，英国工业资产阶级的利益受到了损害。所以，工业资产阶级在自由贸易的口号下与贵族地主阶级展开了反《谷物法》的斗争。1846年英国政府被迫宣布废除《谷物法》，工业资产阶级最终取得了胜利。马克思称英国《谷物法》的废止是19世纪自由贸易所取得的最伟大的胜利。

（2）简化税法，降低关税税率和减少纳税税目。

经过几百年重商主义实践的英国制定的有关关税的法令达1000件以上。1825年英同开始简化税法，废止旧税率，建立新税率。关税税率大大降低，所征关税完全是财政关税，禁止出口的法令完全废除。1841年英国纳税进口的商品项目有1000多种，到1882年已逐步减少到10余种。

（3）废除原航海法。

原航海法是英国限制外国航运业竞争和垄断殖民地航运事业的政策。从1824年开始，英国逐步废除这些限制性法令，到19世纪50年代，英国的沿海贸易和对殖民地贸易全部开放给其他国家，重商主义时代制定的航海法全部废除。

（4）取消特权公司。

在1813年和1834年东印度公司对印度和中国贸易的垄断权分别被废止。从此，对印度和中国的贸易开放给所有的英国人。

（5）改变对殖民地的贸易政策。

在18世纪英国对其殖民地的航运享有特权，殖民地的货物输入英国享受特惠关税的待遇。1849年航海法废止后，殖民地可以对任何国家输出商品，也可以从任何国家输入商品。通过关税法的改革，废止了对殖民地商品的特惠税率，从此，殖民地与外国输入的商品均处于同等的竞争地位。同时也准许殖民地与外国签订贸易协定，英国不再干涉殖民地与任何外国建立直接的贸易关系。

（6）与外国签订贸易条约。

1860年签订了英法条约，该条约是以自由贸易精神签订的，其中规定相互提供最惠国待遇。在19世纪60年代，英国与意大利、荷兰等国缔结了8项这种形式的重要条约。在英国的影响下，欧洲各国间分别签订了类似的贸易条约，相互提供最惠国待遇，放弃贸易歧视。在欧洲各国间，形成了一个完整的条约网，从而出现了关税普遍减低的时期。

自由贸易在英国的彻底胜利，也影响到其他欧洲国家。但是，采取全面自由贸易政策的国家只有英国和荷兰。

斯密和李嘉图的国际分工、自由贸易理论为英国推行自由贸易政策提供了理论上的依据。他们的理论指出：在自由贸易条件下，各国按照比较优势进行分工和交换，有利于提高专业技能，使资源和生产要素得到最优化配置，提高劳动生产率，通过国际交换，节约社会劳动，增加国民财富（详见绝对优势理论和比较优势理）。另外，自由贸易还有利于反对垄断，加强竞争，提高经济效率，有利于提高利润率，促进资本积累。这些理论完全适应当时英国工业资产阶级的愿望，成为反对重商主义保护贸易政策、推行自由贸易政策的有力武器。

自李嘉图时代至今，西方有关国际贸易的理论大多是主张自由贸易的，李嘉图关于自由贸易的基本原理经久不衰，至今未变。但是从近200年西方国际贸易发展的历史来看，自由贸易只有一段短暂的历史，而且也并非在所有国家实行。在大部分时间里，西方国家普遍实行的是保护贸易政策。自由贸易政策产生于资本主义自由竞争时代，随着自由竞争向垄断的过渡，原来实行自由贸易的国家也纷纷放弃了自由贸易政策，转而实行保护贸易政策。

（二）保护贸易政策

在19世纪资本主义自由竞争时期，与英国不同，美国和德国先后实行保护贸易政策。

美国是后起的资本主义国家，产业革命进行比较晚，工业基础薄弱，其工业品无法与英国竞争，因此新兴的北方工业资产阶级要求实行保护贸易。1791年，代表工业资产阶级利益的美国当时的财政部部长亚历山大·汉密尔顿（Alexander Hamilton）向国会提交了《关于制造业的报告》（*Report on Manufactures*）。报告详细阐述了保护本国制造业的必要性，提出为摆脱英国殖民经济统治，独立发展民族经济，美国应保护本国的幼稚工业。但是南方的种植园主则主要出口农产品，进口工业品，因而要求实行自由贸易，反对高关税政策。随着英法等国工业革命的不断发展，美国的工业遇到了来自国外的越来越大的竞争和挑战，汉密尔顿的主张在美国的贸易政策上得到反映。1816年，美国提高了制造品进口关税，这是美国第一次实行以保护为目的的关税政策。1828年，美国再度加强保护措施，工业制造品平均从价税率提高到49%。南北战争以北方取胜而告终，削弱了南方种植园主的自由贸易势力，成为进一步推行保护贸易政策的转折点。1890年《麦肯莱关税法》实施后，许多幼稚工业产品都大幅度提高了关税，美国也成为当时世界上关税税率最高的国家之一。

19世纪初的德国，工业发展水平远比英、法两国落后，德国受到英、法两国自由贸易政策的冲击，大量廉价商品涌入德国市场。摆脱外国自由竞争的威胁，保护和促进德国工业的发展，成为德国工业资产阶级的迫切要求。1870年德国取得普法战争胜利后，不断加强对原有工业和新建工业的保护。到19世纪末，德国成为欧洲实施高度保护贸易政策的国家之一。

这一时期的保护贸易理论以德国经济学家李斯特的保护幼稚工业理论最具有代表性（详见保护幼稚工业理论）。

三、资本主义垄断时期的对外贸易

19世纪末20世纪初，资本主义发展进入垄断阶段。在这个阶段，资本主义经济发生了巨大变化：垄断代替了自由竞争，垄断成为一切社会经济生活的基础；由于科技进步，各国工业迅速发展，一些起步较晚的国家已完成了产业革命，经济实力迅速增强，世界市场竞争空前激烈；两次严重的世界性经济危机使资本主义国家的商品销路发生严重困难，市场矛盾尖锐化。在这样的背景下，各国为了垄断国内市场和争夺国外市场先后走上了贸易保护主义的道路。1929年至1933年发生大危机以后，所有的经济强国，包括有自由贸易传统的英国，都卷入保护贸易的浪潮之中。这个时期各主要国家实行的保护贸易政策具有明显的侵略性和扩张性，因而一般称为侵略性的保护贸易政策或超保护贸易政策。

垄断时期的超保护贸易政策与自由竞争时期的保护贸易政策的主要区别是：

（1）保护的对象扩大了。超保护贸易政策不仅保护幼稚工业，而且更多地保护国内已经高度发展的或出现衰落的垄断工业。

（2）保护的目的变了。超保护贸易政策不再是为了培植国内工业自由竞争的能力，而是为了巩固和加强对国内外市场的垄断。

（3）由保护转为进攻。超保护贸易政策不再是防御性地限制进口，而是在垄断国内市场的基础上对国外市场进行进攻性的扩张。

（4）保护的措施多样化。超保护贸易政策不仅采取关税措施，还采取各种非关税壁垒和其他奖出限入的措施。

在上述历史背景下，各国经济学者提出了各种支持超保护贸易政策的理论依据，其中最有影响的是凯恩斯主义（详见凯恩斯主义理论）。

四、第二次世界大战结束到20世纪70年代的对外贸易政策

第二次世界大战结束初期，发达国家特别是西欧和日本等国家继续实行超保护贸易政策，严格限制外国商品进口。作为第二次世界大战后第一经济强国的美国继续维持战时保留的高关税壁垒。但是，随着各国经济的恢复和发展，从20世纪50年代开始至70年代初，主要国家都在不同程度上放宽了进口限制，在它们的

对外贸易政策中出现了贸易自由化倾向。

贸易自由化是指主要资本主义国家在世界范围内采取减低关税和放松其他进口限制以逐步实现国际商品自由流通的政策倾向。

（一）第二次世界大战后贸易自由化出现的主要原因

（1）第二次世界大战结束初期，美国成为世界上实力最强的国家，而其他主要资本主义国家保留下来的战前和战时高关税壁垒和进口限制，成了美国对外经济扩张的障碍。因此，美国为了扩大出口，占领更多的市场，就极力倡导和推行贸易自由化，迫使西欧、日本等国拆除壁垒。

（2）随着西欧、日本等国经济的恢复和发展，它们为了扩大出口，也愿意彼此减税，逐步实现贸易自由化。

（3）战后跨国公司迅速发展，它们不仅需要资本在国家间自由流动，也需要商品在国际间自由流通，贸易自由化符合跨国公司的利益。

（4）发展中国家在取得政治独立以后，为了发展民族经济，需要扩大制成品的出口，增加外汇收入，以便积累资金或偿还外债，因此，也迫切要求发达国家减免关税和取消进口限制。

（二）贸易自由化的主要表现

（1）在关税与贸易总协定缔约方范围内大幅度降低关税。

（2）在区域性经济贸易集团内部取消关税。

（3）通过普遍优惠制的实施，发达国家对来自发展中国家和地区的制成品和半制成品普遍地给予减免关税的优惠待遇。

（4）经济贸易集团给予发展中国家或其他有关国家优惠关税待遇。

（5）发达国家在不同程度上放宽进口数量限制，逐步放宽或取消外汇管制，实行货币自由兑换，促进贸易自由化的发展。

（三）第二次世界大战后贸易自由化的特点

（1）第二次世界大战后贸易自由化有着雄厚的经济基础，是在资本主义世界经济迅速增长的基础上发展起来的。它与美国、西欧和日本等发达国家经济高速增长、生产和资本的国际化、国际分工的深化以及跨国公司大量出现都有密切的联系。它反映了世界经济和生产力发展的内在要求，而历史上的自由贸易只是反映了英国工业资产阶级一国资本自由扩张的利益与要求。

（2）第二次世界大战后贸易自由化是一场更广泛的贸易自由化运动。历史上的自由贸易主要在欧洲国家间展开，第二次世界大战后贸易自由化席卷全球，世界大多国家和地区都参与或受到影响。

（3）美国成为第二次世界大战后贸易自由化积极的倡导者和推动者。第二次世界大战后，美国成为世界最强大的经济和贸易国家，实现国际贸易自由化符合美国垄断资本对外扩张的需要。

（4）第二次世界大战后贸易自由化主要是通过各种国际性经济贸易组织在世界范围内进行的。关贸总协定、联合国贸易与发展会议以及区域性国际经济一体化组织均把实现贸易自由化作为理想的政策目标。

（5）第二次世界大战后贸易自由化是在新的历史条件下进行的，它实际上是一种有选择性的贸易自由化。它具体反映在：发达资本主义国家之间的贸易自由化超过他们对发展中国家和社会主义国家的贸易自由化；区域性经济贸易集团内部的贸易自由化超过集团对外的贸易自由化；制成品的贸易自由化超过农产品的贸易自由化；机器设备的贸易自由化超过工业消费品的贸易自由化。

五、20世纪70年代至今的对外贸易政策

20世纪70年代中期以后，在第二次世界大战后贸易自由化的总趋势下，贸易保护主义重新抬头，出现了新贸易保护主义。

（一）新贸易保护主义出现与加强的原因

（1）1974—1975年和1980—1982年两次世界性的经济衰退，对西方国家经济是一个沉重打击。由于各国经济转入低速发展，市场问题更加严重，在各国失业率居高不下的情况下，有关的产业要求政府加强贸易保护。

（2）主要工业发达国家的对外贸易发展不平衡。自20世纪70年代中期以后，美国对外贸易逆差急剧增长，特别是对日本、联邦德国贸易逆差不断扩大。为了减少贸易逆差，美国一方面迫使对它有巨额顺差的国家对其开放市场，另一方面自身加强限制和报复的进口措施，成为新贸易保护主义的策源地。

（3）国际货币关系失调。汇率长期失调影响了国际贸易的正常发展，带来了巨大的贸易保护压力。浮动汇率迫使贸易商采取各种手段防范外汇风险，增加了交易成本，又引起价格、投资效益和竞争地位的变化，从而产生贸易保护的压力。

（4）贸易政策的相互影响。随着世界经济相互依存关系的增强，贸易政策的连锁反应也更为敏感。美国率先加强贸易保护，必然引起其他国家相应的报复和效尤，致使新贸易保护主义得以蔓延，从而形成一种普遍的政策倾向。

（二）新贸易保护主义的主要特点

（1）限制进口措施的重点从关税壁垒转向非关税壁垒。第二次世界大战后，随着贸易自由化的进展，特别是经过关贸总协定主持下的多次多边贸易谈判，各国的关税水平已降到历史最低点，而已约束的关税受关贸总协定的监督不得任意回升。自20世纪70年代初资本主义世界经济危机以来，发达国家竞相采取非关税

壁垒来限制进口,并成为限制进口的主要手段,以抵消关税下降所造成的不利影响。

(2) 奖出限入措施的重点从限制进口转向鼓励出口。随着国际分工的加深和对国外市场依赖性的加强,各国争夺国外市场的斗争日益加剧。发达国家加强非关税措施来限制进口,不仅满足不了扩大国外市场的要求,而且也容易受到其他国家的报复。在这种情况下,许多发达国家把奖出限入措施的重点从限制进口转向鼓励出口。

(3) 从贸易保护制度转向更系统的管理贸易。20世纪70年代末以来,随着贸易保护主义的日益加强,为了适应发达同家既要遵循其所倡导的自由贸易原则,又必须实行一定的贸易保护的现实需要,在发达国家的对外贸易政策中出现了一种介于自由贸易与保护贸易之间、兼有两者特点的一种新的政策倾向——管理贸易。管理贸易在一定程度上遵循自由贸易原则,但却同时利用国内立法,或通过达成双边或多边国际协定,管理本国对外贸易和进行国际协调。各国加强实施管理贸易主要采取非关税措施,以不违背降低关税壁垒的自由贸易原则为前提,通过各种巧妙的办法限制进口。管理贸易在国际范围的应用还体现在区域性贸易集团化和国际协调上。区域性贸易集团对内实行自由贸易,各种生产要素可以自由流通,对外则实行贸易保护政策,以差别待遇限制区外产品的进口。通过签订国际多边协议或通过各种国际协调管理的贸易也属于管理贸易政策的范畴,如欧共体共同农业政策管理下的贸易,在联合国贸易与发展会议安排下通过商品综合方案所进行的贸易,在国际性组织协调下,通过国际商品协定、多种纤维协定等所进行的贸易,以及石油输出国组织通过限制产量、协调价格所管理的石油出口贸易等。管理贸易是在新形势下出现的资本主义国家垄断调节形式,是一种特殊的保护贸易政策。

第三节 对外贸易政策理论

一、保护幼稚工业理论

(一) 汉密尔顿的贸易保护思想

汉密尔顿是美国独立后第一任财政部部长。当时美国在政治上虽然独立,但经济上仍属殖民地经济形态,国内产业结构以农业为主,工业方面仅限于农产品加工和手工业的制造,处于十分落后的水平。美国北方工业资产阶级要求实行保护关税政策,以独立地发展本国经济。南部种植园主则仍主张实行自由贸易政策,继续向英国、法国、荷兰等国出口小麦、棉花、烟草、木材等农林产品，用以交换这些国家的工业品。汉密尔顿代表工业资产阶级的愿望和要求，于1791年12月向国会提交了《关于制造业的报告》，明确提出实行保护关税政策的主张。汉密尔顿认为一个国家要在消费廉价产品的"近期利益"和本国产业发展的"长远利益"之间进行选择。一国不能只顾追求近期利益而牺牲长远利益。他在报告中系统阐述了保护和发展制造业的必要性和重要性，提出一个国家如果没有工业的发展，就很难保持其独立地位。美国工业起步晚，基础薄弱，技术落后，生产成本高，根本无法同英、法等国的廉价商品进行自由竞争，因此，美国应实行保护关税制度，以使新建立起来的工业得以生存、发展和壮大。

汉密尔顿还较详细地论述了发展制造业的直接和间接利益。他认为，制造业的发展，有利于推广机器使用，提高整个国家的机械化水平，促进社会分工的发展；有利于扩大就业，诱使移民移入，加速美国国土开发；有利于提供更多开创各种事业的机会，使个人才能得到充分发挥；有利于消化大批农业原料和生活必需品，保证农产品销路和价格稳定，刺激农业发展等。

为了保护和促进制造业的发展，汉密尔顿提出了一系列具体的政策主张，主要有：向私营工业发放贷款，扶植私营工业发展；实行保护关税制度，保护国内新兴工业；限制重要原料出口，免税进口国急需原料；给各类工业发放奖励金，并为必需品工业发放津贴；限制改良及其他先进生产设备输出；建立联邦检查制度，保证和提高工业品质量；吸收外国资金，以满足国内工业发展需要；鼓励移民迁入，以增加国内劳动力供给。

汉密尔顿的贸易保护思想和政策主张反映了经济发展水平落后国家独立自主地发展民族工业的要求和愿望，是落后国家进行经济自卫并通过经济发展与先进国家进行经济抗衡的保护贸易学说。该理论的提出，标志着与自由贸易理论相对立的保护贸易理论的基本形成。

（二）李斯特的保护幼稚工业理论

19世纪中期的德国还是一个政治上分裂、经济上落后的农业国。那时英国已经完成了从工场手工业向机器大工业的过渡，法国的近代工业也有了长足的发展，它们竭力提倡在国际市场上开展自由竞争，以大量廉价的商品冲击德国的市场。当时，德国内部对实行什么样的贸易政策意见尖锐对立：一派主张实行自由贸易政策，反对保护关税制度，其理论依据是亚当·斯密的绝对优势理论和大卫·李嘉图的比较优势理论；另一派则主张实行保护关税制度，主要是德国工业资产阶级的愿望，但缺乏强有力的理论基础。1841年，德国经济学家弗里德里希·李斯特（Friedrich List）出版了《政治经济学的国民体系》（*The National System of Po-*

litical Economy）一书，发展了汉密尔顿的保护关税学说，建立了一套以生产力理论为基础、以保护关税制度为核心，为后进国家服务的保护贸易理论——保护幼稚工业理论。

1.李斯特对流行学派的理论批判

李斯特认为，流行学派的理论体系存在以下主要缺点：

第一，流行学派没有考虑国家间利益冲突的可能性，也不考虑如何满足国家利益，是无边无际的世界主义。

李斯特认为，分工之所以具有生产性，不单单是由于"划分"，主要还是由于"联合"。而国际生产力的协作需要以"持久和平"为保证，否则遇到战争、政治上的变动、商业恐慌等变故，这种协作往往会中断。流行学派的理论假定世界上一切国家所组成的只是一个社会，而且是生存在持久和平局势之下的，在这样的假设下，国际自由贸易原则是完全正确的。然而现实社会并非如此，国家间的利益冲突时有发生，所以限制政策并不只是凭空理想，而是由于利益的分歧，由于各国在追求独立与优势方面的争夺，也是国际竞争与战争的自然结果。在国家利益上的这种冲突还没有停止以前，换个说法，就是一切国家还没有在同一个法律体系下合成一体以前，这个政策是不能舍弃的。所以必须把政治经济或国家经济与世界主义经济划分开来。政治经济或国家经济是由国家的概念和本质出发的，它所教导的是，某一国家，处于世界目前形势以及它自己的特有国际关系下，怎样来维持并改进它的经济状况。

第二是只考虑交换价值，而没有考虑到国家的精神和政治利益、眼前和长远的利益以及国家生产力。

如前所述，流行学派认为财富由货币所购各物（交换价值）构成，强调通过分工和交换来使一国的财富得以增加。李斯特则指出，财富的原因与财富本身完全不同。一个人可以据有财富，那就是交换价值；但是他如果没有那份生产力，可以产生大于他所消费的价值，他将越过越穷。一个人也许很穷，但是他如果据有那份生产力，可以产生大于他所消费的有价值产品，他就会富裕起来。由此可见，"财富的生产力比之财富本身，不晓得要重要到多少倍；它不但可以使已有的和已经增加的财富获得保障，而且可以使已经消失的财富获得补偿"。对于国家亦是如此，一个国家的发展程度，主要并不是决定于它所蓄积的财富（也就是交换价值）的多少，而是决定于它的生产力的发展程度。"生产力是树之本，可以由此产生财富的果实，因为结果子的树比果实本身价值更大。力量比财富更加重要，因为力量的反面——软弱无能——足以使我们丧失所有的一切，不但使我们既得的财富难以保持，就是我们的生产力量，我们的文化，我们的自由，还不仅是这些，甚至我们国家的独立自主，都会落到在力量上胜过我们的那些国家的手里"。

因此，一国实行什么样的对外贸易政策，首先必须考虑的是国内生产力的发展，而不是从交换中获得的财富增加多少。

李斯特认为，经济落后国家为了抵御外国竞争、促进国内生产力成长，实行保护贸易政策，实际上是牺牲些眼前利益，使将来的利益获得保障，这就像一个聪明的家长缩减眼前的消费，花钱培养子女去学习一门技术那样。李斯特同时论述了这种保护贸易政策在经济上也是合算的。从工业部门看，保护关税在初行时会使工业品价格提高；但是经过相当时期，国家建成了自己的充分发展的工业以后，这些商品由于在国内生产成本较低，价格是会降到国外进口品价格以下的。因此，保护关税如果使价值有所牺牲的话，它却使生产力有了增长，足以抵偿损失而有余，由此使国家在物质财富的量上获得无限增进，而且一旦发生战事，可以保有工业的独立地位。

流行学派认为，保护工业就会牺牲农业部门的利益，而李斯特则认为，地主和农业经营者并不会在有利于工业的情势下受到牺牲，其从建立工业中所获得的利益比工业家本身所获得的更大，因为有了工业以后，对农产品的需求在品种和数量上将增多，农产品的交换价值也将提高，这时农业经营者就能够在更加有利的情况下利用他的土地和劳动力。地租、利润、工资这一切因此就都可以提高；地租和资本有了增长以后，跟着就会使地产售价和劳动工资提高。因此，地主和农业经营者从建立工业中所获得的利益比工业家本身所获得的更大。"有了国内工业，国内农业经营者就由此获得了莫大利益，至于他们在保护制度下所不能避免的一些牺牲，比起所得的利益来，简直是极其微小的"。

第三是混淆了私人经济原则和国家经济原则，完全抹杀了国家和国家利益的存在。

流行学派认为，"在每一个私人家庭的行为中是精明的事情，在一个大国的行为中就很少是荒唐的了"。一国的财富不过是国内一切个人财富的综合，既然每个人都能为他自己作出最妥善的安排；那么尽量听任每个人自己做主时，国家就必然是最富裕的。李斯特则认为，有些在私人经济中也许是愚蠢的事，但在国家经济中却变成了聪明的事，反过来也是这样。国家为了民族的最高利益，不但有理由而且有责任对商业也加以某种约束和限制。流行学派错误地把单纯价值理论与生产力理论混淆在一起，国家限制贸易的目的不在于直接增加国内的交换价值的量，而是在于增加生产力的量。国家生产力的综合并不等于在分别考虑下一切个人生产力的综合；这些力量的综合量主要决定于社会和政治情况，特别有赖于国家在国内分工和生产力协作这些方面发挥作用的有效程度。国家在经济上越是发展，立法和行政方面的干预就越必不可少。只要同社会利益无所抵触，一般来说，个人自由是好事；同样的道理，个人事业只有在与国家福利相一致的这个限度上，才能说在行动上可以不受限制。但如果个人的企图或活动不能达到这种境地，或者甚至对国家可能有害，私人事业在这个限度上就当然需要国家整个力量的帮助，为了它自己的利益，也应当服从法律的约束。

2. 李斯特的贸易政策主张

（1）对外贸易政策具有动态性。

李斯特并非主张一国要采取持久的贸易保护政策，他认为，国际贸易的自由和限制，对于国家的富强有时有利，有时有害，是随着时期的不同而变化的。真正有害的"并不是保护政策的采用，而是当采用的理由已成过去以后，对这个政策仍然坚持不舍"。

李斯特将国家经济发展阶段划分为原始未开化时期、畜牧时期、农业时期、农工业时期和农工商业时期。在不同的阶段，应实行不同的对外贸易政策。在一个国家的经济由原始未开化转入畜牧、农业时期，对比较先进的国家实行自由贸易（输出农产品、输入工业品）能起到促进繁荣的作用，因为通过自由贸易，可以为其农、牧、林产品和其他原料谋得出路，并可换回更好的生活必需品和生产工具以及贵金属等，以促进本国农业的发展。然而一个单纯的农业国家难以从自由贸易中获得长期的和稳定的利益，也不能获得重大的政治势力，因为它在经济上、政治上总是要或多或少处于从属地位的。首先它的农产品有效销售量势必要看工农业国家收成的丰歉来决定，其次在销售中还势必要同别的纯农业国相竞争；这就是说，销售情况本身原已很少稳定成分，由于竞争势力的存在，就更加处于摇晃不定的地位。最后农业国对工业国的贸易关系还有遭到全部被破坏的危险，一旦发生了战争，或外国在关税制度上有了新的设施，贸易的局面即将完全改观，这时农业国一方面不能为自己的剩余农产品找到买主，一方面眼见工业品的供应断绝，势必受到双重打击。如果将农业国比作个人，这个人只有一只膀子，还有一只是向外人借用的，借来的是靠不住的，是不能随时随刻"如身之使臂"的；而工农业同时发展的国家却是两臂齐全的人，他的两只膀子是完全听他自己使用的。由此，农业国都将致力于发展工业，迈入农工业时期。在这一时期，由于本国工业刚刚起步，同时国外还存在着比它们更先进的工业国家的竞争力量，处于这样的形势，在自由竞争下一个一无保护的国家要想成为一个新兴的工业国已经没有可能，自由竞争的结果将会是该国从农工业时期退回到农业时期，因此应实行保护贸易政策以便建立和发展自己的工业，并向农工商时期迈进。当一国工业已经有了相当力量，处于优势地位，已经没有任何理由害怕国外竞争时，保护政策就开始对它不利了，因为由此使它与一切别的国家的竞争处于隔离状态，这就要发生懈怠情绪，所以应转而实行自由贸易政策。

（2）贸易保护必须以促进和保护国内工业力量为目的。

李斯特主张当一国处于农工业时期时应采取贸易保护政策，但他同时指出，保护制度必须与国家工业的发展程度相适应，只有这样，这个制度才会有利于国家的繁荣，对于保护制度的任何夸张都是有害的。可见，李斯特并非主张在整个农工业时期持续地、严格地保护所有产业部门，而是主张必要的保护。

首先，从保护的对象看，李斯特认为，农业不需要保护，保护的对象主要是国内的工业。他在论著中反复强调工业发展会给一国带来巨大的利益，并从国民经济协调发展的角度，阐明保护工业成长的重要意义。但并非所有工业都需要保护，只有刚刚开始发展且有强有力的外国竞争者的幼稚工业才需要保护。

李斯特同时指出，即便是需要保护的幼稚工业，不同的工业部门也并不是一定要在同样程度上受到保护。那些仅生产高贵奢侈品的工业，只需要最低度的保护。这有四方面的原因：一是这类生产需要技术上的高度造诣与熟练；二是这类生产的总值与全国总产值对比是不会大的，输入以后，很容易用农产品与原料或供一般使用的工业品来抵偿；三是如果在战争时期输入中断，不致因此引起太大的不便；四是如果对这类产品征税过高，极容易通过走私来逃避这种高关税率。

凡是在专门技术与机器制造方面还没有获得高度发展的国家，对于一切复杂机器的输入应当允许免税，或只征收极轻的进口税，直到在机器生产上能与最先进国家并驾齐驱时为止。在某种意义上来说，机器工业是工业的工业，对国外机器输入征收关税，实际上就是限制国内工业的发展。

应当予以特别注意的只是那些最重要的工业部门。这里所谓重要的工业部门，指的是建立与经营时需要大量资本、大规模机械设备、高度技术知识、丰富经验以及为数众多的工人，所生产的是最主要的生活必需品，因此按照它们的综合价值来说，按照它们对国家独立自主的关系来说，都有着头等重要意义的工业。如果这些主要部门能够在适当保护下获得发展，工业中其他次要部门就可以围绕着它们在较低度的保护下成长起来。其次，从保护的程度看，要达到保护目的，对某些工业品可以实行禁止输入，或规定的税率事实上等于全部或至少部分地禁止输入，或税率较前者略低，从而对输入发生限制作用。所有这些保护方式，没有一个是绝对有利或绝对有害的，这些是不能从理论上来决定的，究竟采取哪一个方式最为适当，要看比较落后国家在它对比较先进国家所处关系中的特有情况以及相对情况来决定。

实行保护制度时也并不是没有步骤的。施行保护关税的目的在于为国家谋福利，但是工业就像树木一样，不能顷刻涌现，是要逐渐成长起来的，因此如果一上来就完全排除国外竞争，突然割断了原来存在的商业关系，使处于这样制度下的国家同别的国家完全隔离，那么这样的制度必然对国家不利。如果要加以保护的那个工业国还处于发展初期，保护关税在开始时就必须定得相当轻微，然后随着国家的精神与物质资本以及技术能力与进取精神的增长而逐渐提高。在从禁止政策转变到温和的保护制度过程中，采取的措施恰恰相反，应当由高额税率逐渐降低。总之，一国的保护税率应当由低到高然后再到低。

最后，从保护的时间看，李斯特认为当国内工业已经有了相当力量，已经没有任何理由害怕国外竞争时，就应该放弃保护。但是对于没有成长起来的工业是否要无限期地一直保护下去呢？答案是否定的。李斯特提出，如果任何技术工业不能用原来的40%~60%的保护税率建立起来，不能靠20%~30%的保护税率的不断保护下持久存在，那就缺少工业力量的基本条件，因而不应该给予保护。保护期限应当以30年为最高期限，在这个期限内仍然不能成长起来的工业，政府就不应当继续保护下去。

（3）政府对工业的保护不能违背市场规律和自然规律。

李斯特将政府对经济发展的作用比作一个植林者对森林的形成所起的作用，提出"风力会把种子从这个地方带到那个地方，因此荒芜原野会变成稠密森林；但是要培植森林因此就静等着风力作用，让它在若干世纪的过程中来完成这样的转变，世上岂有这样愚蠢的办法，如果一个植林者选择树秧，主动栽培，在几十年内达到了同样目的，这不算是一个可取的办法吗？"当然，有些产品由于自然条件的限制，不宜在国内生产，如果依照国际分工原则（就是说，通过国外贸易）向国外采购时，质量既好，价格也低，对于这类物品要想采用国内分工原则，试图由本国来供应，那就是件愚不可及的事。

（4）保护政策是大国可以采取的政策。

李斯特认为自由贸易政策是小国的唯一选择，他指出，一个单独的城市或一个小邦与大国进行竞争时，决不能成功地建立或保持保护政策，一个小国是决不能使生产的各部门在它国境以内获得充分发展机会的。在这样环境下，一切保护制度不过是私人垄断性质，它只有靠与强大的国家结成同盟，牺牲一部分国家利益，并加倍地努力，然后可以有希望勉强保持独立地位。而有些国家有着广阔完整的疆域，人口繁庶，天然资源丰富，在农业上有很大成就，在文化与政治方面也有高度发展，因此有资格与第一流农工商业国家、最大的海陆军强国分庭抗礼，只有在这样情况下的国家，才有理由实行保护制度。

需要特别指出的是，保护幼稚工业理论认为，保护是为了不保护，保护本身不是目的，而只是手段。一旦时机成熟，幼稚产业成长起来以后就撤销这种保护。即使在保护期间，也不绝对排斥国外的竞争，只是要把这种竞争限制在本国工业可以承受的范围之内。有限度的国外竞争，对本国工业是有益无害的。有人把保护幼稚工业的政策理解成闭关锁国、断绝与其他国家的经济往来，这是一个极大的误解。

李斯特的保护幼稚工业论具有十分重要的理论意义。这一理论的提出，确立了保护贸易理论在国际贸易理论体系中的地位，标志着西方国际贸易理论两大学派——自由贸易学派和保护贸易学派的完全形成。

（三）幼稚产业的判定标准

李斯特之后的经济学家对其理论作了补充和发展，对于哪些产业可以称为幼稚产业，一些经济学家提出了他们的看法。

1. 穆勒标准

英国经济学家约翰·穆勒（John Mill）是自由贸易论者，但他赞成李斯特的保护幼稚工业理论，认为这是保护贸易可以成立的唯一理由。穆勒提出，确定幼稚产业应注意以下三点：首先，正当的保护应该只限于对从外国引进的产业的学习掌握过程，过了这个期限就应取消保护。就是说，应以暂时的保护为限。其次，引进的产业应完全适合该国国情（生产上的各种便利条件）。最后，因为个人不愿意负担学习掌握期间的损失和风险，所以要靠保护关税之类的社会（国家）手段来促其实现。

2. 巴斯塔布尔标准

约翰·穆勒关于幼稚产业的选择标准发表后，巴斯塔布尔（C.F. Bastable）又补充了一个标准：新兴产业将来可能得到的利益，必须超过现在因为实行保护而必然要受到的损失。

有人认为，巴斯塔布尔的标准，还不能认为是使保护正当合理的充分根据，因为对个别企业家来说，这样的产业也是十分有利的投资对象，即使不去管它，在追求私人利益的基础上，它也会发展起来，根本不需要由政府来保护。这种对巴斯塔布尔标准的反驳，是以存在着许多能对现在和将来的损益进行比较和研究的有才干的企业家为前提的。而缺少这样的企业家正是发展中国家的特点，所以，要满足巴斯塔布尔标准就需要政府主动给予保护。

3. 肯普标准

经济学家肯普（M.C. Kemp）在综合了穆勒标准和巴斯塔布尔标准的基础上，又补充了一个更严格的标准，即只有先行企业在学习过程中取得的成果具有对国内其他企业也有好处的外部经济效果时，对先行企业的保护才是正当的。这是因为先行企业花费成本、费气力所取得的知识、技术、经验、工人的培训等，可以免费地被其他想学这些东西的企业很容易学会，因此先行企业不愿意做这种投资。在这种情况下，由于社会得到的利益比先行企业得到的私人报酬还大，所以值得花费相应的补贴予以保护。

日本经济学家小岛清认为，穆勒、巴斯塔布尔、肯普的标准都是根据个别企业或个别产业的利弊得失来寻求保护正当合理的标准,这种研究方法是不正确的。最重要的是,要根据要素禀赋比率和比较成本的动态变化,从国民经济的角度选择应该发展的幼稚产业,只要是这样的幼稚产业,即使不符合巴斯塔布尔或肯普的标准,也是值得保护的,可问题在于,怎样具体选择这种幼稚产业,以及怎样进行保护。

(四) 对保护幼稚工业理论的质疑

李斯特的保护幼稚工业理论在德国工业发展过程中起了积极的促进作用,使它在较短时间内赶上了英、法等发展较早的资本主义国家,对落后国家制定对外贸易政策有一定借鉴意义。但是,经济学家发现,保护幼稚工业理论在实践中有以下两个很难克服的困难:

一是保护对象的选择问题。尽管理论上说要保护幼稚产业,但在实际选择中往往取决于各种政治经济力量的对比。另外,是否能选准那些应该保护的行业还有一信息和判断问题。由于人们不可能掌握全部信息(包括未来发展的信息),决策中就有可能出现错误,即使从经济利益出发,也会出现技术上的错误判断,结果不能达到预期目标。

二是保护手段的选择问题。有时保护对象选对但保护手段用错,其结果仍然达不到通过对幼稚工业的保护来促进其成长的目的。一般来说,采用产业政策优于关税等限制进口的贸易政策(详见生产补贴对鼓励出口和限制进口的影响)。同时,错误地使用限制进口的手段还可能带来推迟接受、普及先进技术、知识所造成的损失。此外,产业在贸易保护下的低效率问题以及一旦给予保护就很难取消也是保护幼稚工业理论在实践应用中所必须面对的难题。

二、凯恩斯主义的贸易保护理论

保护幼稚工业理论是处在经济发展过程中的国家建立在走向工业化基础上的贸易保护理论,而凯恩斯主义的贸易保护理论则是建立在已经实现了工业化的国家试图寻求经济稳定增长基础上的贸易保护理论,主要是由凯恩斯本人和一些后凯恩斯主义者们提出的。他们的观点反映了20世纪30年代大衰退以后西方国家经济的要求。

(一) 凯恩斯的贸易保护观点

英国经济学家约翰·梅纳德·凯恩斯(JohnMaynard Keynes)在1936年出版的《就业、利息和货币通论》(*The General Theory of Employment, Interest and Money*)一书中比较系统地阐述了自己的观点。在凯恩斯看来,一国在没有政府干预的情况下国内有效需求可能不足。于是,在开放经济条件下,奖励出口、限制进口是一国总需求政策的一部分。

　　凯恩斯认为，重商主义合理的、科学的成分未被人们认识到，奖励出口、限制进口是有着重要的科学性的。他指出，一国的总投资由对内投资和对外投资两部分构成，对外投资的多寡决定于贸易顺差的大小。一国的贸易顺差越大，对外净投资就越多。同时贸易顺差越大，本国的货币供应量也就越多。货币供应量的增加有助于国内贷款利息率的下降，从而会刺激私人投资的增加，进而提高有效需求。因此，国际贸易顺差可以从两个方面促进有效需求的增加：一是一国贸易顺差的增加本身就是本国有效需求水平的提高，进而带来国民收入的提高；二是通过贸易顺差，可直接影响国内货币的供应量，从而压低国内利息率，刺激国内的私人贷款，增加私人的消费和投资需求。基于这一点，凯恩斯指出，政府应该关注进而应干预对外贸易，采取奖励出口、限制进口的做法。

　　凯恩斯的贸易保护政策不简单等同于重商主义。他指出，这种贸易顺差是不可以无限地增加下去的。因为当贸易顺差过大时，国内的货币供应量就会过多，从而使商品价格过高，影响本国商品在国际市场上的国际竞争能力。此外，贸易过度顺差还会使本国的利息率降低，进而引起资本外流，造成本国投资的减少。因此在凯恩斯看来，政府干预、保持贸易顺差不是一个长期目标，而只是在一国有效需求不足的情况下才偶尔使用的手段。凯恩斯的贸易保护理论实质上是其"萧条经济学"原理的一种延伸，是一种"萧条时期的贸易保护理论"。

（二）马克卢普的对外贸易乘数理论

　　后凯恩斯主义经济学家对凯恩斯本人的贸易保护理论作进一步发挥。其中最有代表性的是美籍奥地利经济学家马克卢普（F.Machlup）在1943年所著《国际贸易与国民收入乘数》中提出的对外贸易乘数（Foreign Trade Multiplier）理论。

　　对外贸易乘数理论是在对凯恩斯的乘数理论加以发展的基础上提出的。根据投资乘数理论，由于各经济部门是相互关联的，某一部门的一笔投资不仅会增加本部门的收入，而且会在国民经济各部门中引起连锁反应，从而增加其他部门的投资与收入，最终使国民收入成倍增长。如果以K代表乘数，ΔY表示国民收入的增量，ΔI表示投资的增量，MPC表示边际消费倾向，MPS表示边际储蓄倾向，则有$K=\Delta Y/\Delta I=1/(1-MPC)=1/MPS$。乘数与边际消费倾向成同方向变化，与边际储蓄倾向成反比，即边际消费倾向越大，乘数就越大，边际消费倾向越小，乘数就越小；相反，边际储蓄倾向越大，乘数就越小，边际储蓄倾向越小，乘数就越大。

　　马克卢普认为，投资乘数的基本原理同样适用于开放经济中的对外贸易变动，他们认为，一国的出口和国内投资一样，属于"注入"，对就业和国民收入有倍增作用；而一国的进口则与国内储蓄一样，属于"漏出"，对就业和国民收入有倍减效应。如果以 K 代表乘数，MPM 表示边际进口倾向，则有 K=ΔY/（$\Delta I+\Delta X$）=ΔY/（$\Delta S+\Delta M$）=1/（MPS+MPM），即对外贸易乘数等于边际储蓄倾向和边际进口倾向之和的倒数，边际储蓄倾向与边际进口倾向越小，对外贸易乘数越大；反之，边际储蓄倾向与边际进口倾向越大，对外贸易乘数越小。

由此，马克卢普主张政府应该采取鼓励出口、限制进口的政策，实现贸易顺差，以扩大本国的有效需求，同时带来几倍的国民收入增加，这种国民收入水平的成倍增加又会为经济的稳定增长和充分就业创造更好的条件。

总之，凯恩斯主义的贸易保护理论反映了西方经济由单纯重视企业的经济运行向重视宏观经济稳定和增长方向的转变。他们不仅强调政府干预国内经济的重要性，强调通过财政和货币政策实现经济目标，还提出了政府干预对外贸易的观点，主张实行贸易保护政策来配合国内宏观经济政策。

三、中心-外围理论

第二次世界大战后，随着殖民体系的瓦解，原帝国主义的殖民地、半殖民地和附属国纷纷取得了政治上的独立。为了巩固这一成果，最迫切的任务就是迅速发展民族经济，实现经济上的自主。然而，这些国家民族经济的发展受到了旧的国际经济秩序尤其是旧的国际分工和国际贸易体系的严重阻碍。在这一背景下，阿根廷经济学家劳尔·普雷维什（RaulPrebisch）代表广大发展中国家的利益，提出了中心—外围理论。

1950年，在联合国拉丁美洲经济委员会秘书处工作时，普雷维什提交了一份题为《拉丁美洲的经济发展及其主要问题》的报告。他从分析发展中国家在现存国际分工体系中的不公平地位开始，进一步探讨了发展中国家贸易条件长期恶化的趋势，提出了实行贸易保护政策，走发展本国工业化的道路，打破传统国际分工体系，建立国际经济新秩序的一系列理论政策主张。

（一）中心—外围理论的主要内容

1.中心国家和外围国家在经济发展中处在不平等的地位

普雷维什把世界分为中心国家和外围国家两大体系，即由发达国家构成的中心体系和由发展中国家构成的外围体系。它们在经济发展中处在不平等的地位：第一，在经济发展的自主性上，中心国家处于主宰地位，外围国家则处于依附地位。中心国家不仅能够独立自主地发展本国的经济，而且还能够控制外围国家的经济发展；外围国家则只能顺应中心国家的经济发展而发展，依附于中心国家。第二，在经济发展结构上，中心国家生产和出口制成品，进口原料、燃料和农产品等初级产品，外围国家则生产和出口原料等初级产品，进口制成品。第三，在技术进步带来的利益分配上,中心国家通常是新技术的发明者和传播者,技术进步的利益几乎全部为他们所占有,外围国家则是新技术的模仿者和接受者,因而难以分享技术进步的利益。而且就连自己的技术进步利益也几乎被中心国家掠夺殆尽。第四,中心国家实行霸权主义政策,不但拒绝改变其本身及其与外围国家的关系现状,而且反对外围国家内部改变现状。一旦外围国家有意无意地损害了这种经济和政治利益时,中心国家——特别是主要中心国家——往往就会采取惩罚的措施,在极端的情况下甚至会通过军事干预的手段进行报复。于是,造成中心国家与外围国家的经济发展水平的差距越拉越大。

普雷维什认为,这主要是由三个原因造成的:第一,中心国家通过资本输出、凭借技术和管理优势获取垄断利润,获得了投资收益的绝大部分。中心国家除了采用一般的方式进行资本输出获取利润,还通过建立跨国公司的途径进行直接资本输出,最大限度地剥削外围国家。凭借其技术优势和管理优势取得高额垄断利润,把外围国家劳动者创造的国民收入大量地吸吮掉,同时还利用其产品优势和消费取向,影响外围国家的消费结构和消费水平,造成"消费早熟",使这些国家的积累水平过低,正常的投资比例和经济发展遭到破坏,强化外围国家对中心国家经济上的依赖关系。第二,传统的国际分工体系扭曲了外围国家正常的经济发展道路。传统的国际分工造成了外围国家经济结构的单一性和出口生产的被动专业化,使外围国家实际上成为专门为发达国家提供食品和原料的机器。在这种情况下的发展并不利于民族经济的发展。第三,外围国家贸易条件长期恶化。

2.外围国家贸易条件恶化的原因

普雷维什通过实证研究发现,发展中国家贸易条件长期恶化,这是他的贸易保护理论的重要依据。普雷维什认为,外围国家贸易条件恶化是由以下原因造成的:

第一,技术进步的利益分配不均。如果初级产品和制成品的价格比例严格按照生产率增长比例而下降,那么外围国家和中心国家的收入就会按各自的生产率增长的比率而增加,各国通过国际贸易得到平均利益,因此不需要工业化,否则效率的降低就会丧失固有的贸易利益。由于制成品的生产率比初级产品的生产率提高更快,价格降低的幅度就应较大,价格比例的变化对初级产品有利。但是现实恰恰相反,技术进步实现后,制成品价格却不一定下降,或者反而上涨,尤其是当企业家和生产要素的收入增加的幅度超过生产率提高导致的成本下降的幅度时,更是如此。结果,中心国家占有由于技术进步而产生的全部利益,而外围国家则将其技术进步的果实转移一份给中心国家,外围国家的贸易条件恶化就成为必然的了。

第二,制成品的市场结构具有垄断性。在经济繁荣时期,制成品和初级产品的市场价格都会上涨。但在经济萧条和危机时期,由于制成品市场具有垄断性质,其价格下降幅度要比初级产品小得多。经济危机的周而复始,相对于初级产品而言,制成品价格可看成上涨的。外围国家的贸易条件就当然趋于恶化了。

第三,中心国家的工资刚性得到工会组织的强化。在繁荣时期,由于企业家之间的竞争和工会的压力,雇主会腾出部分利润来增加工资,而在危机时期,上涨了的工资却不易下降。于是凭借其在生产中的作用和能力,把危机的压力转移给外围国家。而从事初级产品生产的工人则缺乏工会组织,没有谈判工资的能力,经济繁荣时工资上涨幅度小,而危机时下降的幅度却大,结果,在工资成本上,促使制成品价格相对上涨,而初级产品价格下跌,由此导致外围国家的贸易条件趋于恶化。

美国经济学家辛格(H.M. Singer)从需求角度论证了初级产品贸易条件恶化的论点,他认为初级产品的需求收入弹性要比制成品小得多。根据恩格尔定律(Engels Law),随着人们实际收入的增加,用于对制成品的消费支出增加,而对初级产品的需求相对减少。对于原料来说,技术进步往往带来单位产品所耗原材料的节约,结果对初级产品的需求跟不上制成品生产的扩大。所以它们的价格不但是周期性地下降,而且是结构性地下降。初级产品贸易条件具有长期恶化的趋势。

3. 外围国家必须实行工业化,独立自主地发展民族经济

基于以上理由,普雷维什认为,传统的国际贸易——国际分工理论虽然从逻辑上说是正确的,但其前提条件与实际相去甚远,因而只适用于中心国家之间,不适用于中心国家与外围国家之间。发展中国家必须摒弃传统国际贸易理论,彻底摆脱不合理的国际分工体系,打破旧的国际经济秩序。

要打破这一格局,外围国家就必须实行工业化,独立自主地发展自己的民族经济。工业化是外围同家取得一部分技术进步利益,逐步提高其人民生活水平的主要手段。为此,发展中国家应该只把少量资源用于初级产品的生产和出口上,将更多的资源集中到建立和扩大现代化工业上。工业化要分阶段实施:第一阶段,主要发展出口替代工业,加快工业化所需的资金积累,为工业化创造条件。首先应积极发展初级产品出口,增加外汇收入,为进口工业化必需的资本货物创造条件,并用出口所得的资金进行资本积累。第二阶段,建立和发展国内进口替代工业:初级产品出口扩大导致价格下降后,就不要再扩大出口,而应用剩余资源建立一些国内消费品工业,用以替代从中心国家的进口。一定时期后,要加强与其他外围国家的经济联系与合作,相互交换各自生产的初级产品和制成品,既可以积累国际贸易经验,又可以不断加强工业品竞争能力。第三阶段,建立和发展制成品的出口替代工业,主要生产和出口制成品,进一步发展消费品生产,同时发展一些中间产品、耐用消费品和资本货物的生产和出口。

普雷维什指出，要保证发展中国家工业化的顺利实施，就必须实行保护贸易政策。因为保护贸易政策有如下作用：一是限制进口以减少外汇支出，改善国际收支状况；二是削弱外国商品的出口能力和竞争能力，相对增强本国出口商品的竞争优势，改善贸易条件；三是有效扶植本国幼稚工业的发展，推动工业化进程；四是引导国内消费商品的国别结构调整，扩大国内工业产品的国内需求，刺激本国工业的发展。因此他主张，运用关税和非关税手段的同时，还要通过外汇管制，实行对本国工业和市场的保护。在出口替代阶段，还应实行有选择的出口补贴等鼓励出口政策，增强本国产品在国际市场上的竞争能力，主张通过政府紧缩财政，发挥私人企业的作用，优先扩大工业品生产和出口，合理选择进口替代工业等具体办法，来扩大生产性投资在国民收入中所占比重，以保持高水平的积累率。

普雷维什强调，发展中国家和发达国家实行保护贸易的性质不同。发展中国家实行贸易保护源于其经济发展的内在要求，贸易保护政策是发展中国家实现工业化的唯一选择，而且其政策目标之一是纠正国际贸易中由于需求弹性的不同而产生的一系列不平等因素，缩小制成品与初级产品的收入需求差异，因而并不会妨碍世界贸易的增长速度。然而，发达国家的贸易保护政策是对制成品的保护，旨在扩大制成品与初级产品的收入需求差异，而且，如果发达国家对本国初级产品的生产也进行保护，会进一步加深制成品与初级产品之间不平等贸易的程度，不仅不是必需的，而且还会降低世界贸易规模和增长速度。因此，要保持世界贸易的稳定增长和贸易利益的互利分配，发达国家必须放弃其贸易保护主义。

（二）对普雷维什理论的异议

普雷维什的贸易保护理论提出后，遭到了美国经济学家范纳和奥地利经济学家哈伯勒等的猛烈抨击。

首先，关于传统国际分工理论的适用性、旧的国际分工体系和旧的国际经济秩序是发展中国家经济落后的主要原因问题。他们认为比较优势理论同样适用于发展中国家。哈伯勒强调了比较优势的静态利益与动态利益，他认为，在传统的比较优势理论所强调的直接静态利益之上，贸易还赋予参与国以重要的间接利益，即动态利益，包括得到经济发展必需的物资、技术知识、诀窍及技能和管理经验等；贸易是不发达国家从发达国家获得资金的渠道；自由贸易还是最好的反垄断措施。他们认为，普雷维什把农业和矿业等同于贫困是缺乏依据的，农业不等于贫困，工业不等于富裕。一个国家在国际分工体系中的地位取决于其工业、农业或矿业上的比较优势状况，而不是取决于它所从事的产业部门的特性。因而，发展中国家不应发展多种产品，否则会影响资源分配，不能取得最大的经济利益。

其次，普雷维什把初级产品与制成品之间的交换关系等同于发展中国家与发达国家之间的贸易关系，导致了逻辑上的矛盾。事实上，发展中国家也出口制成品，而不少发达国家也是初级产品的出口大国。如果说初级产品贸易条件恶化了，那么也包括大量出口初级产品的发达国家，而发达国家的垄断力量和工会组织等因素在作用于制成品价格上涨的同时，也作用于初级产品价格上涨。这与初级产品价格下降又相矛盾。

再次，初级产品贸易条件是否恶化问题。他们认为普雷维什据以立论的统计资料有缺陷。其一，运费的大幅度下降和产品质量的提高并未加以考虑，在普雷维什所列统计数据中，英国的出口产品价格按FOB计，而进口产品价格则按CIF计，运费价格直接影响到进口价格水平。其二，发展中国家出口的初级产品供求受到多种因素的影响，各种初级产品的变动趋势完全不同。普雷维什以英国进口价格指数代替发展中国家出口价格指数，并用一个发达国家的贸易条件来推算众多不发达国家整体的贸易条件是不可靠的。其三，英国的统计资料开始于1801年，选择不同的基期，其结论并不一样，或正相反。

最后，关于支持贸易条件恶化的理由。他们认为，发展中国家的工会力量已迅速加强，政府也作种种努力来提高出口价格。事实上，工会的力量不足以提高商品价格。而且大企业垄断权力的行使需要企业对产品市场有足够的垄断程度，这在目前的世界市场上并不多见。至于需求收入弹性问题，并不是所有初级产品的需求收入弹性都很低，而且不少初级产品的销售更多地取决于需求的价格弹性。技术进步并不一定意味着对原料需求的减少，也可能导致对某些原料需求的增加。总之，大多数初级产品的贸易条件近百年来经常变动，但并没有长期恶化的趋势，分析一个包括所有初级产品的总的贸易条件没有多大意义。

因此，他们反对普雷维什关于发展中国家应实行贸易保护，走工业化道路的主张，认为发展中国家企图通过关税影响进出口商品价格来改善贸易条件的努力，会因其进出口规模较小而达不到目的，实施进口限制措施，只会导致国内生产的高成本和低效率。

普雷维什的保护贸易理论是对有关发展中国家国际贸易的开拓性研究，他从发展中国家利益出发，抨击了传统国际贸易理论的错误观点，第一次从理论上和实践上初步揭示了发达国家和发展中国家之间贸易关系不平等的本质，以及现存国际分工格局和国际经济秩序的不合理性。其出发点是积极的，主要论点在方向上是正确的，基本政策主张也是有意义的，极大地推动了20世纪60年代后拉丁美洲及其他地区发展中国家掀起的工业化进程。

当然，普雷维什在具体理论分析上也有局限性和错误。首先，他没能从根本上揭示以比较优势理论为核心的自由贸易理论是如何造成利益分配上的不平等，从而使发展中国家的经济状况恶化。其次，他用以解释的各种理由都有不科学的方面，如发达国家工会组织对产品价格的影响、技术进步利益不公平分配的原因以及辛格用需求收入弹性对收入间接转移的分析等。

四、战略性贸易理论

战略性贸易理论是20世纪70年代以来，在世界产业结构和贸易格局发生重大变化、产业内贸易兴起、新贸易保护主义盛行的背景下产生的，其代表人物是艾尔哈南·海尔普曼和保罗·克鲁格曼等。战略性贸易理论的核心是非比较优势论，即各国从事专业化和贸易不仅仅是比较成本的差别，还在于收益递增所带来的实际上的专业化优势。贸易在很大程度上是由收益递增而不是由比较优势驱动的。在有限的范围内，通过选择政府帮助形式或"选择优胜者"，给予国内企业以帮助的做法，强于实行自由贸易。这种"新贸易理论"为政府干预提供了可能性。

战略性贸易理论在三个方面获得了理论上的突破：一是不完全竞争；二是规模经济；三是外部经济。

首先，战略贸易理论认为，工业品的国际市场不是完全竞争的，产品的差异性使得各国企业都有可能在某些工业品上有一定的垄断或垄断性力量。在寡头市场中，纯经济利润（超过正常利润部分）一般不为零，而且市场均衡价格一般不等于企业的边际成本，因此适当的政策干预有可能通过影响本国厂商及其外国竞争对手的决策行为而转移一部分纯经济利润，并产生一定的反托拉斯（减少市场价格与企业生产成本的差距）效果，从而提高本国国民福利（详见经济学中关于古诺模型的分析）。另外，政府可以通过限制进口来分享外国企业的垄断性利润，提高国民福利，如图5-1所示。

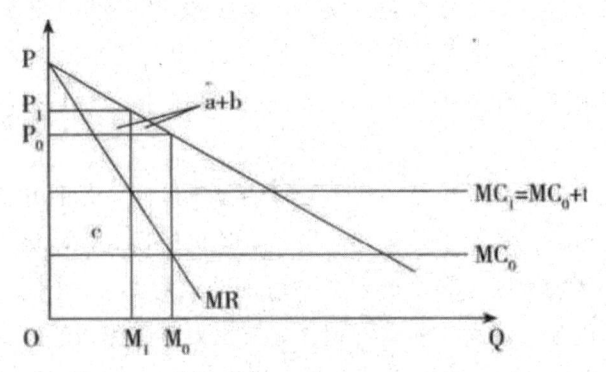

图 5-1 政府限制进口分享外国垄断利润

由于进口产品主要由少数几家外国企业提供，它们在进口国市场上就有一定的垄断力量，在追求利润最大化的目标下，这些垄断或寡头企业在进口国的销售量会确定在其产品的边际收益等于边际成本的水平上（M_0），而价格则根据进口国的需求定在高于边际成本的水平上（P_0）。如果进口国政府征收关税 t，外国企业的边际成本提高到 MC_1（$MC_1=MC_0+t$），外国企业会提高商品价格至 P_1。但由于进口国的需求不是完全没有弹性的垂直曲线，因此，商品价格上升的幅度会小于边际成本提高的幅度（即 $P_1-P_0<t$）。这意味着外国企业通过提高销售价格从进口国消费者身上得到的额外收益会小于对关税的支付。进口国政府所得的关税收益 c 有可能大于消费者所受的损失 $a+b$，从而使整个国家受益。显然，通过关税来分享外国寡头或垄断企业的利润并提高整个国民收益，进口国政府是有可能如愿以偿的，关键在于关税税率的确定和对消费者的补偿。

其次，许多工业品的生产都具有规模经济的特征，即生产越多，产品的单位成本越低。尤其是在电子、化工、飞机、汽车等资本技术密集型产业，这种特征更为显著。一般来讲，在许多产业中，国内国际市场的容量都只能容纳少数厂商盈利，有时甚至是一个厂商（如飞机制造业）就能够占领大部分的市场份额。这些产业中垄断性的市场结构排除了完全竞争的可能。一国政府可以通过有选择和针对性的干预，使贸易政策发挥战略性变量的作用，来帮助本国企业取得一定的市场份额，从而达到一定的生产规模，使企业成本下降，在国际竞争中获胜，企业所得的利润会大大超过政府所支付的补贴。

最后，外部经济的存在是战略性贸易理论的又一论据。简而言之，外部经济是指某些企业的行为可以给其他一些企业带来好处，或者某一产业的发展能推动其他产业的发展，即企业或产业发展的社会效益高于其个体效益。外部经济可以分为技术外部经济和资金外部经济。前者指厂商通过同一产业或相关产业中其他厂商的技术外溢和"干中学"获得效率提高，其途径主要有技术信息传播、人员流动、模仿和反向研究等；后者指厂商从同一产业或相关产业厂商的聚集中获得的市场规模效应，包括从产业集中中便捷廉价地获得原材料、中间品和专业化服务而使效率提高。

外部经济的存在，促进了国际专业化的形成。一旦某个产业在某国建立，技术和资金外部经济将促进厂商在地理上的集中，促进厂商降低生产成本，提高竞争力；当产业竞争提高到一定水平且国内市场有限时，该产业就会成为出口产业，国际市场的开辟和扩大又会进一步强化该产业在国际专业化分工中的地位。外部经济显著的产业往往是那些研发投入巨大的产业，由于厂商不能完全专有其知识投资的收益，往往会导致私人投资不足（市场失效），因为初始投资额或投资风险太大使私人厂商无法进入，从而使产业不能发展到社会最佳状态。因此，政府应选择具有显著外部经济的产业给予适当的保护和扶持，使之能够在外部经济作用下形成国际竞争力并带动相关产业的发展。这方面的贸易政策往往要和产业政策相配合，才能达到预期效果，具体包括信贷优惠、国内税收优惠或补贴、对国内企业进口中间品的关税优惠、对外国竞争产品征收关税等。

五、其他保护贸易理论

保护贸易理论除了上述的基本理论，还有种种经济和非经济依据。以下简要介绍一些常见的主要理论依据。

（一）改善国际收支论

改善国际收支论的基本思想是通过贸易保护来减少进口，减少外汇支出，增加外汇储备，以平衡国际收支或保持贸易顺差。它起源于重商主义保持贸易顺差的思想，得到凯恩斯主义者的支持和发展。

一国通过输出商品和劳务以及通过吸收外资赚取外汇的能力，决定了其在世界经济中对生产的商品和劳务的支配权。另外，一国的对外贸易顺差增加了其外汇储备，进而引起国内利率的下降，刺激了投资和生产；相反，对外贸易逆差会对国内投资和生产造成不利影响。对于发展中国家而言，防止大量、持续的贸易逆差尤为重要。发展中国家尽管在一些商品的生产上有着某种优势，但在总体上却是处于劣势，因而其贸易收支将持续出现逆差，必须动用外汇储备以弥补赤字。一国政府不可能拥有无限的外汇，一旦外汇储备告罄，就需要向外国借债以维持进口。大量的进口商品和利率的逐渐上升将使国内投资下降；与此同时，外债的增加使偿还本息的压力越来越大，从而更加需要外汇，形成恶性循环，这也是一些发展中国家的现实教训。

改善国际收支有两个途径，即扩大出口和限制进口。出口的扩大取决于两个因素：一是出口商品竞争力的提高；二是出口目标市场开放程度的扩大。对发展中国家而言，在短期内提高出口商品竞争力的难度较大，发展中国家也缺乏与主要出口目标国家（主要是发达国家）政府的谈判能力，因此难以在短期内扩大出口。而限制进口却是发展中国家容易做到的，且其效果有直接性和迅速性，颇受政策制定者的推崇。

然而，这种做法容易遭到外国的报复。若进口的减少引起出口的减少，则对国际收支的作用会相互抵消，国内经济将陷于不振和发生失业，降低经济总体的效果。单纯通过减少进口来节约外汇只是一种消极的、代价昂贵的平衡方法；积极的、代价较少的改善国际收支的办法应该是提高出口工业的劳动生产率，挖掘更多的出口潜力去多赚外汇。当然，如果将限制进口作为临时性的紧急措施，就无可非议了。

（二）改善贸易条件论

改善贸易条件论的核心在于，在一定条件下通过对进口商品征收关税和限制进口可以压低进口商品的价格，从而改善征税国的贸易条件，增进福利。

从理论上说，当一国是进口大国时，它对某一商品的进口需求量占该商品世界总出口量的较大份额，具有一定的需求垄断优势，以至于足以靠进口量的调整来影响国际市场的供求，进而影响甚至操纵这些商品的国际价格，并且使其对这一进口商品的需求弹性大于进口供给弹性。进口国征收关税会减少进口，从而迫使出口国降低向进口国出口商品的价格，进口国的贸易条件得到改善，可以用同样数量的出口商品换回更多的进口商品，从而使整个国家获利。改善贸易条件论为最佳关税论提供了一个论据，即通过改善该国的贸易条件，克服由于减少贸易量而产生的负效应，使净福利达到最大化（详见大国进口关税的局部均衡分析）。

这一手段能否成功，一方面取决于该国是否为进口大国，另一方面还取决于其总体经济实力状况，即遭到贸易伙伴报复的可能性。此外，它也不可避免地存在间接的负效应，造成国际市场价格的扭曲，不利于资源的有效利用。

（三）增加政府收入论

增加政府收入论又称为关税收入论，主要涉及新独立的发展中国家的关税问题，因而亦被称作"新建政府论"。

该理论认为，在一个新独立国家中，进口税不是作为一项保护工业的措施，而是作为财政收入的重要来源。对贫困的新独立的国家来说，政府提供诸如卫生、教育、治安、水利和国防等方面的基本公共服务，对于增进社会利益是至关重要的，但政府苦于没有足够的人力、财力或运转效率极低，并不能提供这些服务，而通过征收进口关税则可以部分地解决这个问题。

第一，征收关税要比征收更复杂的、花费更大的其他种类的税收更经济，而且其他税种由于无法计量和监督而难以征收。

第二，对许多落后的发展中国家来说，政府没有自己拥有的企业，国内人民生活水平低而又没有多少收入税可征，关税就成为政府收入的重要来源。

第三，通过关税来增加政府收入，与其说是一种政策理论，不如说是一种利益行为。不管消费者和整个社会所付的代价如何，作为政府，征收的关税则是实实在在的收入，这也是政府要实行贸易保护的动力之一。

第四，征收关税比增加国内的各种税收的国内阻力要小。国内的各种税收，消费者或生产者都直接看到，增加的阻力自然就大，而关税则在外国商品进入本国市场前就征收了，虽然最终还是消费者支付了一定的关税，但消费者对这种间接的支付感觉并不灵敏，反对的声浪也不大。这一点，对政府来说，尤其是要靠选民投票的政治家们来说，是很重要的。

第五，如果该国是进口大国，并且确定的进口税率恰当，还可以将一部分税赋转嫁到外国生产者或出口商身上（当然这种可能性几乎没有）。

这样关税保证了政府的财政收入，支持了政府的公共工程计划，并且还起到了替代国内其他税收的作用，有利于国内生产和社会的发展。

（四）夕阳产业保护论

根据产品生命周期理论，随着产品要素密集度的变化，某一产品的比较优势会从一国转向另一国。所谓夕阳产业，是指那些处在别国竞争压力下，并逐步失去比较优势的产业。

从理论上说，当一国失去其在某个特定行业的比较优势时，该国的生产要素就需要转向其他部门。然而夕阳产业保护论认为，应该对这类产业实行保护，原因有二：

第一，生产要素在部门间的转移会产生"转移成本"。这种成本包括由于转移带来的摩擦性失业造成社会的失业救济金支出的增加；一些劳动者难以适应新的部门或产业的需要而成为长期失业者；社会长期失业人员的增加将带来社会秩序的不稳定，从而维持社会秩序所需要付出的成本加大。因此，必须对这种衰退产业加以一定的保护，以减缓衰退的速度来缓和摩擦。

第二，某些行业比较优势的丧失可能是要素禀赋优势的丧失，而不是技术优势的丧失。由于存在产品要素密集度逆转的可能，如果一国将其用在转移生产要素，特别是劳动力所需要的支出用于改进技术上，那么经过一段时间，技术优势可能会抵消要素禀赋的劣势，重新获得该部门的比较优势。

夕阳产业保护论的实质是：一国尚未发现足以将需要放弃产业中的生产要素充分利用或吸收的其他部门，因此担心对夕阳产业部门的放弃就是该部门就业或收入的损失。发达国家采取的这种贸易保护政策将阻碍发展中国家工业化的步伐。如果在经济发展过程中，发达国家总生产发展中国家尚不能生产的产品，不存在产业的重合，也就无所谓保护夕阳产业。但在现实中，当发展中国家的工业化进程发展到某个阶段时，往往会遇到与发达国家产业的重合，发达国家采取保护贸易政策就是不可避免的了，这时，某些经济集团（如工会）的压力是社会不愿调整产业结构最直接的理由。

（五）保护公平贸易论

所谓的"公平贸易"（Fair Trade），是指贸易双方在相互提供同等待遇基础上所进行的贸易。保护公平贸易论最初是针对国际贸易中因为政府参与而出现的不公平竞争行为，后来又被广泛用来要求对等开放市场。它以一种受害者的姿态出现来进行贸易保护，又被称为"防止侵害论"。这种保护似乎是迫不得已的，目的也似乎是为了更好地保证国际上的公平竞争，以推动真正的自由贸易。

以公平贸易理由实行保护的主要是发达国家,特别是美国。第二次世界大战后,美国把公平贸易作为一项政策原则强加给别国,它成了美国市场斗争的一种战略。近年来发达国家越来越高的呼声是要求"公平贸易"而不是自由贸易。与这一论调相应的手段主要包括:反补贴税、反倾销税或其他惩罚性关税、进口限额、贸易制裁等。这些政策在理论上说可能有助于限制不公平竞争,促进自由贸易,但在实施中却往往被利用而进行实质上更不公平的贸易。

(六) 社会公平论

社会公平又称为收入再分配,主要指的是社会各阶层或各种生产要素在收入上的相对平衡。不少国家利用贸易保护来调节国内各阶层的收入水平,以减少社会矛盾和冲突。

社会公平论认为,通过国际贸易必然引起一国商品价格的相对变动,提高某些生产要素的报酬而牺牲另一些生产要素的报酬。并且在消费模式的作用下最终使某一集团境况变好而使另一集团的境况变坏。虽然自由贸易能够增进一国福利,却可能对某一地区、某一民族、某一集团的收入分配造成不良影响,使他们处于被损害的地位。譬如,在土地丰富而劳动力短缺的国家里,通过国际贸易必然使密集使用土地的产品(如小麦)价格上升,而密集使用劳动力的产品(如布)价格下跌,这会引起生产向密集使用土地的产品集中,造成土地价格上涨,劳动力工资下降,土地所有者收入增加,劳动者收入下降。如果收入下降的劳动者的消费大部分集中在价格已上升的小麦上,则他们的境况就变得更糟。为了改变这种收入不公平状况,当采取其他措施改善国内收入分配有障碍时,使用关税手段就是正当而合理的。通过关税限制外国廉价布的进口,减轻对国内布的生产者的冲击,阻止土地向小麦种植方面转移和劳动力工资水平的下降,这样可以改善国内收入分配不公平的状况,起到收入再分配的作用。其中最典型的例子就是发达国家对农产品的保护。

(七) 国家安全论

贸易保护主义有时还以国家安全为依据,主张限制进口,以保持经济的独立自主。国家安全论认为,自由贸易会增强本国对外国的经济依赖性,这种情况可能会危及国家安全,一旦战争爆发,贸易停止,供应中断,过于依赖对外贸易的经济就会出现危机,在战争中可能会不战自败。出于维护国家安全的考虑,国家必须保持独立自主的经济,所以对与生产有关战略物资的产业要以自己生产为主,不能依靠进口,当这些行业面临国际竞争时,政府应加以保护。这些重要商品包括粮食、石油等重要原、燃料。对某些不友好国家的出口也要控制,任何有可能加强敌方实力、威胁自身安全的商品都要严加控制。

以国家安全为理由限制贸易的思想由来已久，可以追溯到17世纪英国的重商主义，当时的贸易保护主义就以国家安全为依据，主张限制使用外国海运服务和购买外国商船。20世纪以来战争连续不断，第二次世界大战后又经历了长期的东西方"冷战"，这一论点也就经久不衰。

（八）民族自尊论

进口商品并不仅仅是一种与国内产品无差别的消费品，进口商品的品种、质量常常反映了别国的文化和经济发展水平，而且进口的商品上都往往带有"某某国制造"的标签，以示与本国商品的区别。一般而言，进口货总是比国产的要"物美价廉"一些，尤其是发展中国家所进口的先进制成品，许多是本国不能制造的。在消费者"赞洋崇洋"的时候，政府往往会觉得有损民族自尊心和自信心。为了增加民族自豪感，政府一方面从政治上把使用国货作为爱国主义来宣传，另一方面企图通过贸易保护政策来减少外来冲击，发展民族工业。

第六章 对外贸易措施

第一节 关税措施

一、关税概述

（一）关税的含义

关税（Tariff，Customs Duties）是进出口商品经过一国关境时，由政府所设置的海关向其进出口商所征收的一种税。

关税的征收是通过海关来执行的。海关是设在关境上的国家行政管理机构，国家授权海关行使国家权力，对外代表国家行使国家主权，对内代表中央政府行使对地方的权力。海关是贯彻执行本国有关进出口政策、法令和规章的重要工具，它的基本职责是根据这些政策、法令和规章对进出口货物、货币、金银、行李、邮件和运输工具等实行监督管理、征收关税、查禁走私、临时保管通关货物和统计进出口商品等。

海关对进出口货物实行监督和管理，需要规定一个地域界线，货物进入这个地域时作为进口，离开这个地域时作为出口，这个地域界限称为关境。关境亦称关税领土、海关境域、关税境域或关税领域。一般说来，关境和国境是一致的，但在许多国家两者并不一致。关境与国境的不同主要有三种情况：其一，有些国家在国境内设有自由港、自由贸易区和出口加工区等经济特区，这些地区虽然在国境之内，但从征收关税的角度来看，它们是在该国的关境之外，这时关境在范围上小于国境。其二，有些国家相互之间结成关税同盟，参加同盟的国家领土合并成为一个统一的关境，成员国之间免征关税，货物自由进出口，只对来自或运往非成员国的货物进出共同关境时征收关税。这时关境则大于成员国各自的国境。其三，在一国两制的国家境内可能有两个或两个以上的关境同时并存，如中国就是如此，除中国海关管辖的区域外，还有中国香港、中国澳门和中国台湾三个单独关税区域，这种情况下的关境范围小于国境。

（二）关税的性质

关税与其他税收一样，具有强制性、无偿性和预定性。强制性是指关税由海关凭借国家权力依法强制征收，而不是一种自愿性的捐纳，纳税人必须按照法律规定无条件地履行其义务，否则就要受到国家法律的制裁。无偿性是指关税由海关代表国家单方面地对纳税人征取，作为国库收入，而国家不需给予任何补偿。预定性是指关税由海关根据国家预先制定的法令和规章加以征收，海关与纳税人均不得任意更改有关的法规。

关税属于间接税。课税主体即关税的纳税人，是进出口商；课税客体即课税的对象，是进出口货物。因为关税主要是对进出口商品征税，其税负可以由进出口商垫付，然后把它作为成本的一部分加入货价，货物售出后可收回这笔垫款，因此关税负担最后转嫁给买方或消费者承担。

（三）关税的作用

关税的主要作用有：

（1）增加财政收入。

海关代表国家行使征税权，因此，关税的收入便成为国家财政收入的一个来源。在资本主义以前和资本主义发展初期，由于各国工业不发达，税源有限，当时征收关税的主要目的是获取财政收入。这种以增加国家财政收入为主要目的而征收的关税，称为财政关税（Revenue Tariff）。随着资本主义的发展，财政关税的意义逐渐降低。这一方面是由于工商业的迅速发展和国民收入的提高使在生产领域征收个人所得税和公司所得税等直接税成为比较充足的税源，关税收入在国家财政收入中的比重相对下降；另一方面是由于关税已被世界各国普遍地作为限制外国商品进口、保护国内产业和国内市场的一种重要手段来加以使用。但是，对于许多经济落后、生产不发达、国民收入低和税源有限的国家来说，财政关税仍然具有十分重要的意义，是国家财政收入的一个重要来源。

（2）保护国内的产业和市场。

对进口货物征收关税，提高了进口货物的成本，削弱了它与本国同类产品的竞争能力，因而可以起到保护国内同类产业或相关产业的生产和市场的作用。这种以保护本国产业和市场为主要目的的关税，称为保护关税（Protective Tariff）。

保护关税的税率一般都比较高，因为只有较高的关税，才能起到限制进口的作用，达到保护的目的。在现代国际贸易中，各国设置的关税主要是保护关税。第二次世界大战后，通过多次关税与贸易总协定主持的多边贸易谈判，各国的关税水平都有较大幅度的下降，利用关税来保护本国市场的作用相对减弱，但是关税仍不失为各国限制进口和实行贸易歧视的重要手段。

对本国同类产业的保护程度通常用关税保护率来反映。关税保护率有名义保护率和有效保护率两种。名义保护率（Norminal Rate of Protection）是指直接由某种进口商品的关税税率的高低来反映对本国同类产业的保护程度。在其他条件相同的情况下，进口税的税率越高，对本国同类产业的保护程度就越高；税率越低，其保护程度也就越低。但是，直接用关税税率的高低所反映的保护程度的高低只是名义上的，并不能反映实际的或有效的保护程度。有效保护率（Effective Rate of Protection）是征收关税所导致的该产品附加价值增加的百分率。其计算公式为：$E=(V'-V)/V$，其中，E表示有效保护率，V表示不征收关税时单位产品的附加值，V'表示征收关税后单位产品的附加值。

例如，在自由贸易时，某种产品的价格为1 200元，其中900元为原材料成本。如果对同类产品的进口征收10%的关税，对原材料的进口征收5%的关税，那么该产品的有效保护率为：

$$V = 1\ 200 - 900 = 300(元)$$
$$V' = 1\ 200 \times (1+10\%) - 900 \times (1+5\%) = 1\ 320 - 945 = 375(元)$$
$$E = (V'-V)/V = (375-300)/300 = 25\%$$

由此可见，名义关税率与有效保护率并不一定完全相等。实际上，大多数工业品的有效保护率都大大超过名义保护率。这是因为，几乎所有征收进口关税的国家，制成品的名义关税往往都高于原材料或中间产品的关税。

（3）调节进出口贸易。

长期以来，关税一直是各国对外贸易政策的重要手段。一国可以通过制订和调整关税税率来调节进出口贸易。在出口方面，通过低税、免税和退税来鼓励商品出口；在进口方面，通过税率的高低、减免来调节商品的进口。例如，对于国内能大量生产或者暂时不能大量生产但将来可能发展的产品，规定较高的进口关税，以削弱进口商品的竞争能力，保护国内同类产品的生产和发展；对于国内不能生产或生产不足的原料、半制成品、生活必需品或生产上的急需品，制订较低的税率或免税，鼓励进口以满足国内生产和生活的需要。此外，还可以通过关税来调整贸易差额。当贸易逆差过大时，可以调高某些产品的进口税率或征收进口附加税，以减少进口，缩小贸易逆差；当贸易顺差过大时，可以通过调低某些产品的进口税率来增加进口，缩小贸易顺差，以缓和与有关国家的贸易矛盾。

（四）关税的征收方法

征收关税的方法，主要有从量税和从价税两种。在这两种主要的征收方法的基础上，又派生出混合税和选择税两种。

1. 从量税

从量税（Specific Duties）是按照商品的重量、数量、容量、长度、面积等计量单位为标准计征的关税。

各国征收从量税，大部分以商品的重量为单位来计征，但各国对应税商品重量的计算方法各有不同。有的国家按商品的净重计征，有的国家按商品的法定重量计征，有的国家按商品的毛重计征。

采用从量税的方法征收进口税，在商品价格下跌的情况下，加强了关税的保护作用；在商品价格上涨的情况下，进口税额不变，财政收入相对减少，保护作用也随之减弱。第二次世界大战以前，西方国家普遍采用从量税的方法计征关税。第二次世界大战以后由于通货膨胀，大多数国家已逐步采用从价税，或只对一部分商品采用从量税。

2. 从价税

从价税（Ad Valorem Duties）是按照进出口商品的价格为标准计征的关税，其税率表现为货物价格的百分率。

从价税税额随着商品价格的变动而变动，所以它的保护作用不受商品价格变动的影响。但在商品价格下跌时，关税收入减少，作为财政关税的作用减弱。

征收从价税，较为复杂的问题是确定商品的完税价格。完税价格是经海关审定作为计征关税依据的货物价格，它是决定税额多少的重要因素。不同国家、不同商品所采用的完税价格标准不一致，有的以运费、保险费在内价（CIF）作为征税价格标准，有的以装运港船上交货价（FOB）作为征税价格标准，还有的以法定价格作为征税价格标准。我国进出口关税的征收采用从价税，进口商品以CIF价格作为完税价格，出口商品以FOB价格作为完税价格。

3. 混合税

混合税（Mixed or Compound Duties）是对某种进出口商品同时征收从量税和从价税的一种方法，又称复合税。

混合税在具体应用时有两种情况：一种是以从量税为主加征从价税。另一种是以从价税为主加征从量税。

4. 选择税

选择税（Alternative Duties）是对某种进出口商品同时制订从量税和从价税两种税，选择其中一种而征收的关税。一般是选择其中税额较高的一种征收，但也有选择其中税额较低者征收的。

（五）海关税则

1.海关税则的含义与分类

海关税则（Customs Tariff）是一国对进出口商品计征关税的规章和对进出口的应税和免税商品加以系统分类的一览表，又称关税税则。海关税则是海关凭以征税的依据，是一国关税政策的具体体现。

海关税则的内容一般包括两个部分：一部分是海关征收关税的规章、条例和说明；另一部分是关税税率表。关税税率表主要包括税则号列、商品名称、关税税率等栏目。

根据关税税率栏目的多少，海关税则可分为单式税则和复式税则。

单式税则（Single Tariff）又称一栏税则。在这种税则中，每个税目只有一个税率，适用于来自任何国家的商品，没有差别待遇。现在只有少数发展中国家，如委内瑞拉、巴拿马、乌干达、冈比亚等仍实行单式税则。复式税则（Complex Tariff）又称多栏税则。在这种税则中，每个税目订有两个或两个以上税率，对来自不同国家的同类商品适用不同的税率，以实行差别待遇和贸易歧视政策。目前，绝大多数国家都采用复式税则。

在单式税则或复式税则中，依据进出口商品流向的不同，可分为进口货物税则和出口货物税则。有的将进出口货物的税率合在同一税则中，分列进口税率栏和出口税率栏，称为进出合一制税则。我国现行的进出口税则采用进出合一制，分列进口税率栏和出口税率栏。

根据制定者的不同，海关税则可分为国定税则和协定税则。国定税则又称自主税则（Autonomous Tariff），是指一国立法机构根据关税自主原则单独制定并有权加以变更的海关税则。协定税则（Conventional Tariff）是指一国与其他国家或地区通过贸易与关税谈判制定，受贸易条约或协定约束的海关税则。在国定税则和协定税则中所规定的关税税率，分别称为国定税率和协定税率，国定税率高于协定税率。

2.海关税则中的商品分类

对海关税则中的商品进行系统分类，目的在于方便征税、纳税、统计和查找。第二次世界大战前，各国的分类方法差别很大，有的是按照商品的自然属性分类，有的是按照商品的加工程度分类，有的是按照税率的高低分类，有的甚至按照商品名称的拉丁字母顺序分类。商品分类方法上的差异，不利于贸易业务的开展，不利于各国间进行比较，不利于关税减让谈判。

第二次世界大战结束后，国际社会为了协调各国在海关税则中商品分类方法做了不懈的努力。联合国统计委员会编制了《国际贸易标准分类》，欧洲海关合作理事会制定了《海关合作理事会税则目录》。前者主要用于进出口贸易的统计和分析,后者主要用于海关管理和国际贸易谈判。虽然两者目的不同,但在贸易统计方面,两者关系密切,而且都被世界上相当数量的国家所采用,对简化国际贸易程序,提高工作效率起到了积极的推动作用。但两套编码同时存在,仍不能避免商品在国际贸易往来中因分类方法不同而需重新对应分类、命名和编码。这些都阻碍了信息的传递,妨碍了贸易效率,增加了贸易成本,不同体系的贸易统计资料难以进行比较分析;同时也给利用计算机等现代化手段来处理外贸单证及信息带来很大困难。因此,如何使这两套商品分类标准协调起来,就成为国际贸易领域中的一大课题。

海关合作理事会从1970年开始先后成立了研究组和专门的委员会,着手研究协调两套标准的可能性,并进行了具体的编制工作。经过多年的努力,海关合作理事会于1983年通过了《商品名称及编码协调制度国际公约》及其附件《协调制度》(Harmonized System,HS),以HS编码"协调"涵盖了《国际贸易标准分类》和《海关合作理事会税则目录》两大分类编码体系,于1988年1月1日正式实施,以逐步取代《国际贸易标准分类》和《海关合作理事会税则目录》。这样,世界各国在国际贸易领域中所采用的商品分类和编码体系有史以来第一次得到了统一。

1992年1月1日我国海关正式采用编码协调制度。我国海关采用的编码协调制度分类目录,前6位数是编码协调制度国际标准编码,第7、8两位是根据我国关税、统计和贸易管理的需要加列的本国子目。为满足中央及国务院各主管部门对海关监管工作的要求,提高海关监管的计算机管理水平,在8位数分类编码的基础上,根据实际工作需要对部分税号又进一步分出了第9、10位数编码制度。

二、关税的主要种类

关税有多种分类方法。按照征收的对象或商品流向分类,可分为进口税、出口税和过境税;按照征税的目的分类,可分为财政关税和保护关税;按照征税的方法或征税的标准分类,可分为从量税、从价税、混合税和选择税。以上这些都是在一般关税基础上进行的分类,除此之外,还有一些是为特殊目的而设置的关税以及国家之间作出的优惠贸易安排。以下我们将从一般关税、特别关税和优惠关税三个方面扼要地介绍几种比较重要的关税。

(一)一般关税

一般关税是指海关征收的正常关税,包括进口税、出口税和过境税。

1. 进口税

进口税(Import Duties)是进口国海关在外国商品输入时,对进口商品所征收的关税,是关税中最主要的一种。进口税主要可分为最惠国税和普通税两种。最惠国税适用于与该国签订有最惠国待遇条款的贸易协定的国家或地区所进口的商品；普通税则适用于与该国没有签订这类贸易协定的国家或地区所进口的商品。最惠国税率比普通税率低，两者税率的差幅往往很大。第二次世界大战以后，大多数国家都加入了关税与贸易总协定或者签订了双边的贸易条约或协定，相互提供最惠国待遇，享受最惠国税率，而普通税实际上只是适用于极少数的国家，因此，通常所讲的正常关税一般指的就是最惠国税。

一国为了保护本国产业和市场，对某些产品征收较高的进口税，以削弱这些进口商品的竞争能力。这种高额进口税像高墙似的把国内市场保护起来，所以被形象地称为"关税壁垒"。

进口国并不是对所有的进口商品都征收高额进口税，大多数国家的关税税率随产品加工程度的逐渐深化而不断提高，一般说来，对制成品的进口征收较高的关税，对半制成品的进口税率次之，而对原料的进口税率最低甚至免税。这种关税结构称为关税升级，或阶梯式关税结构。

2. 出口税

出口税（Export Duties）是出口国海关在本国商品输出时，对出口商品所征收的关税。目前国际贸易中很少征收出口税，因为征收出口税势必会提高本国商品在国外市场的价格，削弱其竞争能力，不利于扩大出口。第二次世界大战以后，征收出口税的国家主要是发展中国家。征收出口税的目的，或是增加财政收入或是证本国生产或本国市场的供应。以增加财政收入为目的的出口税，它的税率一般不高，过高的税率会导致出口量减少，缩小了财源，达不到增加财政收入的目的；以保护本国生产为目的的出口税，通常是对出口的原料征税，以保障国内生产的需要或增加国外产品的生产成本，加强本国产品的竞争能力。

3. 过境税

过境税（Transit Duties）是一国对于通过其领土运往另一国的外国货物所征收的关税。过境货物只是在该国境内通过，而不进入该国的国内市场。在资本主义生产方式准备时期，这种税曾普遍流行于欧洲各国，征税的目的主要是增加财政收入。后来，随着交通运输事业的发展，各国在货运方面发生了激烈的竞争。同时，过境货物一般置于海关的监管下，不准自由流入国内市场，对本国生产和市场没有影响。另外，过境税的税率比较低，财政收入意义并不大。由于这些原因，在19世纪后半期各国相继取消了过境税。目前，大多数国家在外国商品通过其领土时都不征收过境税，而只是收取少量的准许费、印花费、登记费和统计费等。

(二) 特别关税

有些国家对进口商品除了征收正常的进口关税以外,还往往根据某种需要或者为了特殊的目的设置专门的关税。这类关税与一般的正常关税有所不同,所以又被称为特别关税。

1.进口附加税

进口国家对进口商品除了征收一般关税以外,再加征额外的关税,叫作进口附加税（Import Surtaxes）。

征收进口附加税通常是作为限制进口的一种临时性的措施来实施的。其目的主要有:应付国际收支危机以及进口激增对国内相关产业造成的严重损害或严重损害威胁;纠正外国商品倾销或由于享受补贴而造成的不公平竞争;对某个国家实行贸易歧视或报复等。

最常见的进口附加税主要有反倾销税和反补贴税两种。

（1）反倾销税。

反倾销税（Anti-dumping Duty）是对实行商品倾销的进口货物所征收的一种进口附加税。其目的在于抵制外国商品倾销,保护本国的市场和工业。

倾销是指产品在正常的贸易过程中,以低于正常价值销售的行为。商品倾销的目的包括:打击竞争对手以扩大和垄断市场;保护国内供求关系平衡,维持产品较高的市场价格,将国内市场容纳不下的产品低价出口;推销"过剩"产品和新产品;扩大出口,赚取外汇;扩大出口,实现规模经济;通过国内外市场的差别定价,实现利益最大化。

按照倾销的具体目的和时间长短的不同,商品倾销可分为以下几种类型:偶然性倾销（出售"剩余物资"或库存积压）;掠夺性倾销（先以低价抛售击败竞争对手,再提高价格）;长期性倾销（长期以低价在国外市场上出售商品）;隐蔽性倾销（出口商按正常价格出售商品给进口商,进口商再以低价在进口国国内市场上抛售）。

在国际贸易实践中,倾销被认为是违背了公平竞争与公平贸易的原则。但就倾销本身而言,并不一定有害。倾销的商品一般价格较低,这对于消费者来说是有利的。但是,倾销行为可能对进口国家或地区的内部产业造成危害,因而,各国对那些对本国产业造成损害的倾销采取反倾销措施,以纠正不公平贸易行为,保护正常贸易。

1947年《关税与贸易总协定》第6条对倾销与反倾销作出了规定:用倾销手段将一国产品以低于"正常价值"的办法挤入另一国贸易时,如因此对某一缔约方领土内已建立的某项工业造成重大损害或产生重大威胁,或者对某一国内工业的新建产生严重阻碍,这种倾销应该受到谴责;缔约方为了抵消或防止倾销,可以对倾销的产品征收数额不超过这一产品的倾销幅度的反倾销税。

"正常价值"是指相同产品在出口国用于国内消费时在正常情况下的可比价格；如果没有这种国内价格，则是相同产品在正常贸易情况下向第三国出口的最高可比价格；或是产品的构成价格，即该产品在原产国的生产成本加上合理的推销费用和利润。

但由于这一条款比较原则，各国在执行时存在着很大的差异，为反倾销措施滥用提供了条件。在1967年结束的肯尼迪回合谈判中，各缔约方为了更有效地实行反倾销措施，通过谈判，达成了《关于执行关贸总协定第6条的协议》，又称《国际反倾销法》，并于1968年生效。该规则的一些条款较原来的第6条更为严谨，内容更为具体，但只对签字方生效。在东京回合又对上述协议作了修改和补充，使之更趋完善，称为《关于实施关贸总协定第6条的协议》，又称《反倾销守则》，于1980年1月1日生效。在乌拉圭回合中，根据国际贸易发展新变化，在以往协议的基础上，又达成了《关于实施1994年关贸总协定第6条的协定》，又称《反倾销协议》，成为世界贸易组织管辖下的多边贸易协议之一。《反倾销协议》一方面承认各成员抵制对国内产业造成危害的不公平竞争行为的必要性，另一方面尽可能地约束这些抵制行为，使其控制在合理、必要的范围之内，以避免对正常的贸易造成障碍。

根据《反倾销协议》，实施反倾销措施必须具备的三个基本要件是倾销、损害、倾销与损害之间的因果关系。

A.倾销的确定。

倾销是指，一项产品的出口价格，低于其在正常贸易中出口国提供其国内消费的同类产品的可比价格，即以低于正常价值的价格进入另一国市场。

a.正常价值的确定。

产品正常价值的确定方法有三种：一是按正常贸易过程中出口国国内销售价格，二是按出口国向第三国正常贸易中的出口价格，三是按结构价格。

正常贸易过程中出口国国内销售价格，一般指被指控出口产品的同类产品在调查期内（通常是1年或1年半），国内市场正常贸易中的成交价（包括批发价），或销售牌价，或一段时间内的加权平均价。以出口国国内销售价格确定正常价格，下列情况例外：

第一，在出口国国内市场的正常贸易中，不存在被指控产品的同类产品的销售。

第二，虽然被指控产品的同类产品在出口国国内市场有销售，但由于特殊的市场情形（如某种情况下关联企业之间销售或低于成本销售）不允许作适当的价格比较。

第三，虽然被指控产品的同类产品在出口国国内市场有销售，但如果"销售量低"（一般是被调查产品的同类产品在出口国供消费的数量，不足该产品向进口方销售的5%），也不允许作适当比较。

出口国与第三国正常贸易中的出口价格，是指出口到适当的第三国的可比价格。选用向第三国的出口价应考虑如下因素：产品具可比性；向所有第三国销售的同类产品价格中的较高价格；向第三国的销售做法与向反倾销调查国销售此类产品的做法相类似；向第三国的销售价格不能低于产品成本；向第三国的出口量一般不低于出口到反倾销调查国市场总量的5%。

结构价格是根据同类产品在原产国的生产成本，加上合理的管理费、销售费、一般费用和利润确定的。

b.出口价格的确定。

出口价格指在正常贸易中，一国向另一国出口某一产品的价格，也就是出口商将产品出售给进口商的价格。在特定情况下，如果不存在出口价格，或出口价格因进出口商有关联关系等原因不可靠时，可在进口产品首次转售给独立买主的价格基础上推定出口价格。如果该产品不是转售给独立买主，或不是以进口时的状态或条件转售，则进口方可以在合理的基础上确定出口价格。

c.倾销幅度的确定。

倾销幅度是对正常价值和出口价格进行适当的比较后确定的。正常价值和出口价格是两个不同市场的销售价格，因此在比较前必须进行必要的调整，调整主要考虑：相同的贸易水平，通常倒推至出厂前的价格水平；尽可能是在相同时间进行的销售；影响价格可比性的差异，包括销售条件、税收、销售数量和产品的物理特征等方面的差异；转售费用；汇率；产品的同类性等。

B.损害的确定。

《反倾销协议》中的损害分三种情况：一是进口方生产同类产品的产业受到实质损害；二是进口方生产同类产品的产业受到实质损害威胁；三是进口方建立生产同类产品的产业受到实质阻碍。

"国内产业"的范围为国内同类产品的全部生产商，或其产品合计总产量占全部国内同类产品产量的相当部分的那些生产商。但如果生产商与出口商或进口商是关联企业，或者该生产商本身就被指控为倾销产品的进口商，则可以不计算在内。

a.实质损害。

实质损害指对进口方国内生产同类产品的产业造成实质性的重大损害。对实质性损害的确定应依据肯定性证据，并应审查以下内容：

第一，进口产品倾销的数量（包括调查期内进口绝对数量或相对数量的增长）。

第二，进口产品的倾销对国内市场同类产品价格的影响（包括使价格大幅下降或在很大程度上抑制价格的上涨）。

第三，进口产品的倾销对国内同类产品、产业产生的影响。应考虑和评估的指标包括销售、利润、产量、市场份额、生产率、投资收益或设备利用率的实际和潜在的下降；影响国内价格的因素；倾销幅度的大小；对流动资金、库存、就业、工资、增长率、筹措资本或投资能力的实际和潜在的消极影响等。实质损害威胁。

实质损害威胁指进口方的有关产业虽尚未受到实质性损害，但可明显预见倾销将对相关产业造成实质性损害，且这种情形非常迫近。

b.产业建立受阻。

产业建立受阻指进口产品的倾销阻碍了新产业的实际建立过程，而不是阻碍建立一个新产业的设想或计划。

c.损害的累积评估。

在下列条件下，进口方可以累积评估从不同来源进口的倾销产品对本国产业的影响：

第一，来自每个国家的产品的倾销幅度（按出口价格百分比表示）超过了2%，即超过了"最低倾销幅度"。

第二，来自每个国家的倾销产品的进口量并非可忽略不计。一般指高于进口方对该产品进口总量的3%；或几个出口国各自所占份额虽然低于3%，但其总和超过进口方进口该产品总量的7%。

第三，根据进口产品之间的竞争条件及进口产品与国内同类产品之间的竞争条件，对进口产品所作的累积评估是适当的。

C.倾销与损害之间因果关系的认定。

在认定倾销与损害之间的因果关系时，进口方主管机构应审查除进口倾销产品以外的、其他可能使国内产业受到损害的已知因素，包括未以倾销价格产生的进口产品的价格及数量；需求萎缩或消费模式的改变；外国与国内生产商之间的竞争与限制性贸易做法；技术发展、国内产业的出口实绩及生产率等。

进口方主管机构经过调查，初步认定被指控产品存在倾销，并对国内产业造成损害，据此可以在全部调查结束前，采取临时反倾销措施，以防止在调查期间国内产业继续受到损害。临时反倾销措施有两种形式：一是征收临时反倾销税；二是要求进口商自裁决之日起，提供与临时反倾销税数额相等的现金保证金或保函。

在全部调查结束后，如果有充分的证据证明被调查的产品符合实施反倾销措施必须具备的乏个基本要件,则进口方主管机构可以采取最终反倾销措施,即征收反倾销税。反倾销税的税额不得超过裁定的倾销幅度。初裁时的反倾销税率与终裁的税率不同时,其不足部分不再补交,而多交部分则应退还。除非进口方主管机构以复审方式决定继续维持反倾销税,反倾销税的征收应自决定征收之日起不超过5年。

为防止被进口方征收反倾销税,生产商和出口商还可以采取价格承诺的方式解决这一问题。价格承诺指被控倾销商品的生产商和出口商与进口方主管机构达成协议,出口商提高价格以消除产业损害,进口方相应地中止或终止案件调查。《反倾销协议》规定,缔结价格承诺协议应在进口方主管机构已经作了肯定性的倾销和损害的初步裁决后。如进口方主管机构认为其接受出口商的价格承诺实际上不可行,则可以不接受出口商的价格承诺要求。价格承诺可由进口方主管机构提出,但不得强迫出口商接受。价格承诺被接受后,应出口商的请求或进口方主管机构决定,可以继续完成倾销和损害的调查。如果关于倾销和损害的调查结论是否定的,则价格承诺自动失效;如结论是肯定的,价格承诺应按照规定继续有效。如果出口商违反了价格承诺协议,则进口方主管机构可以根据有关规定迅速采取行动,包括立即实施临时反倾销措施,并可立即追溯征收反倾销税。

(2) 反补贴税。

反补贴税(Counter-vailing Duty)又称抵消税。它是对直接或间接地接受任何奖金或补贴的外国商品进口所征收的一种进口附加税。补贴作为公共经济政策的重要组成部分,为各国广泛采用。但补贴措施如使用不当,也会导致不公平竞争,对进口方的相关产业或其他合法利益造成损害。征收反补贴税的目的在于提高进口商品的成本,抵销进口商品所享受的补贴金额,削弱其竞争能力,使进口国家的同类商品能与之在市场上公平地竞争,从而保护进口国的国内生产和市场。

1947年关税与贸易总协定第6条、第16条和第23条对反补贴措施作了规定。但由于这一条款相当笼统,没有对补贴作出一般定义,为反补贴措施滥用提供了条件。东京回合把补贴与反补贴措施列为重点议题之一,于1979年达成了《关于解释和适用关贸总协定第6条、第16条和第23条的协议》,又称《补贴与反补贴守则》。由于该协议只约束签字国,而且有的概念模糊不清,使日趋复杂的补贴与反补贴措施的制约性受到很大限制。在乌拉圭回合又一次把补贴与反补贴问题列为议题之一,达成了《补贴与反补贴措施协议》,使其成为世界贸易组织管辖下的多边贸易协议之一。

根据《补贴与反补贴措施协议》,补贴只有在满足下列三个条件时才成立:第一,补贴是由政府或公共机构提供;第二,政府提供了财政资助或任何形式的收入或价格支持;第三,补贴使产业或企业得到了在正常商业条件下不能获得的利益。

《补贴与反补贴措施协议》只约束具有专向性的补贴。所谓专向性（Specificity），是指补贴只给予一部分特定的产业、企业和地区。《补贴与反补贴措施协议》将专向性补贴分为三类：禁止性补贴、可诉补贴和不可诉补贴。

禁止性补贴（Prohibited Subsidy）又称"红灯补贴"。《补贴与反补贴措施协议》明确地将出口补贴（不包括农产品出口补贴）和进口替代补贴规定为禁止性补贴，任何成员不得实施或维持此类补贴。出口补贴指法律上或事实上以出口实绩为条件而给予的补贴。出口补贴的影响在于，它会刺激出口的增长，使其他未受补贴的同类产品在竞争中处于不利境地，并可能对进口方或第三方相关产业造成实质损害或实质损害威胁。进口替代补贴指以使用国产货物为条件而给予的补贴。与出口补贴给予出口产品的生产者或出口商不同，进口替代补贴给予的对象是国产品的生产者、使用者或消费者。这种补贴的影响在于，它会使进口产品在与受补贴的国产品的竞争中处于劣势，从而抑制相关产品的进口。

可诉补贴（Actionable Subsidy）又称"黄灯补贴"，指那些不是一律被禁止，但又不能自动免于质疑的补贴。对这类补贴，往往要根据其客观效果才能判定是否符合世界贸易组织规则。

不可诉补贴（Non-actionable Subsidy）又称"绿灯补贴"。《补贴与反补贴措施协议》规定了两大类不可诉补贴，一类是不具有专向性的补贴，另一类是符合特定要求的专向性补贴。不具有专向性的补贴可普遍获得，不针对特定企业、特定产业和特定地区。符合特定要求的专向性补贴，包括研究和开发补贴、贫困地区补贴和环保补贴。该规定自协定生效之日起适用5年，补贴与反补贴措施委员会应在不迟于该期限结束前80天进行审议，以确定是否及如何延长其使用。然而，在该期限届满前，WTO成员未能就是否及如何延长适用不可诉补贴条款达成一致，该条款已经于2000年1月1日起失效，即目前具有专向性的补贴只有禁止性补贴和可诉补贴两类。

《补贴与反补贴措施协议》规定的使用反补贴措施的规则与《反倾销协议》的有关规则非常相似，但两者仍存在一些不同点：

A.对微量的标准规定不同。在反倾销调查中，2%以下的倾销幅度被认为是微量的；在反补贴调查中，只有补贴低于从价金额的1%，才能被视为微量，对发展中成员适用的比例还要高一些，即可以低于2%。

B.对忽略不计的标准规定不同。在反倾销调查中，如果某一成员倾销产品对特定市场的出口量不足该市场进口总量的3%，则该进口量可忽略不计，除非此种比例均低于3%的几个成员的合计比例超过7%；在反补贴调查中，针对发展中成员的此种比例为4%，作为例外的合计比例为9%。

C.邀请磋商是发起反补贴调查成员的义务,而反倾销调查中不存在此类规定。《补贴与反补贴措施协议》要求进口方主管机构在接受国内产业有关申请后,最迟应在发起调查前邀请可能被调查的成员进行磋商,以澄清有关被指证的事项,寻求达成双方满意的解决办法。

D.价格承诺的方式有所不同。反补贴中的价格承诺有两种形式:一是出口商同意修改其价格,以消除补贴的有害影响;二是出口方政府同意取消或限制补贴,或采取其他能消除补贴影响的措施。而在反倾销的价格承诺中,不存在政府承诺的问题。

2.差价税

当某种产品的国内价格高于同类进口商品的价格时,为了削弱进口商品的竞争能力,保护国内生产和国内市场,按国内价格与进口价格之间的差额征收关税,叫差价税(Variable Levy)。由于这种税是随着国内外价格差额的变动而变动,因此它是一种滑动关税(Sliding Duty)。

(三) 优惠关税

优惠关税又称特惠税(Preferential Duties),指的是对特定国家或地区进口的全部或部分商品,给予特别优惠的低关税或免税待遇。特惠税有的是互惠的,有的是非互惠的。

1.《洛美协定》国家之间的特惠税

目前,在国际贸易中较有影响的特惠税制之一是《洛美协定》(Lome Convention)国家之间的特惠税。1975年2月28日,欧洲经济共同体9国与非洲、加勒比和太平洋地区46个发展中国家在多哥首都洛美签订《欧洲经济共同体—非洲、加勒比和太平洋国家洛美协定》。根据协定,非、加、太国家出口的全部工业品和94.2%的农产品可以不限量地免税进入欧共体国家。欧共体国家的商品进入非、加、太国家享受最惠国待遇,但不享受免税待遇。

2.普遍优惠制

普遍优惠制(Generalized System of Preference,GSP)是发达国家给予发展中国家贸易优惠的一种形式,简称"普惠制"。根据该制度,发达国家单方面地削减或取消对来自发展中国家和地区的制成品或半制成品的进口关税。普遍优惠制的设想最初由阿根廷经济学家普雷维什提出,随后七十七国集团提出发达国家应对发展中国家制成品和半制成品出口普遍减低或取消关税的改革要求。但是以美国为代表的发达国家对发展中国家的要求予以拒绝,其理由是普遍优惠制会破坏关税与贸易总协定的最惠国待遇原则,担心发展中国家会以普遍优惠制原则为借口拒绝给予发达国家最惠国待遇。1971年6月关贸总协定缔约方全体根据总协定第

25 条通过了一项"豁免",授权发达的缔约方对发展中国家产品实行优惠制,允许在 10 年内背离最惠国待遇原则,普遍优惠制于 1971 年 7 月 1 日开始实施。1979 年 11 月 28 日,关贸总协定缔约方大会通过了题为《发展中国家差别和更优惠待遇、互惠与更充分参与》的决议。决议授权总协定发达缔约方无期限地背离总协定第 1 条所规定的无条件的最惠国待遇原则,实施有利于发展中国家的普遍优惠制,以及授权发展中的缔约方背离第 1 条的规定相互提供优惠待遇,故通常称为"授权条款"。其意义在于:第一,给予普遍优惠制以法律地位。第二,给予发展中国家间实行优惠待遇以法律地位。第三,不必申请免除义务,为上述两项差别待遇提供了长期的法律依据。

普遍优惠制的目标是:扩大发展中国家对工业发达国家的制成品和半制成品出口,增加发展中国家的外汇收入;促进发展中国家的工业化;加速发展中国家的经济增长率。普遍优惠制三项主要原则为普遍原则(所有工业发达国家应对所有发展中国家制成品和半制成品普遍给予减免进口关税的优惠待遇)、非歧视原则(应使所有发展中国家都不受歧视、无例外地享受普惠制待遇)和非互惠原则(工业发达国家应单方面地向发展中国家作出特别关税减让或免税,而不要求发展中国家提供相应的反向优惠)。

普遍优惠制的实施对发展中国家和地区扩大出口起到了一定的促进作用。但由于各给惠国在各自普惠制方案中,对受惠国及受惠商品范围均有许多限制性规定,故普遍优惠制实质上并不"普遍"。而且,各国普惠制方案也都以国内市场不受干扰为前提,包括了许多保护性措施以及复杂的原产地标准和证明书等规定,这些规定都不同程度地约束和减低了普惠制的作用。

第二节 非关税壁垒

一、非关税壁垒概述

非关税壁垒是指除关税以外的各种限制进口的措施。非关税壁垒与关税壁垒合称为贸易壁垒,是指一国政府所采取的限制商品进口的一切措施。

非关税壁垒可分为直接的非关税壁垒和间接的非关税壁垒两大类:直接的非关税壁垒是指进口国直接对进口商品按照规定的进口数量和金额加以限制,或迫使出口国直接对出口商品按照规定的出口数量和金额进行限制。这类措施有进口配额制、进口许可证、"自动"出口限制等。间接的非关税壁垒是指进口国对进口商品制定种种严格的条例或规定,间接地影响和限制商品的进口。这类措施有进口押金制、最低进口最低限价制、专断的海关估价及技术性贸易壁垒等。

非关税壁垒在资本主义发展初期就已出现，但它作为限制进口的重要手段是在20世纪30年代经济大危机后才广泛地发展起来的。20世纪30年代的大危机使商品价格暴跌，仅仅通过大幅度提高关税的办法已经无法有效地阻止外国商品涌入本国市场。于是，进口配额、进口许可证和外汇管制等非关税壁垒措施便在各国得到了广泛的采用。

第二次世界大战结束初期，发达国家对许多商品进口仍然实行严格的数量限制和外汇管制等措施。随着经济的恢复和发展，这些国家除了大幅度降低关税，还逐步放宽和取消进口数量限制，放宽和取消外汇管制，实行贸易自由化。

但是，自20世纪70年代中期以来，在两次世界性的经济危机冲击下，世界性贸易保护主义又重新抬头。为了抵消由于关税大幅度下降所造成的不利影响，发达国家广泛地采取各种非关税壁垒措施，限制商品进口，出现了以非关税壁垒为主、关税壁垒为辅的新贸易保护主义。当前，非关税壁垒呈日益加强的趋势，主要表现在：第一，非关税壁垒措施的项目日益增多。第二，非关税壁垒措施的适用范围不断扩大。第三，受到非关税壁垒限制的国家日益增多。由此可见，非关税壁垒已经成为当前国际贸易中的重要障碍，非关税壁垒问题越来越引起世界各国的普遍关注。

非关税壁垒与关税壁垒都有限制进口的作用，但是非关税壁垒与关税壁垒相比较又具有以下几个特点：

（一）非关税壁垒比关税壁垒具有更大的灵活性和针对性

一般说来，各国关税税率的制定，必须通过立法程序，如果调整或更改税率，需要经过较烦琐的法律程序和手续，这种法律程序和手续往往难以适应紧急限制进口的情况。同时，关税税率一般受到多边或双边贸易协定的约束，因此，关税税率很难作出灵活性的调整。而在制定和实施非关税壁垒上，通常采取行政程序，手续简便迅速，并能随时针对某国、某种商品采取相应的限制措施，较快地达到限制进口的目的。

（二）非关税壁垒比关税壁垒更具有隐蔽性和歧视性

一般说来，关税税率确定后，往往以法律形式公布于众，依法执行，它较有透明度，出口商比较容易把握有关商品的税率。但一些非关税壁垒往往不公开，或者规定极为烦琐复杂的标准和手续，而且经常变化，出口商往往难以预测和无法适应。同时，一些国家还针对个别国家采取相应的限制性的非关税壁垒措施，结果，大大加强了非关税壁垒的差别性和歧视性。

（三）非关税壁垒比关税壁垒能更直接更有效地达到限制进口的目的

关税壁垒是通过征收高额进口关税，提高进口商品成本和价格，削弱其竞争能力，间接地影响进口量，达到限制进口的目的。如果出口国采取出口补贴、商品倾销等办法降低出口商品成本和价格，关税往往难以有效地阻止进口，达到其限制的目的。但一些非关税措施如进口配额等预先规定了进口的数量和金额，超过限额即禁止进口，直接限制超额的进口商品，达到了关税未能达到的目的。

二、非关税壁垒的主要种类

国际贸易中的非关税壁垒名目繁多，这里仅介绍其中几种主要的措施。

（一）进口配额制

进口配额（Import Quota）又称进口限额，是一国政府在一定时期（如一季度、半年或一年）内，对某些商品的进口数量或金额事先规定一个限额，在规定的期限内，凡在限额以内的货物可以进口，超过限额则不准进口，或虽不完全禁止进口，但要征收较高的关税或罚金。

进口配额制主要分为绝对配额与关税配额两种。

（1）绝对配额

绝对配额（Absolute Quota）是指在一定时期内，对某些商品的进口数量或金额规定一个最高限额，达到这个限额后，便不准进口。绝对配额在实施中通常采取以下两种具体方式：

（1）全球配额（Global Quota）。它属于世界范围的绝对配额，对来自任何国家或地区的商品一律适用。这种配额对货物来自哪些国家和地区不加限制，其方法是由主管当局按照进口商申请的先后或按以往的实际进口额发放一定的额度，直到总配额发放完为止，超过总配额便不准进口。

（2）国别配额（Country Quota）。这种配额是将总配额按国别和地区来分配一定的额度，超过规定的配额便不准进口。为了区分来自不同国家和地区的商品，在进口时进口商必须提交原产地证明书。实行国别配额可以使进口国家根据它与有关国家或地区的政治经济关系分别给予不同的额度。

国别配额可以又分为自主配额（Autonomous Quota）和协议配额（Agreement Quota）。自主配额是由进口国单方面自主地规定在一定时期内从某个国家或地区进口某种商品的配额，而不必征得出口国的同意，也称单方面配额。这种配额一般参照某国过去某年的进口实绩，按一定比例确定新的进口数量或金额。协议配额是由进口国和出口国政府或民间团体之间协商所确定的配额，也称双边配额（Bilateral Quota）。

2.关税配额

关税配额（Tariff Quota）是指对商品进口的绝对数额不加限制，而对在一定时期内所规定的配额以内的进口商品，给予低税或减免税的优惠待遇，对超过配额的进口商品则征收较高的关税或罚款。

关税配额按商品进口来源，可分为全球性关税配额和国别关税配额。按征收关税的目的，又可分为优惠性关税配额和非优惠性关税配额。前者是对关税配额内的进口商品，给予较大幅度的关税减让，甚至免税，而对超过配额的进口商品则征收原来的最惠国税率。后者是在关税配额内仍征收原来的进口税，但对超过配额的进口商品，征收很重的附加税或罚款。

（二）"自动"出口配额制

"自动"出口配额制（Voluntary Export Quota）又称"自动"出口限制（Voluntary Export Restraints，Vers）。所谓"自动"出口配额制是指出口国家或地区在进口国的要求或压力下，"自动"规定某一时期向进口国输出某种特定商品的限额，在限定的配额内自行控制出口，超过配额即禁止出口。

"自动"出口配额制与绝对进口配额制在形式上略有不同。前者表现为出口国方面直接控制某些商品对指定国家的出口，而后者则表现为进口国方面直接控制某些商品的进口配额。但是，就进口国方面来说，"自动"出口配额像绝对进口配额一样，起到了限制商品进口的作用。从表面上看，好像"自动"出口配额制是出口国家出于自愿，但在实质上它却具有明显的强制性。进口国往往以商品大量进口使有关工业受到严重损害，造成所谓"市场混乱"为理由，要求有关国家的出口实行"有秩序地增长"，"自动"限制商品出口，否则进口国就会单方面地采取限制进口措施。由此可见，"自动"出口配额制实际上是进口国家为限制进口，保护国内工业而对出口国施加压力的结果，因而是一种特殊形式的进口配额。

（三）进口许可制

进口许可制（Import License System）是一种凭证进口的制度。在实行进口许可制的国家，进口商在进口商品前必须向本国有关政府机构提出申请，经批准并发给许可证后，方能办理报关手续，没有许可证一律不准进口。许可证制与配额制一样，是一种进口的数量限制，是国家政府对进口贸易实行的一种行政管理措施与直接干预。

进口许可证按照其与进口配额的关系可以分为两种：一种为有定额的进口许可证，即国家的有关机构预先规定有关商品的进口配额，然后在配额的限度内，根据进口商的申请进行审批，并发给有关进口商一定数量或金额的进口许可证，当进口配额用完即不再发放进口许可证。另一种为无定额的进口许可证，即不与进口配额相结合的进口许可证。国家有关当局预先不公布进口配额，发放有关商品的进口许可证只是在个别考虑的基础上进行。因为这种进口许可证没有公开的标准，在执行上具有很大的灵活性，因而给正常贸易的进行造成更大的困难，起到更大的限制进口的作用。

进口许可证按照许可的程度又可分为两种：一种为公开一般许可证（Open General Licence），又称公开进口许可证，或一般进口许可证，或自动进口许可证。这种许可证，进口商经申请比较容易获得，而且对进口国别和地区没有限制。凡属公开一般许可证的商品，进口商只要填写此许可证即可获准进口，因此，这类商品实际上是自由进口商品。另一种为特种进口许可证（Specific Licence），又称非自动进口许可证。这种许可证的审批手续比较严格，进口商必须向政府有关当局提出申请，获准后才能进口。这种许可证与公开一般许可证有本质的不同，它不再是一种形式上的手续，而是一种实际的控制。这类许可证一般都有国别和地区的限制，对进口的商品也有一些严格的规定。

（四）外汇管制

外汇管制（Foreign Exchange Control）是一国政府通过法令对国际结算、外汇买卖和使用实行限制，以平衡国际收支和维持本国货币汇价的一种制度。

外汇管制是货币金融危机和国际收支危机的产物。1931年世界金融危机爆发后，许多国家都实行外汇管制。第二次世界大战结束初期，由于国际收支长期失衡，外汇储备短缺，许多国家不得不继续实行外汇管制。直到20世纪50年代末，西方发达国家随着国际收支状况的改善才逐步放松或取消了外汇管制，实行货币自由兑换。20世纪70年代中期以来，由于货币金融危机不断加深，各国的外汇管制又有逐渐加强的趋势。

在实行外汇管制的国家，一切外汇收入都要按官方汇价卖给国家，一切外汇支出都要经外汇管制机关的许可，才能购买外汇。出口商必须把出口所得到的外汇收入按官方汇价卖给外汇管制机关；进口商也必须在外汇管制机关按官价申请购买外汇以支付进口货款。如果进口商买不到外汇，也就无法从国外购进商品，从这个意义上说，外汇管制是一种限制进口的非关税壁垒。国家主要通过官方汇率的确定与外汇收支的集中控制来限制商品的进口量、种类和来源国别。

外汇管制的方式很多，常见的有：

(1) 数量性外汇管制。

数量性外汇管制是指一国外汇管理机构对外汇买卖的数量直接进行限制和分配。实行数量性外汇管制时，往往规定进口商必须获得进口许可证，外汇管理机构才按许可证上所载明的商品数量所需金额批给外汇。这样，政府通过控制外汇的供应数量来掌握进口商品的种类、数量和来源国别。实行数量性外汇管制的目的在于集中外汇收入，控制外汇支出，实行外汇分配，从而起到限制进口的作用。

（2）成本性外汇管制。

成本性外汇管制是指一国外汇管理机构对外汇买卖实行复汇率制度，利用外汇买卖成本的差异来间接影响商品的进出口。实行复汇率制度的国家，一般都规定进口机器设备、重要的原材料和生活必需品按较低的汇率供应外汇，进口非生活必需品和奢侈品则按较高的汇率供应外汇；出口缺乏竞争力的商品适用优惠的汇率，出口一般商品适用一般的汇率。实行复汇率制的目的在于利用汇率的差异达到限制和鼓励某些商品的进口或出口的目的。

（3）混合性外汇管制。

混合性外汇管制是指一国同时采用数量性和成本性外汇管制，对外汇实行更为严格的控制，以影响商品的进出口。

（五）影响竞争的措施

1. 国营贸易

国营贸易（State Trading）是指在对外贸易中，规定某些商品的进出口由国家直接经营，或者由国家特许的垄断组织经营。

国营贸易对进口的限制主要通过设立全权受理进口某项产品的公司实现，由这些公司从国外进口产品，然后转手以高价在国内市场上出售。国家对进口的限制程度则取决于国家贸易公司对该商品价格的提高程度，价格提高的效果与征收关税相同，它直接影响着该商品的进口数量。

发达国家的国营贸易商品主要集中在烟酒、军火武器、农产品和石油等几类商品上。通过国家垄断商品的进口，国家可以获得巨额的利润，增加财政收入，同时也可以控制某些商品的进口数量。

2. 强制使用国家服务

强制使用国家服务（Compulsory Use of National Services）是指进口国要求，进口产品必须使用国营企业提供的服务，例如进口产品在国家保险公司投保，进口产品由国家运输公司负责运输等。

（六）歧视性政府采购政策

歧视性政府采购政策（Discriminatory Government Procurement Policy）是国家通过法令，规定政府机构在采购时要优先购买本国产品的做法。在国际贸易中，这歧视性的政府采购政策是一种常见的非关税壁垒措施，通过对外国供应者不利的差别待遇，限制其产品的进口，从而达到保护本国生产者和提高国内就业水平的目的。

（七）各种国内税

国内税（Internal Taxes）指在一国境内对生产、销售、使用或消费的商品所应支付的捐税。一些国家往往对不同种类的商品征收不同的国内税来限制外国商品的进口。国内税与关税不同，它的制定与执行属于本国政府或地方政府的权限，通常不受国际多边或双边贸易条约和协定的约束，因此，它是一种比关税更灵活、更隐蔽的贸易限制手段。

（八）最低限价和禁止进口

有些国家采用最低限价的办法来限制进口。所谓最低限价（Minimum Price）就是一国政府规定某种进口商品的最低价格，凡进口货价低于规定的最低价格则征收进口附加税或禁止进口。1977年，美国为了抵制欧洲国家和日本等低价钢材和钢制品进口，实行了所谓"启动价格制"（Trigger Price Mechanism，TPM）。美国对进口的所有钢材和部分钢制品制定最低限价，即启动价格。启动价格是按当时国标上效率最高的钢生产者的生产成本为基础计算出来的最低限价。如果进口钢的价格低于启动价格，则进口商就必须对价格进行调整，否则便要接受调查，并有可能被征收反倾销税。又如，1985年智利对绸坯布进口规定最低限价为每千克52美元，低于限价的则征收进口附加税。

禁止进口（Prohibitive Import）是一国政府对贸易采取的一种极端措施。当国家政府感到实行进口数量限制也无法阻止进口以解决经济贸易困难时，往往颁布法令，对某些商品实行禁止进口。

（九）进口押金制

进口押金制又称先期进口存款制（Advanced Deposit），这是国家通过对进口商设置某种支付障碍来限制进口的措施。在这种制度下，进口商在进口商品时，必须预先在规定的时间内将相当于进口货值一定比例的现金款项无息存入指定的银行，方能获准报关进口，存款须经一定时期后才发还给进口商。其作用是政府可从进口商获得一笔无息贷款，进口商则因周转资金减少并损失利息收入而减少进口，从而达到限制进口的目的。例如，意大利从1974年5月到1975年3月曾对400多种进口商品实行这种制度，规定进口商无论从任何一个国家进口，必须先向中央银行存放相当于进口货值50%的现款押金，无息冻结半年。据估计，这相当于征收5%以上的进口附加税。

进口押金制是通过加重进口商的资金负担来限制商品进口的，但如果进口商能用存款收据作抵押，从资金市场得到优惠利率贷款，或者外国出口商为保证销路而愿分担存款金额，进口押金制的限制进口作用就会减弱，甚至消失。

（十）专断的海关估价

海关估价（Customs Valuation）是指海关为征收关税等目的，确定进口货物完税价格的程序，主要适用于实施从价税的商品。海关当局可以通过人为地高估进口货物的完税价格，来增加进口货物的关税负担，从而限制外国商品的进口。

（十一）技术性贸易壁垒

1.技术性措施与技术性贸易壁垒

技术性措施是指为实现维护国家基本安全、保护人类健康或安全、保护动植物的生命或健康、保护环境、保证出口产品质量、防止欺诈行为等合法目标而采取的技术法规、标准、合格评定程序等。

技术法规（Technical Regulations）是强制性执行的有关产品特性或相关工艺和生产方法的规定。主要包括国家制定的有关法律和法规，政府部门颁布的有关命令、决定、条例，以及有关技术规范、指南、准则、专门术语、符号、包装、标志或标签要求。一些国家也授权非政府机构制定技术法规。

标准（Standards）指经公认机构批准供通用或重复使用的、非强制执行的关于产品特性或相关工艺和生产方法的规则或指南。公认机构包括国际组织、区域性组织、国家组织、社团、学（协）会、研究机构乃至知名企业。

合格评定程序（Conformity Assessment Procedures）是指任何直接或间接用以确定产品是否满足技术法规或标准要求的程序，主要包括：抽样、检验和检查；评估、验证和合格保证；注册、认可和批准，以及上述各项程序的组合。

技术性贸易壁垒（Technical Barriers to Trade，TBT）是指进口国以实现合法目标为由，采取技术性措施以妨碍其他国家商品自由进入该国市场。

2.技术性贸易壁垒的特征

（1）名义上的合理性、形式上的合法性优于其他非关税壁垒。

实施其他非关税壁垒的立足点大多是国内经济目标，其制定依据大部分是国内法和少数国家之间订立的多边协定；设立技术性贸易壁垒名义上的目标具有非经济性特点，理由更堂而皇之，其制定依据不仅有国内法，也包括更多国家之间订立的多边协定。

（2）名义上的公开性和实际上的隐蔽性。

因为大多数国家都公布其技术性措施，所以技术性措施名义上是公开的，但在实施方式上，却更加隐蔽。进口国经常利用颁发技术规定的突发性和信息查询的不透明性来达到迅速限制进口的作用。

（3）涉及领域的广泛性。

从涉及领域看，技术性贸易壁垒较其他非关税壁垒更为广泛。从产品角度来看，它不但涉及初级产品，而且还涉及所有的中间产品和工业制成品，产品的加工程度越高，所受到的制约和影响也越显著。另外，技术性贸易壁垒已从有形商品扩展到金融、信息等服务贸易、投资、知识产权及环境保护等各个领域。从过程角度分析，它已经覆盖了产品的研究开发、生产加工、包装运输和消费的全过程。也就是说，技术性贸易壁垒已经从单纯的商品流通领域扩大到了生产加工领域。而其他非关税壁垒如进口许可证、配额等仍旧停留在对商品进口这一关节。

（4）不同类型国家受影响的不平衡性和扩散性。

尽管世界贸易组织要求采取技术性措施时应尽量减少对贸易的影响，但其对贸易的影响较关税和一般非关税壁垒更大。由于技术水平的差异，发展中国家受到技术性贸易壁垒的限制程度要远远高于发达国家。一些技术性措施容易产生连锁反应，从一个国家扩展到多个国家，甚至全球。

（5）易变性和差异性。

各国采取的技术性措施经常变化，且各国差异较大，使得发展中国家的出口厂家难以适从。另外，为了符合各国的要求，出口企业可能需要重复认证，结果加大了成本，影响了竞争能力。

（6）合理与不合理界限的模糊性和争议性。

由于技术性贸易壁垒涉及面广，有些非常复杂，其究竟是否是合理的和必要的，很难有一个确切的划分界限，且隐蔽性和合法性结合，不同国家从不同角度有不同的评判标准，难以形成统一的衡量标准，结果相互之间较难协调，易引起争议。

3.技术性贸易壁垒迅猛发展的原因

20世纪90年代以来，技术性贸易壁垒得到迅猛的发展，原因如下：

（1）第二次世界大战后，人类创造了巨大的物质财富，但生态受到严重破坏，环境受到污染，并正在威胁人类的安全甚至生存。随着生活质量迅速提高，人们越来越注重环境、健康、安全和自身的权益。为了实现这些合法目标而采取的技术性措施有时就成为市场准入的壁垒。

（2）科学技术迅猛发展及科技发展水平的不平衡使得技术性贸易壁垒迅猛发展成为可能。由于科学技术的迅速发展，人们对产品的技术要求不断提高；同时，科技和信息水平的差异使发达国家通过构筑技术性贸易壁垒限制来自发展中国家的商品变得尤为"简便"。

（3）在世界多边贸易体制的努力下，各国关税不断削减至较低的水平，同时，传统的非关税壁垒在很大程度上受到了约束。在贸易保护主义抬头时，技术性贸易壁垒就成为限制进口的主要手段。

（4）合理与不合理界限的模糊性为设置技术性贸易壁垒创造了条件。尽管世界多边贸易体制规定了制定、采用和实施技术性措施应遵守的规则，但由于技术性措施是否是必要的和合理的，很难有明确的标准，因此，这些规则只能是原则性的规定，难以保证各国只"采取为实现合法目标所必需的技术性措施"，从而使一些国家可以滥用技术性措施，将其发展成为新贸易保护主义的工具。

（十二）装运前检验和其他手续

1. 装运前检验

装运前检验（Pre-shipment Inspection）是指进口国主管部门要求，货物从出口国装运前，必须由独立机构实施强制性的质量、数量和价格控制。

2. 直接交货要求

直接交货要求（Direct Consignment Requirement）是指进口国要求，货物必须直接从原产国装运，不得在第三国停留，以确保产品不会在任何第三国转运时被替换或进一步加工。

3. 通过特定海关口岸的要求

通过特定海关口岸的要求（Requirement to Pass Through Specified Port of Customs）是指进口国规定，某些进口货物须通过某指定入境口岸和/或海关办事处接受检验和测试。

此外，为了监测特定产品的进口价值或进口量，进口国会采取进口监测和监督等行政措施。

（十三）分销限制

分销限制（Distrihudon Restrictions）是指进口国通过额外的许可证或认证要求对进口品在境内的分销实施限制。

1. 地域限制

地域限制（Geographical Restriction）是限制在进口国境内特定地区销售货物的措施。例如，仅允许在具有容器回收设施的城市销售进口饮料。

2. 经销限制

经销限制（Restriction on Resellers）是限制指定零售商销售进口产品的措施。例如，规定机动车出口商需要在进口国建设自有零售点，因为进口国现有的汽车经销商专营本国制造的汽车。

（十四）售后服务限制

售后服务限制（Restrictions on Post-sales Services）是指进口国限制出口货物生产商在进口国提供售后服务。例如，进口国规定，从国外进口电视机的售后服务必须由进口国当地的服务公司提供。

（十五）原产地规则

原产地规则（Rules of Origin）包括进口国政府为确定货物原产国而普遍适用的法律、规范和行政决定。在实施反倾销和反补贴税、原产标识和保障措施等贸易政策工具时，原产地规则具有重要意义。如果进口产品难以满足进口国的原产地规则要求，则没有资格享受其制定的较低的关税税率。

（十六）与贸易有关的投资措施

1.当地含量措施

当地含量措施（Local Content Measures）是指投资所在国政府为了促使企业购买本国产品或者限制企业进口外国产品，要求企业购买或使用的国产或国内分包产品不得低于一定最低比例，或者根据当地产品的出口量或出口价值限制购买或使用进口产品。例如，在生产汽车时，要求本国产的零部件件价值比例不得低于50%。

2.贸易平衡措施

贸易平衡措施（Trade-balancing Measures）是指进口国政府限制进口产品用于当地生产，或根据当地产量（包括当地产品出口量）限制进口产品；或根据所涉企业产生的外汇流入量限制该企业可用来进口产品的外汇。例如，进口国政府规定，企业进口的材料和其他产品不得超过其上年出口收入的80%。

第三节　其他对外贸易措施

一、鼓励出口的措施

为了推行奖出限入的贸易政策，许多国家除了利用关税和非关税壁垒措施限制进口，还采取各种措施鼓励、扩大商品的出口。这些措施涉及财政、金融、汇率、组织管理和精神鼓励等方面。

（一）出口信贷

出口信贷（Export Credit）是出口国的官方金融机构或商业银行为了鼓励商品出口，提高商品的竞争能力，以优惠的条件向本国出口商、外国进口商或银行提供的贷款。它是出口厂商利用本国银行的贷款，扩大商品出口，特别是一些大项目商品出口的一种重要手段。

出口信贷按借贷关系划分为两种：

（1）卖方信贷。

卖方信贷（Supplier's Credit）是出口国银行向本国出口厂商（卖方）提供的贷款。贷款合同由出口厂商与银行签订，通常用于船舶、大型成套设备等大项目的出口。由于这些商品的出口涉及金额较大，交货期长，外国进口商一般都要求采用延期付款的方式，出口厂商为了加速资金周转，往往需要取得银行的贷款。

因此，卖方信贷是银行直接资助出口厂商向外国进口厂商提供延期付款，以促进商品出口的一种方式。

（2）买方信贷。

买方信贷（Buyer's Credit）是指出口国银行直接向外国进口厂商（买方）或进口国银行提供的贷款。这种贷款是一种约束性贷款，其附带条件是贷款必须用于购买债权国的商品，即贷款的提供与商品的出口是直接相联系的，因而可以起到促进出口的作用。

当出口国银行直接贷款给外国进口厂商时，进口厂商先用本身的资金，以即期付款的方式向出口厂商交纳买卖合同金额15%~20%的订金，其余货款以即期付款的方式将银行提供的贷款支付给出口厂商。以后按贷款合同规定的条件，向供款银行还本付息。当出口国银行贷款给进口国银行时，进口国银行以即期付款的方式代进口厂商支付应付的货款，并按贷款协议规定的条件向供款银行还本付息，并与进口厂商按双方商定的办法在国内结清债权债务。

买方信贷不仅使出口厂商可以较快地得到货款和减小风险，而且使进口厂商对货价以外的各种费用比较清楚，便于与出口厂商进行讨价还价，因此这种方式在目前较为流行。

按贷款偿还期限的长短，出口信贷可分为：短期出口信贷，偿还期一般不超过1年，主要用于支持消费品、原材料、小型设备的出口；中期出口信贷，偿还期一般为1~5年，主要用于支持中型设备的出口；长期出口信贷，偿还期一般为5~10年，甚至更长，用于支持大型项目和成套设备的出口。

（二）出口信贷国家担保制

出口信贷国家担保制（Export Credit Guarantee System）是指各国为了扩大出口，对于本国出口厂商或商业银行向外国进口厂商或银行提供的信贷，由国家设立的专门机构出面担保的一种制度。当外国债务人不能付款时，该国家机构便按照承保的金额给予赔偿。这是国家为了扩大出口，代替出口厂商承担风险，争夺国外市场的一项重要手段。

出口信贷国家担保制的主要内容有：

1.担保的项目与金额

通常私人商业保险公司不承保的出口风险项目，均可向该担保机构进行投保。这些风险可分为两类：

（1）政治风险。由于进口国发生政变、革命、暴乱、战争以及政府实行禁运、冻结资金或限制对外支付等政治原因所造成的经济损失，这种风险的承保金额一般为合同金额的85%~95%。

（2）经济风险。由于进口厂商或借款银行破产倒闭、无力偿付、货币贬值或通货

膨胀等经济原因所造成的损失，这种风险的承保金额一般为合同金额的70%~85%。

目前，各国普遍加强了出口信贷国家担保制，对于某些出口项目的承保金额已经达到100%。

2.担保对象

担保对象主要分为两种：

（1）对出口厂商的担保。出口厂商输出商品时提供的短期信贷或中、长期信贷可以向国家担保机构申请担保。有些国家的担保机构本身不向出口厂商提供出口信贷，但可以为出口厂商取得出口信贷提供有利条件。例如，有的国家采用保险金额的抵押方式，即允许出口厂商将所获得的承保权利以"授权书"的方式转移给供款银行而取得出口信贷。

（2）对银行的直接担保。银行所提供的出口信贷通常均可向国家担保机构申请担保，这种担保是担保机构直接对供款银行承担的一种责任。有些国家为了鼓励出口信贷业务的开展和提供贷款安全保障，往往给银行更为优厚的待遇。例如，英国出口信贷担保署对商业银行向出口厂商提供的某些信贷，一旦出现过期未能清偿付款，不问未清付的原因便可给予100%的偿付，但保留对出口厂商的追索权。一旦未清付的原因超过了承保风险项目，该署可要求出口厂商偿还。这种办法有利于银行扩大出口信贷业务，从而促进商品的出口。

3.担保期限与费用

根据出口信贷的期限，担保期限通常可分为短期与中、长期。短期信贷担保期为6个月左右。中、长期信贷担保期通常为2~15年，最长的可达20年。承保时间可从出口合同成立日或货物装运出口时起直到最后一笔款项付清为止。

出口信贷国家担保制的主要目的在于担保出口厂商与供款银行在海外的风险，以扩大商品的出口，因而所收取的费用一般不高，以减轻出口厂商和银行的负担。保险费率根据出口担保的项目内容、金额大小、期限长短、输往国别或地区的不同而有所不同。

（三）出口补贴

出口补贴（Export Subsidy）是指一国政府在某种商品出口时给予出口厂商的现金补贴或财政上的优惠待遇，目的在于支持出口商降低出口商品的价格，加强其在国际市场上的竞争能力。

政府对出口商品可以提供补贴的范围非常广泛，但不外乎两种基本方式：

一种是直接补贴,指出口某种商品时,由政府直接付给出口厂商的现金补贴。另一种是间接补贴,指政府对有关出口商给予财政上的优惠待遇。其具体形式很多,主要有:退还或减免出口商品所缴纳的国内税、暂时免税进口、退还进口税、免征出口税、延期纳税、减低运费、提供低息贷款、复汇率等。

(四) 外汇倾销

外汇倾销(Exchange Dumping)是国家利用本国货币对外贬值的机会向国外倾销商品的一种特殊措施。当一同货币对外贬值后,用外币表示的本国出口商品的价格会降低,该商品的竞争能力则相应地提高,从而有利于扩大出口。外汇倾销不能无限制、无条件地进行,必须具备以下两个条件才能起到扩大出口的作用:

第一,货币贬值的程度要大于国内物价上涨的程度。货币贬值必然引起一国国内物价的上涨,当国内物价上涨程度赶上或超过货币贬值的程度时,外汇倾销的条件就不存在了。但国内价格与出口价格的上涨总要有一个过程,并不是本国货币一贬值,国内物价就会立即相应上涨,而总是在一定时期内落后于货币对外贬值的程度,因此垄断组织就可以获得外汇倾销的利益。

第二,其他国家不同时实行同等程度的货币贬值或采取其他报复性措施。如果其他国家实行同等程度的货币贬值,那么两国货币贬值程度就相互抵消,汇价仍处于贬值前的水平。如果外国采取提高关税等其他限制进口的报复性措施,也会起到抵消的作用,外汇倾销的条件也就不存在了。

(五) 其他措施

除上述措施外,各国还从其他许多方面来鼓励、促进商品出口。

(1) 设立专门组织,研究和制定出口战略,扩大出口。

(2) 建立商业情报系统,提供商业情报服务。许多国家都设立了官方的商业情报机构,在海外设立商情网,负责向出口厂商提供所需的情报。

(3) 组织贸易中心和贸易展览会。贸易中心是永久固定性的设施,在此可以举办贸易展览会,进行咨询服务或正常办公等。贸易展览会是短期流动性的展出。

(4) 组织贸易代表团和接待来访。许多国家为了发展对外贸易,经常组织贸易代表团出访,其出国费用大部分由政府补贴。许多国家还设立专门机构接待来访团体。

(5) 组织出口商的评奖活动。许多国家对出口成绩卓著的厂商,都授予奖章、奖状,以鼓励其业绩,并通过授奖活动推广他们扩大出口的经验。

为了扩大出口,许多国家还采取了其他一些措施,如外汇分红、出口奖励证制、复汇率制、国家资本输出等。

二、管制出口的措施

许多国家出于政治、经济、军事或外交上的需要,往往对某些商品,特别是战略性物资、重要资源和先进技术等实行管制、限制或禁止出口。

(一) 出口管制的商品

出口管制的商品主要有以下几类:

(1) 对战略物资、尖端技术、先进产品及有关的技术资料严格控制出口,甚至禁止出口。

(2) 对国内生产所需的原材料、半制成品及国内市场供应不足的必需品,实行限量出口。

(3) 对某些重要的历史文物、艺术品、黄金、白银等特殊商品,大多数国家规定需经特许才能出口。

(4) 出于某种政治、军事、经济或外交上的目的,对某些特定的国家和地区实行出口管制和禁运,进行制裁。

(5) 对某些在国际市场上竞争激烈的商品,为了缓和与进口国在贸易上的矛盾,在进口国的压力下,实行"自动"限制出口。

(二) 出口管制的形式与措施

出口管制的形式可分为单方面出口管制和多边出口管制两种。单方面出口管制是指一国根据本国的出口管制法案,设立专门的执行机构,对本国某些商品的出口实行管制。多边出口管制是指几个国家的政府通过一定的方式,建立国际性的多边出口管制机构,商讨和编制多边出口管制货单和出口管制国别,规定出口管制的办法等,以协调彼此的出口管制政策和措施,达到共同的政治、军事和经济的目的。限制出口的措施除了征收出口税,更多的是采用出口许可证、出口配额、国营贸易、价格管制等非关税措施。

三、贸易条约与协定

贸易条约与协定是指两个或两个以上的经济体在经济关系,特别是贸易关系方面规定相互间权利和义务的书面协议。这些贸易条约与协定一般都反映了缔约国对外政策和对外贸易政策的要求,并为缔约国实现其对外政策和对外贸易政策的目的服务。

按照缔约国的数量,贸易条约与协定可分为双边贸易条约与协定和多边贸易条约与协定。前者是指两个经济体间缔结的贸易条约与协定;后者是指两个以上经济体共同缔结的贸易条约与协定。

（一）贸易条约与协定中的法律待遇条款

在国际贸易条约与协定中，通常所适用的法律待遇条款是最惠国待遇条款和国民待遇条款。

1.最惠国待遇条款

最惠国待遇（Most-favored Nation Treatment）是指缔约国一方现在和将来所给予任何第三国的一切特权、优惠及豁免，应同样地给予缔约国对方。

最惠国待遇包括无条件的最惠国待遇和有条件的最惠国待遇两种。无条件的最惠国待遇是指缔约国一方现在或将来给予任何第三国的一切优惠待遇，应该立即、自动、无条件、同样地适用于缔约国对方。无条件的最惠国待遇条款首先是英国采用的，所以也称为"欧洲式"最惠国待遇条款。有条件的最惠国待遇是指如果缔约国一方给予任何第三国的一切优惠是有条件的，则缔约国对方必须提供同样的补偿，才能享受这种优惠待遇。有条件的最惠国待遇条款最先是美国采用的，所以也称为"美洲式"最惠国待遇条款。在现代贸易条约与协定中，普遍采用的是无条件的最惠国待遇条款，而极少采用有条件的最惠国待遇条款。

最惠国待遇条款可以适用于缔约国经济贸易关系的各个方面，也可以适用于贸易关系中某几个具体问题。在签订贸易条约或协定时，缔约双方可以根据两国的关系和发展贸易的需要，在最惠国待遇条款中具体列举其适用的范围。在列举范围以内的事项适用最惠国待遇条款，在列举范围以外的事项则不适用最惠国待遇条款。

最惠国待遇条款适用的范围很广，通常包括以下几个方面：

（1）有关进口、出口、过境商品的关税及其他各种捐税；

（2）有关商品进口、出口、过境、存储、转船方面的海关规则、手续和费用；

（3）有关进出口许可发放的行政手续；

（4）有关船舶驶入、驶出、停泊时的各种税收、费用和手续；

（5）有关移民、投资、商标、专利及铁路运输方面的待遇。

在贸易条约与协定中，一般都规定有最惠国待遇条款适用的限制或例外。最惠国待遇条款适用的限制是指将最惠国待遇适用的范围限制在经济贸易关系的某些具体方面。最惠国待遇条款适用的例外是指某些具体的经济和贸易事项排除适用最惠国待遇。最惠国待遇条款适用的例外最常见的有以下几种：

（1）边境贸易。国际上的通行惯例往往对国家边界两边15公里以内的小额贸易的关税、海关通关手续给予减免等优惠待遇。

（20关税同盟。结成关税同盟的成员国间的关税免税待遇，作为最惠国待遇的例外。

（3）区域性特惠。若干特定国家间通过条约或协定相互给予的特别优惠和便利。

（4）国内法令和禁令中的有关规定。即一国为了维护国内的公共秩序、国家安全、人民保健、保护文物古迹，以及禁止金银货币外流、防止动植物病虫害而制定的限制规定或禁令，不作为对最惠国待遇的违背。

（5）沿海贸易和内河航行。缔约国一方在沿海贸易和内河航行方面给予他国的优惠，作为最惠国待遇的例外。

（6）多边国际条约或协定承担的义务。缔约国一方参加其他多边国际条约或协定而履行其所承担的义务，作为最惠国待遇的例外。

2.国民待遇条款

国民待遇（National Treatment）是指缔约国一方保证缔约国对方的公民、企业、船舶在本国境内享有不低于本国公民、企业、船舶的待遇。

国民待遇条款一般适用于外国公民或企业的经济权利，通常包括：外国产品应缴纳的国内捐税，利用铁路运输和转口过境的条件，船舶在港口的待遇，商标注册、版权、专利权的保护等。但是，国民待遇条款的适用也是有例外的，并不是将本国公民或企业所享有的一切经济权利都包括在内。例如，沿海航行权、领海捕鱼权、购买土地权等，通常均不包括在国民待遇条款的范围之内。

（二）贸易条约与协定的种类

贸易条约与协定的种类很多，常见的主要有：

1.通商航海条约

通商航海条约（Treaty of Commerce and Navigation）是全面规定两国间经济和贸易关系的条约。它常涉及缔约国之间经济和贸易关系的各个方面，不仅关系到缔约国的经济利益，还关系到国家的主权。这种条约一般由国家元首或其特派的全权代表来签订，并经双方的立法机关讨论通过、最高权力机关批准才能生效，条约的有效期限比较长。目前，全面规定国家间经济贸易关系的通商航海条约已很少签订。

2.贸易协定和贸易议定书

贸易协定（Trade Agreement）是缔约国间调整彼此贸易关系而签订的一种书面协议。与通商航海条约相比较，贸易协定所涉及的面比较窄，内容比较具体，有效期限比较短，签订的程序也比较简单，一般只须经签字国的行政首脑或其代表签署即可生效。

贸易议定书（Trade Protocol）是缔约国就发展贸易关系中某项具体问题所达成的书面协议。它往往作为贸易协定的补充、解释或修改而签订，有的作为贸易协定的附件，有的则不作为其附件。此外，在签订长期贸易协定时，关于年度贸易的具体事项往往通过议定书的方式加以规定。贸易议定书的签订程序和内容都更为简单，一般由签字国有关行政部门的代表签署后即可生效。

3. 支付协定

支付协定（Payment Agreement）是国与国之间关于贸易和其他方面债权债务结算办法的书面协议。支付协定是外汇管制的产物。在实行外汇管制的情况下，一种货币不能自由兑换成另一种货币，对一国所拥有的债权不能用来抵偿对第三国的债务，结算只有在双边基础上进行，因而，需要缔结支付协定来规定两国间债权债务的结算。

一般说来，支付协定正文的主要内容包括以下几个方面：

（1）清算机构和清算账户的规定。

支付协定的目的在于避免支付黄金和外汇，而采用直接抵消债权债务的办法进行两国间的结算，因此，必须设立清算机构。通常双方都指定各自的中央银行作为清算的负责机构。

清算机构办理清算业务是通过清算账户进行的，清算账户的设立有两种：一是单边账户，即只在缔约国一方的中央银行设立清算账户；二是双边账户，即在缔约国双方的中央银行互为对方国家设立清算账户，目前大多数的清算账户都属于这种。

（2）清算项目与范围的规定。

清算项目与范围是指两国间应通过清算账户进行结算的项目与范围。该项目与范围，除了进出口商品价款，还包括进出口贸易的从属费用，如运费、保险费、佣金等；此外，也可包括其他项目，如外交费用、侨汇等。凡未列入清算范围内的项目，仍用收付现汇的办法进行结算。

（3）清算货币的规定。

在单边账户下，用设立清算账户国家的货币进行记账和支付；在双边账户下，分为记账货币和支付货币两种，记账货币可以用一方的货币，也可以用第三国的货币，由双方谈判后在协定中确立。双方的债权人和债务人在办理收付时，则分别使用本国的货币。

（4）清算方法和差额结算的规定。

缔约国双方的债权人或债务人通过指定银行，从本国中央银行的清算账户领取本国货币或用本国货币把应付款项记入对方国家的清算账户，结算债务。缔约国双方的中央银行，要把收付款项互相通知，尽量保持双方清算账户的平衡。

支付协定到期时，对清算账户的差额进行结算的办法主要有四种：一是在一定期限内由债务国向债权国输出商品；二是用双方同意的可兑换货币或黄金支付；三是用双方同意的其他不可兑换货币支付；四是将差额转入下年度清算账户内。

4.国际商品协定

国际商品协定（International Commodity Agreement）是指某项商品的主要出口国和进口国间就稳定该项商品价格及保证供销等问题所缔结的政府间多边协定。

国际商品协定的主要对象是发展中国家的初级产品，其目的是维持稳定这些商品的合理价格和保证这些产品的生产及销售。国际商品协定虽然在20世纪20年代就已经开始存在，但主要是在第二次世界大战以后才发展起来的。第二次世界大战以后，共签订了小麦（1949年签订）、糖（1953年签订）、锡（1956年签订）、橄榄油（1958年签订）、咖啡（1962年签订）、可可（1973年签订）和天然橡胶（1979年签订）七种国际商品协定。

国际商品协定一般由序言、宗旨、经济条款、行政条款、最后条款等部分构成，并有一定的格式，其中的经济条款和行政条款是国际商品协定中两项主要的条款。

（1）经济条款。

经济条款是确定各成员国权利和义务的依据，它关系到各成员的具体权益。商品不同，有关经济条款的内容也不尽相同，但主要有以下几种：

A.缓冲存货的规定。

缓冲存货是指由该商品协定的执行机构按最高限价和最低限价的规定，运用其成员国提供的实物和资金，干预市场和稳定价格。其办法是在最高限价和最低限价之间划成高、中、低三档，当市场价格涨到高档时，抛售缓冲存货的实物以维持价格在最高限价以下；当市场价格降到低档时，利用缓冲存货的现金在市场上收购以保持价格在最低限价以上；当市场价格降到中档时，不动用缓冲存货。这种规定最主要的是就最高限价、最低限价及价格档次达成协议，并拥有大量资金和存货。采用缓冲存货规定的有国际锡协定和国际天然橡胶协定。

B.出口限额的规定。

该条款规定一个基本的出口限额，每年再根据市场需求和价格变动，确定当年平均的年度出口限额。年度出口限额按固定部分和可变部分分配给有基本限额的各出口成员国，可变部分按出口成员国的库存量占全体出口成员国总库存量的比例进行分配；固定部分占年度限额的70%，可变部分占30%。采用出口限额规定的有国际咖啡协定。

C.多边合同的规定。

该条款规定在协定规定的价格幅度内，进口国向各出口国购买一定数量的有关商品，出口国向各进口国出售一定数量的有关商品。当完成协定规定的数量后，可在任何市场，以任何价格，进口国购买任何数量的有关商品，出口国出售任何数量的有关商品。采用多边合同规定的有国际小麦协定。

D.出口限额与缓冲存货相结合的规定。

该条款规定同时采用这两种办法来控制市场和稳定价格。其办法是首先规定该商品的最高限价和最低限价;其次是确定指示价格;最后采用出口限额和缓冲存货所规定的办法调节价格,使价格恢复到最高限价与最低限价的幅度内。采用这种规定的有国际可可协定。

(2)行政条款

该条款主要涉及权力机构和表决票的分配。国际商品协定的权力机构有理事会、执行委员会或监督机构,权力机构职位的分配是进出口各成员国所关心的重要问题。各权力机构达成的协议,除采用协商一致的办法,一般要通过表决决定,由各成员国对重大问题进行投票表决。因此,各协定对表决票的分配及其使用均有具体的规定,以保证各成员国享有一定的表决权。

国际商品协定是进出口国矛盾斗争暂时妥协的产物,对于控制商品的供销和稳定价格都起到了一定的作用,但如果发生经济危机等情况,这些协定往往不能起作用。在这种情况下,发展中国家提出建立商品综合方案的主张,要求用一种综合的办法来解决商品贸易问题。

5.商品综合方案

商品综合方案(Integrated Programme for Commodities)是发展中国家在1974年4月第六届特别联合国大会上第一次提出来的、1976年5月联合国第四届贸易和发展会议上正式通过的决议。这项方案的主要内容包括以下几个方面:

(1)建立多种商品的国际储存(或称缓冲存货)。

该项规定是为了稳定商品价格及保证正常的生产和供应。国际储存商品的选择标准有两条:第一,这项商品对发展中国家具有重要的利害关系;第二,这项商品便于储存。

(2)建立国际储存的共同基金。

该项共同基金的规定是为了资助这些国际初级产品的缓冲存货,改善初级产品市场,提高初级产品的长期竞争性。

(3)商品贸易的多边承诺。

该项规定是为了稳定供应,各有关国政府承诺在特定时期内各自进口或出口某种商品的数量。

(4)扩大和改进商品贸易的补偿性资金供应。

该项条款规定出口初级产品的发展中国家的出口收入剧减时,国际货币基金将给予补偿性贷款。

(5)扩展初级产品的加工和出口多样化。

该项条款规定发达资本主义国家对来自发展中国家初级产品的加工产品的进

口降低或取消关税和非关税壁垒，采取促进贸易的措施等。

商品综合方案是发展中国家为打破旧的国际经济贸易秩序，建立新的国际经济贸易秩序所采取的一个重要步骤，但由于触动了发达国家在国际市场的垄断地位和利益，要将方案的内容变成现实，还须经过长期艰苦的斗争。

四、经济特区

经济特区是一国为了促进对外经贸发展，加快经济建设而在国内设立的特殊区域。在这个区域内，采取比其他地区更开放、更灵活、更优惠的政策和管理体制，以吸引外资和引进外国先进技术设备。

经济特区的发展已有很长的历史。早在15世纪末，德国北部几个商业城市建立了"汉撒同盟"，为了促进同盟内部的优惠通商，曾选定汉堡和不来梅作为自由贸易区。16世纪中叶以后，欧洲一些国家为了活跃对外贸易，先后把沿海港口辟为自由港。此后，从17世纪到19世纪，在国际贸易中占有优势地位的国家，如荷兰、法国、英国、丹麦、葡萄牙等，为了扩大对外贸易，除在本国建立自由港外，还把地中海沿岸地区、中东、东南亚、加勒比地区的许多港口城市辟为自由港。到了帝国主义时期，垄断资本为了取得最大限度的利润，不仅在殖民地、附属国继续设置自由港区，而且还在本国开辟自由港区，以便借助其优越的地理位置，发挥商品集散中心的作用，增加贸易利益。例如，1934年美国国会通过对外贸易区法案后，在纽约、旧金山等地开始设置对外贸易区。因此，在资本主义自由竞争时期曾一度衰落的自由港区，到了帝国主义时期又再度盛行起来。到第二次世界大战前夕，全世界已有26个国家设立了75个自由港区。

第二次世界大战以后，许多国家为了加强本国的经济实力和扩大对外贸易，不仅在本国经济特区内放宽对外国投资的限制，而且增设了更多的经济特区，以促贸易的发展。

各国或地区设置的经济特区名目繁多、规模不一，基本上可分为三种类型，贸易型经济特区、工贸型经济特区、科技型经济特区。

(一) 贸易型经济特区

贸易型经济特区是指以发展转口贸易为主要目的的经济特区，包括自由港、自由贸易区、对外贸易区、保税区等。

自由港或自由贸易区都是划在关境以外，对进出口商品免征关税，并且允许在港内或区内自由从事商品存储、展览、拆散、改装、重新包装、整理、加工和制造等业务活动，以达到促进本地区经济和对外贸易的发展、增加财政收入和外汇收入的目的。

(二) 工贸型经济特区

工贸型经济特区是指以优惠条件吸引外国直接投资、生产以出口为主的制成品区域,主要有出口加工区、自由边境区等。

出口加工区是指一个国家或地区在其港口或邻近港口、国际机场的地方,划出一定的范围,新建和扩建码头、车站、道路、仓库、厂房等基础设施,提供减免税收等优惠待遇,以鼓励外国企业在区内投资设厂,生产以出口为主的制成品的加工区域。

自由边境区也是一种工贸型经济特区。它一般设在本国的一个省或几个省的边境地区,提供类似出口加工区的优惠措施,吸引国内外厂商投资,允许在区内进行存储、展览、混合、包装、加工、制造等业务活动,以开发边区经济。凡是区内使用的机器、设备、原料和消费品,均可免税或减税进口,但商品从边境区运入海关管辖区,则须照章纳税。

自由边境区与出口加工区的主要区别在于自由边境区的进口商品加工后大多是在区内使用,只有少数用于再出口,故设立自由边境区的目的是开发边区经济。

(三) 科技型经济特区

科技型经济特区是指以科技为先导,以生产技术密集型和知识密集型的出口产品为主的自由经济区。

科学工业园区有两种不同的类型:自主型科学工业园区和引进型科学工业园区。发达国家拥有先进的技术,充裕的资金,可以依靠自身的资金、技术和人才,研究与开发高科技,并使之商品化,其所设立的科学工业园区多属于自主型。而大多数发展中国家或地区进行科技开发时面临着资金、技术和人才不足的难题,因而大多采用引进国外资金、技术和人才的办法进行合作研究与开发,其所设立的科学工业园区多属于引进型。

第七章 经济增长、经济发展与国际贸易

经济增长（Economic Growth）和经济发展（Economic Development）虽有联系，却是两个不同的概念。经济增长指社会财富的增长、生产的增长或产出的增长。衡量经济增长的通用尺度是国民生产总值（GNP）的增长率。经济发展指随着经济的增长而发生的社会经济多方面的变化，这些变化包括投入结构的变化、产出的变化、一般生活水平和分配状况的变化、卫生健康状况的变化、文化教育状况的变化、自然环境和生态环境的变化等，因此，衡量经济发展比衡量经济增长要复杂得多、困难得多。

可见，经济增长内涵较窄，经济发展内涵较广；经济增长是一个数量概念，经济发展既是一个数量概念，又是一个质量概念；经济增长是经济发展的动因和手段，经济发展是经济增长的结果和目的。没有经济增长，不可能有经济发展。如果出现有经济发展而无经济增长的现象，那一定是个别的、短暂的、反常的现象，而不是一般的、长期的、正常的现象。因此，为了谋求经济发展，必须启动经济增长，并保持经济稳定增长的势头。但不能认为，只要有经济增长，就必然带来经济发展，在现实中"有增长而无发展"的情况完全可能出现。

第一节 经济增长与贸易变动

前面几章介绍的理论对贸易的原因与结果的分析大都是静态的，即在要素禀赋、技术、需求偏好既定的假设下分析一国的比较优势和贸易所得。然而在现实世界中，技术在不断进步，资本在不断积累，劳动力在不断增加，从而引起经济的增长；同时，经济增长带来的收入提高也会引起需求的变动。上述变化又会使一国的比较优势发生变化，进而对贸易产生影响。

一、经济增长的原因

（一）生产要素的增长

经济增长的物质前提是生产要素的增长，生产要素的增长在当今世界经济增长中起到了非常重要的作用。在现代社会中，生产要素的增长速度存在着差异，有些生产要素增长速度非常快，如资本要素等，有些生产要素的增长则比较缓慢，如劳动力要素等。

生产要素的种类繁多，这里我们仍运用前几章当中多次使用的2-2-2模型，即世界上只有两个国家（甲国和乙国），每个国家只生产两种产品（X商品与Y商品），两种产品的生产都需要使用两种生产要素（劳动和资本），且甲国出口的是劳动密集型商品X，乙国出口的是资本密集型商品Y。同时还假定，所有新增加的生产要素与原有的生产要素是同质的。

当可利用的技术条件一定时，劳动和资本的总量和结构直接决定了一国的产出水平。随着一国劳动和资本要素的积累，其产出水平会提高，商品X与商品Y产量提高的程度取决于劳动和资本要素的增长比率。

如果资本和劳动两种生产要素按照相同的比例增长，商品X与商品Y的产量以相同比例增长，这就是平衡增长（Balanced Growth）。在更多的情况下，劳动和资本两种生产要素的增长速度是不同的，即呈现出非均衡的要素增长。由于劳动是投入到两种产品的生产过程当中的，并且在一定程度上可以代替资本，如果仅有劳动增长，两种产品的产量均会增加。但是，劳动密集型商品X的增加将快于资本密集型商品Y的增加。同理，在仅有资本增长时，将资本投入到两种产品的生产中，在资本替代一部分劳动的情况下，商品Y的增加将快于商品X的增加。如果劳动和资本以不同比率同时增长，商品X与商品Y的产出增加幅度也可类似地确定。

（二）技术进步

科学技术在当代经济生活中的作用越来越重要，技术进步已经成为发达国家国民生产总值增长的主要源泉，其贡献已远远超过资本和其他要素投入。

技术进步意味着相同要素投入下产出水平的提高，或者任一给定的产出水平所需要的要素投入量的减少。

二、经济增长与贸易变动

生产要素的增长和技术的进步会提高产出水平，同时，收入的提高也会引起需求的变动，从而引起一国比较优势和贸易模式的变化。

首先分析经济增长在生产方面对贸易的影响。根据一国出口产品生产部门与进口替代产品（或称与进口竞争产品）生产部门增长速度的不同，可以将经济增长划分为顺贸易型增长、逆贸易型增长和贸易中性增长三种类型：

（一）顺贸易型增长

在商品相对价格不变的条件下，一国出口产品生产部门密集使用的要素增长或技术进步超过进口替代产品生产部门，使出口产品生产能力的增长速度高于进口替代产品生产能力的增长速度，这种增长就是顺贸易型增长（Protrade Growth），也称出口扩张型增长（Export Expansion Growth）。

（二）逆贸易型增长

在商品相对价格不变的条件下，一国进口替代产品生产部门密集使用的要素增长或技术进步超过出口产品生产部门，使进口替代产品生产能力的增长速度高于出口产品生产能力的增长速度，这种增长就是逆贸易型增长（Antitrade Growth），也称进口替代型增长（Import Replacing Growth）。

（三）贸易中性增长

在商品相对价格不变的条件下，一国出口产品生产部门密集使用的要素增长或技术进步与进口替代产品生产部门完全相同，使出口产品与进口替代产品的生产能力以相同的速度增长，这种增长就是贸易中性增长（Neutral Growth）。

经济增长使人们收入提高从而引起需求变动，也会对贸易产生影响。根据一国经济增长过程中进口商品的消费增长速度是否大于可出口商品的消费增长速度，也可以将经济增长划分为顺贸易型增长、逆贸易型增长和贸易中性增长三种类型。

贸易量的实际增长取决于生产和消费影响的净效应。如果生产和消费都是顺贸易型的，则贸易的扩大比例高于生产的扩大比例；如果生产和消费都是逆贸易型的，则贸易的扩大比例低于生产的扩大比例，甚至可能下降；如果生产是顺贸易型而消费是逆贸易型，或者相反，则贸易的扩大比例取决于两种相反力量的净效应；不大可能出现的情况是生产与消费都是中性的，则贸易和生产同比例扩张。

第二节　对外贸易与经济发展

一、对外贸易对经济发展的促进作用

对外贸易对经济发展有重要的促进作用，具体表现为以下几个方面：

（一）提高资源配置效率，增进社会福利

每个国家在经济上和生产上都有自己的相对优势和相对劣势。在国际间实行分工有利于各国发挥优势、扬长避短。一国出口本国具有相对优势的产品，进口本国处于相对劣势的产品，通过国际交换，可以节约社会劳动，把节约下来的社会劳动用于创造其他方面的财富，这样可以增加社会财富的总量，加速经济发展。

（二）实现规模经济效益

对外贸易为工业品提供了一个广大的市场。生产规模的扩大，使现有的生产设备得到充分的利用，从而降低了单位商品的生产成本，取得规模经济效益。

（三）促进劳动生产率的提高

由于国际市场存在着激烈的竞争，一个国家或企业要想在国际市场上取胜，击败竞争对手，必须不断更新技术，提高产品的质量，降低产品成本。可见，对外贸易有助于打破垄断，刺激企业提高劳动生产率。此外，通过对外贸易，还可以引进先进的技术、设备和管理经验等。因此，对外贸易成为提高劳动生产率的重要途径。

（四）满足多样化的需求

由于自然条件、社会条件等方面的差异，任何一个国家都不可能拥有或生产它所需要的一切产品。通过对外贸易，可以在各国间实现互通有无、调剂余缺，满足多样化的需求。

（五）协调国民经济发展

国民经济的各个部门是相互联系、互为市场的，由于自然条件或由于生产、市场等因素的变化，国内常常会出现某些部门的商品供过于求或供不应求的状况。通过对外贸易，可以加强国内外物资交流，从而协调各生产部门的比例关系，保证社会再生产的顺利进行和经济的稳定发展。

（六）带动相关经济部门的发展

国民经济的各个部门是相互联系的，对外经济部门的扩大对其余经济部门必将产生一系列的连锁效应。一个国家出口部门越发展，对国民经济中其他经济部门的带动作用越大。

（七）实现产业结构升级

基于比较优势的国际分工和国际贸易使经济发展速度加快，资本积累的速度将远高于劳动力和自然资源增加的速度。因此，资本将由相对稀缺变成相对丰富，资本的价格将由相对昂贵逐渐变成相对便宜。企业为了竞争的需要，就要根据相

对价格信号的变化，调整产业和技术结构，实现产业结构升级。

（八）调整要素收入的分配

在大多数处于发展早期的经济体中，劳动力相对资本而言是一种丰富的要素，在市场决定要素价格的条件下，劳动力的相对价格就比较低。这种价格信号会引导生产者生产劳动密集程度较高的产品，采用劳动密集型或资本节约型的技术，从整个社会的角度，劳动力的利用范围就较为广泛，就业也更加充分。然后随着经济的发展，劳动力由相对丰富逐渐变成相对稀缺，工资水平将由相对低逐渐变成相对高。

（九）为经济发展创造良好的外部条件

通过对外贸易，各国间可以加强相互合作，扩大彼此交流，这有助于维护和平，改善国际环境，为经济发展创造良好的外部条件。

二、对外贸易与经济发展关系的理论

（一）古典经济学家的观点

古典经济学家认为，国际贸易对资源配置效率起着重要的作用，因而对一国国内经济的运行产生了很大的影响。他们把国际贸易视为间接地影响经济发展的一个决定因素。

1. 亚当·斯密的观点

亚当·斯密假设，一国在开展对外贸易之前处于不均衡状态，存在闲置的资源或剩余产品。当该国由封闭经济转向开放后，便可出口其剩余产品或由闲置资源生产的产品，即对外贸易为本国的剩余产品提供了"出路"。由于出口的是剩余产品或由闲置资源生产的产品，因此无须从其他部门转移资源，也不必减少其他国内经济活动，因此必然促进该国的经济增长。

亚当·斯密还认为，分工的发展是促进生产率长期增长的主要因素，而分工的程度则受到市场范围的强烈约束。对外贸易与经济发展之间的关系是：对外贸易能够扩大市场，市场的扩大能够促进分工的深化，分工的深化能够促进生产率的提高，从而加速经济增长。

2. 大卫·李嘉图的观点

大卫·李嘉图认为，英国通过废除《谷物法》转向谷物的自由贸易，不仅获得建立在比较优势基础上的静态利益，而且通过进口可以降低食品价格，制造部门可吸收更廉价的劳动力，从土地所有者那里转移更多的利润，增加资本家的资本积累和投资，加快制造部门的扩张和整体经济的增长。

3. 约翰·穆勒的观点

约翰·穆勒认为，对外贸易对于一个资源未能开发的国家来说，可以起到工业革命的作用。他还认为，对外贸易不仅能够取得直接的经济利益，还可获得间接的效果。市场的每一次扩大都具有改进生产过程的趋向，为比国内市场大的市场进行生产的国家，可以采用更广泛的分工，可以更多地使用机器，而且更有可能对生产过程有所发明和改进。

（二）对外贸易是"经济增长的发动机"的学说

20世纪30年代，英国经济学家罗伯特逊（Dennis H.Robertson）提出了对外贸易是"经济增长的发动机"（The Engine of Growth）的命题，也称"增长引擎"论。20世纪50年代，美籍爱沙尼亚学者诺克斯（Ragnar Nurkse）进一步补充和发展了这一命题。

诺克斯在对19世纪英国与新移民地区（指美国、加拿大、澳大利亚、新西兰、阿根廷和南非等）的经济发展原因进行研究时认为，19世纪国际贸易为许多国家的经济发展作出了重要贡献，国际贸易如同一架经济增长的发动机，是许多国家经济增长的主要动力。一方面，因为各国按比较优势原则进行专业化分工和贸易，使资源得到更为有效的配置，提高了劳动生产率，增加了产量，通过国际交换，各国都以同样的劳动获得多于自己生产的消费量，这是来自对外贸易的静态的、直接的利益。另一方面，对外贸易产生的间接的动态利益，即随着对外贸易的发展，通过一系列的动态转换过程，把经济增长传递到国内各个经济部门，从而带动整个国民经济的全面增长。19世纪的国际贸易具有这样的性质：中心国家的经济迅速增长，通过国际贸易传递到外围的国家去。它是通过对初级产品需求的巨大增长而把经济增长传递到外围国家去的，从而带来外围国家初级产品出口扩大，就业增加，收入提高。外围国家经济的增长又增加了对消费品的需求，进一步刺激了生产的增长。

罗伯特逊、诺克斯及其追随者认为，对外贸易，特别是出口的高速增长是通过以下途径来带动经济增长的：（1）一国的出口扩大意味着进口能力增强，而进口中的资本货物对经济落后国家的经济增长具有特别重要的意义：资本货物的进口使该国取得国际分工的利益，节约了社会劳动；先进技术设备的进口有助于提高国内技术水平，缩短经济差距，加快工业化步伐。（2）对外贸易的发展使国内的投资流向发生变化，资本会越来越集中在具有比较优势的领域，提高生产专业化程度，从而提高劳动生产率。（3）出口的扩大使一国的市场扩大，从而克服了国内市场相对狭小的弱点，能够进行大规模生产，获取规模经济的利益。（4）出口的扩大会加强部门之间的相互联系，促进国内统一市场的形成。出口的扩大，还会带动一系列相关部门的发展，并促进国内经济一体化。（5）出口发展使一国出口产业以及相关产业面临激烈的竞争，迫使国内企业加速技术改造，降低成本，提高质量，提高经营管理水平。（6）出口的扩大会鼓励外资的流入，这不但能解决国内投资不足问题，还会引进国外先进技术和管理知识。

但是，诺克斯认为对外贸易是"经济增长的发动机"的学说只适用于19世纪。到了20世纪，由于各种条件的变化，这一学说不再适用，即在20世纪，中心国家（发达国家）的经济增长并未通过初级产品需求的增加而把他们的经济增长传递到世界其他国家去。这些变化主要有：

（1）中心国家对外围国家初级产品的需求相对降低。主要原因是：

①中心国家的产业结构不断升级，从制成品中原料含量高的工业转向原料含量低的工业。

②在中心国家国民生产总值中，服务部门所占的比重逐步增加，因而对原料的需求相对减少。

③由于农产品需求的收入弹性低，中心国家的经济增长并没有带来对农产品需求的同比例增长。

④中心国家为了保护国内农业，对进口的农产品施加了各种贸易限制。

⑤随着技术的不断进步，工业原料使用效率提高，对原料需求的增长慢于经济的增长。

⑥为稳定供给和降低成本，合成原料和人造原料的开发越来越多地代替了天然原料，降低了对初级产品的需求。

（2）外围国家向中心国家供给初级产品的能力下降。主要原因是：

①外围国家的自然资源较少（石油输出国除外），不可再生自然资源的出口能力日益下降。

②外围国家人口过剩，食物和原材料的增加多被国内自身吸收而难以顾及出口。

③流入外围国家的国际资本相对较少，而有技能的劳动者则是在流出而不是流入，生产能力难以提高。

④外围国家为实现赶超，纷纷走上了工业化道路，对国内资源的需求增加，出口相应减少。另外，由于外围国家资本缺乏，为了发展工业，往往在某种程度上降低了对农业的投资，从而阻碍了初级产品出口的发展。

（三）对外贸易乘数理论

详见第4章关于马克卢普的对外贸易乘数理论的介绍。

（四）有关对外贸易与经济发展的争论

20世纪50年代初期，阿根廷经济学家普雷维什对传统的国际贸易理论提出了尖锐的批评。他强调国际贸易是造成外围国家经济落后的重要原因。如果外围国家按照比较优势原则参与国际分工和贸易,外围国家的产业结构将会长期处于落后的状态,从而在世界经济中处于从属于中心国家的位置。为了摆脱在国际分工体系中的不利局面,普雷维什主张外围国家必须实行工业化,独立自主地发展民族经济。在贸易政策方面,主张实行保护政策,以加快本国的工业化进程(详见中心—外围理论)。

范纳、哈伯勒和其他一些经济学家则对普雷维什的观点持反对意见,他们强调国际贸易对外围国家的经济成长起到了推动作用。外围国家没有理由把国际贸易看作阻碍其经济发展的因素,更不能将其看作造成其经济发展落后的主要原因。

对于国际贸易是否能给外围国家经济发展造成不利影响的这场争论,问题的关健就在于是用静态的方法还是用动态的方法来运用比较优势理论。对于外围国家来说,不应当仅仅满足于传统的比较优势而忽视本国的工业化与现代化,否则长此以往会使其在国际贸易中处于非常不利的地位。因此,如何利用外围国家的比较优势发展对外贸易,并同时促进本国经济的发展是大多数外围国家需要解决的问题。不过,即便外围国家遇到了本国贸易条件恶化的情况,也不能因此从根本上否认国际贸易对其经济发展的促进作用。

(五)内生性增长理论

20世纪80年代中后期,罗莫(PaulRomer)和卢卡斯(Robert Lucas)提出了内生性增长理论,为对外贸易与经济发展相互关系的理论提供了新的依据。

罗莫把知识积累看作经济增长的一个独立因素,认为知识可以提高投资的效益,知识积累是现代经济增长的重要源泉。国际贸易可以使知识在世界范围内加快积累,使世界总的产出水平提高。对穷国来说,国际贸易可以引入发达国家的新技术来提高本国的劳动生产效率,同时,引进新技术还可以节约本国的研究与开发费用,而把这部分资源用于新投资,这样就可以促进穷国经济迅速发展而缩短与富国之间差距。

卢卡斯认为,只有特殊的、专业化的、表现为劳动者劳动技能的人力资本才是经济增长的真正源泉。人力资本的形成除了到学校学习,还可以通过边干边学的方式,这就为教育经费缺乏的发展中国家提供了一个积累人力资本的新思路:从国外引进高科技产品,通过直接操作新设备或消费新产品等方式在实践中积累经验学习掌握高新技术。

第三节 发展中国家的贸易战略

一、贸易战略的内涵

贸易战略是指一国或地区通过国际分工方式和程度的选择影响国内资源配置和竞争效率的一整套贸易政策或制度。

贸易战略的内涵包括以下六个方面：

(一) 贸易战略是经济发展战略的组成部分

从贸易和经济发展的一般关系来看，贸易战略是整个经济发展战略的一个组成部分，它必须服从、服务于经济发展战略的要求。

(二) 贸易战略的本质是工业化战略

从上一节的分析中可以看出，20世纪以来发达国家的经济增长并没有给发展中国家带来多大好处，发展中国家要彻底摆脱贫困，走向富裕和发达，并能在国际市场上与发达国家展开公平竞争，就必须实现工业化和现代化。在经济发展文献中，贸易战略和工业化战略常常是一起讨论的，贸易战略是工业化战略的支点，对于发展中国家来说，工业化战略与贸易战略在某些情况下几乎是同义语。

(三) 贸易战略的核心是参与国际分工的立场和方式

贸易战略需要解决的是一个国家或地区面对国内、国外两种资源、两个市场的情况下，采取什么样的国际分工方式来促进经济增长。因此，贸易战略可以被视为以国际经济为背景的经济发展战略，即如何依据国际分工和国际经济关系来配置本国资源和发展本国经济。

(四) 贸易战略体现着政府对经济的干预

战略是一整套规划、设想、政策措施的集合，它超前于客观事物的发展，其本身就与放任主义相对立。政府是贸易战略的制定者和执行者，制定贸易战略的目的是干预工业化进程。因此，没有政府的积极引导和干预，就不会有贸易战略。

(五) 产业政策是贸易战略的灵魂

贸易战略实质是以国际经济环境为背景的产业发展战略。依据什么原则挑选幼稚产业，对幼稚产业采取何种保护与扶持政策，对国内各产业实行什么样的内销或外销政策，这些是任何一个贸易战略都需要回答的问题。所以，贸易战略不仅包括贸易政策，而且还包括扶持或限制产业发展的财政政策、金融政策、竞争政策等。多种政策复合而生的产业政策是贸易战略的灵魂。

（六）贸易战略的制定必须防止教条主义

（1）贸易战略没有一成不变的模式。

对广大发展中国家和地区来说，不存在可供选择的贸易战略，只存在可以参考的以贸易政策为基点的工业化经验。下文中贸易战略的类型只是理论上的划分，不存在非此即彼的选择，各国需要根据自己的工业化目标、国内外经济环境和其他国家的经验制定自己的贸易战略。

（2）贸易战略是时间的函数。

贸易战略优劣的评价和贸易战略的制定都必须考虑当时的国际和国内经济环境。同一国家在不同的历史时期，由于其面临的国内外经济环境的变化，贸易战略会不断作出调整；在同一历史时期，不同国家由于面临不同的国内外经济环境，其贸易战略也会有差异。

二、贸易战略的分类

贸易战略的分类通常是以"对内销和外销奖励制度是否为中性"为标准。基于这一共识，经济学家和国际组织依据各自不同的研究目的和研究方法，对发展中国家实行的贸易战略进行了归类和总结。比较有影响的分类方法主要有以下三种：

（一）钱纳里分类法

钱纳里等基于多国计量模型的分析和比较，总结出准工业化国家有三种贸易战略可供选择，即出口促进战略、进口替代战略和平衡战略。此外，钱纳里在研究贸易战略与经济增长的关系时，还提出了一种贸易自由化战略。该战略的政策特点是："对进口替代和出口活动都无明显的激励。这种情况适合于相对自由的贸易体制，该体制没有什么数量控制，也很少采取同价格相关的措施。"

（二）克鲁格分类法

克鲁格根据统计数据对第二次世界大战后10个发展中国家制造业的有效保护率进行了测算，并归纳出发展中国家实际执行的贸易战略主要有三种类型，即出口促进战略、进口替代战略和温和的进口替代战略。

（三）世界银行分类法

1987年世界银行根据1963—1985年41个国家和地区的资料，把贸易战略分为坚定外向型、一般外向型、一般内向型和坚定内向型。

坚定外向型战略：由于进口壁垒而产生对出口的抑制在不同程度上被出口的奖励所抵消。从这个意义上讲，不存在对贸易的控制，或者控制程度很轻微。不采用或很少采用直接控制和许可证办法；维持一定的汇率使可能的进口和出口贸易的实际汇率大体相等。

一般外向型战略：奖励制度总的结构有偏向性，注重为内销生产，不重视为外销生产，但对本国市场的实际平均保护率较低，实际保护率的高低幅度也较小。使用直接控制和许可证办法是有限度的，虽然对出口贸易有某些直接奖励，但它们并不抵消对进口贸易的保护。对进口贸易的实际汇率略高于对出口贸易的汇率，但差别很小。

一般内向型战略：奖励制度总的结构明显地对内销的生产有利。对本国市场的实际平均保护率较高，实际保护幅度较宽。广泛实行对进口的直接控制和许可证办法。虽然对出口可能给予一些直接奖励，但有明显的反进口偏向，汇率也显然定值过高。

坚定内向型战略：奖励制度总的结构强烈地袒护为内销的生产。对本国市场的实际平均保护率很高，实际保护幅度较宽。普遍实行直接控制和许可证制度以限制传统的出口部门，对非传统的可出口商品很少或没有积极的奖励，汇率定值高出很多。

由于贸易战略的划分指标并没有严格的间断点，因此"三分法"和"四分法"并无本质区别。依据钱纳里等和世界银行对贸易战略的定义，可以大致认为贸易自由化战略、出口替代战略均属于坚定的外向型战略，平衡型等同于一般外向型（更接近于克鲁格的温和进J=I替代型），进口替代战略合并了一般内向和坚定内向两种类型。

三、进口替代战略

进口替代（Import Substitution），是指采取保护措施，发展国内制造业，逐渐以国内生产的制成品代替进口制成品。

（一）进口替代战略的主要政策措施

（1）贸易政策：执行保护贸易政策是实施进口替代战略的基本政策，其主要内容是，通过关税和非关税壁垒手段限制甚至完全禁止外国制成品特别是消费品的进口，以维持本国新建产业的发展空间。

（2）外汇政策：实行严格的外汇管理政策，以便将有限的外汇用于经济发展最急需的一些领域。例如进口原料、国外先进技术和设备等资本货物。在汇率方面，通常实行复汇率制度，对有关国计民生的必须品和资本货物进口实行币值高估的政策，以降低进口成本；对非必需品的进口，实行币值低估的政策，提高进口成本进而限制进口。

(3) 投资政策：实行优惠的投资政策。为加速国内资本积累，国家给予进口替代工业以财政、税收、价格和信贷等方面的优惠政策，以促进其发展。

（二）进口替代战略的优点

(1) 国内工业产品的市场已经存在，给进口替代工业提供了国内市场的基础，从而降低了新建工业取代进口的风险。

(2) 减少贸易赤字的方法包括扩大出口和减少进口，而对发展中国家来说，限制进口比迫使发达国家降低贸易壁垒以允许他们出口制成品要可行得多。

(3) 实行进口替代战略国家的工业特别是制造业得到了迅速发展，将推动这些国家的经济发展。此外，进口替代工业的发展，还有利于培养本国的管理技术人员，带动教育、文化事业的发展，获得工业化带来的动态利益。

(4) 进口替代战略促进了发展中国家的产业结构的升级换代，改变了以往单一畸形的经济结构。

(5) 进口替代战略加强了一些发展中国家的经济自立程度。

(6) 由国内生产来替代进口，可减少外汇开支，减轻国际收支压力。

(7) 由于进口替代的贸易保护政策，有可能促使发达国家增加对发展中国家的直接投资，以绕过发展中国家的贸易壁垒。外资的流入对于经济发展无疑有积极作用。

（三）进口替代战略的缺点

(1) 工业保护主义政策造成了价格扭曲，从而导致资源配置的扭曲，产生价格高昂而质量低劣的国内产品。

(2) 在保护政策下成长起来的国内工业习惯于在没有外国竞争的环境下成长，因而缺乏进一步提高效率的动力。保护国内市场，对缺乏经验的发展中国家的企业家来说是最容易接受的。但保护政策本身并不能使本国工业具有竞争力，如果本国企业家满足于在保护政策下获得高额利润，而不是设法提高效率，必定会妨碍经济的进一步发展。而且出于政治、经济、社会安定（如就业）的考虑，保护容易撤销难。

(3) 如果国内市场狭小，则不能利用规模经济的优势，致使进口替代导致工业的低效率。

(4) 在简单的制成品被国内生产替代后，必须生产资本更密集、工艺更先进的进口替代品，难度亦会随之增大。

(5) 保护主义政策容易招致他国报复，另外币值高估也会对本国传统产品出口造成不良影响。

(6) 资本货物和中间产品的大量进口，可能使原来旨在克服外汇短缺瓶颈的进口替代战略反而促使国际收支状况进一步恶化。

（7）进口替代政策还可能导致发展中国家存在的二元经济结构进一步强化，阻滞整个国家经济现代化的进程。

（8）政府实施进口替代战略时，投资重点往往是那些资本密集型的重化工业，包括大型基础设施建设，这些投资项目对增加国内就业的作用相对有限。

四、出口替代战略

出口替代（Export Substitution），是指采取鼓励措施发展国内面向出口的工业，用工业制成品和半制成品的出口来代替传统的初级产品出口。

（一）出口替代战略的主要政策措施

（1）贸易政策：推行贸易自由化政策，在放松进口管制的基础上大力促进出口，如出口退税、出口补贴、出口信贷和保险、对出口部门所需的中间产品减免关税等。同时积极参与国际合作，努力拓展外部市场。

（2）外汇政策：在外汇和汇率政策上，除了给出口企业和出口商优先提供外汇或实行外汇留成、出口奖励等措施，还实行本币对外贬值的政策，增强本国出口产品的国际竞争力。

（3）投资政策：在投资政策上，对面向出口的企业提供减免企业所得税、营业税等方面更大的优惠，对出口工业企业规定加速折旧，对这些企业优先提供原材料、土地、基础设施和其他服务。

（4）外资政策：采取优惠措施，吸引外资和外国的先进技术，以解决国内资金和技术的缺乏。

（二）出口替代战略的优点

（1）可以超越狭小的国内市场的限制，开拓国际市场，充分利用规模经济的优势。

（2）更为激烈的竞争刺激了国内工业效率的提高。

（3）充分利用一国的比较优势，避免了价格和资源配置的扭曲。

（4）出口的扩大有利于缓解发展中国家的外汇短缺问题。

（5）出口扩大带动生产的扩大，能够提供更多的就业机会。

（6）开放的政策和资源优势对外国投资有较大的吸引力。

（三）出口替代战略的缺点

（1）使发展中国家的经济严重依赖国际市场，在很大程度上要受到国际市场兴衰的影响。

（2）由于来自发达国家已建立的高效率工业的竞争，发展中国家建立出口工业可能会非常困难。

（3）发达国家经常采取措施保护自己的劳动密集型产业，而这些产业正是发展中国家已经或即将具有比较优势的产业。

（4）大量引进外资可能使某些工业部门受到外资的控制，而且每年汇出的利润相当可观；如果国内经济发展受阻或偿债安排不当，可能引发债务危机。

（5）面向国外的工业部门发展较快，而一些面向国内市场的企业则发展较慢，加剧了经济发展的不平衡。

五、进口替代还是出口替代

进口替代战略和出口替代战略的共同点是二者都主张发展工业化，都主张提升产业结构。其区别在于侧重点不同，进口替代战略侧重于发展能够替代进口产品的工业，而出口替代战略则侧重于发展能够提高出口附加值的工业；进口替代战略强调开拓国内市场资源，出口替代战略则强调开拓国际市场。

进口替代战略和出口替代战略孰劣孰优。20世纪60年代以来世界经济实践似乎证明了出口替代优于进口替代，因为实行出口替代战略的国家和地区，尤其是"亚洲四小龙"实现了经济的高速增长，创造了"东亚奇迹"；而许多一直致力于进口替代战略的国家（如印度、巴基斯坦、阿根廷）没有显示出赶上发达国家的任何迹象，部分国家已转而实行偏重出口替代的战略。这一事实使人们开始对进口替代战略进行攻击，世界银行1985年年度报告在对发展中国家的外贸政策进行了广泛的考察后也认为，出口替代战略要优于进口替代战略。

其实采用进口替代战略的国家也不乏成功的范例。巴西长期以来推行的是一条进口替代工业化战略，在20世纪60年代末70年代初创造了经济高速发展的"巴西奇迹"，被视为拉丁美洲的新兴工业化国家。据统计，直到20世纪60年代中期，巴西的进口依存度一直很低，且逐渐下降，直到1980年才超过10%。巴西由于国内市场广阔，又长期坚持进口替代，出口依存度也很低。到20世纪60年代重化学工业化达到了相当发达的阶段，工业制成品的出口额仅占总出口额的8.1%。如果从产业结构来看，尽管当时制造业占国内生产总值近30%，但90%以上的出口产品属初级产品。只是到了20世纪60年后半期，尤其是在1968年以后，巴西才逐渐转向实施促进工业制成品出口的政策。此后工业制成品出口比重逐步上升，到20世纪80年代中期，工业制成品出口占出口总额达55%。但是，即使是在经济高速成长、出口迅速扩大的时期（1968—1974年），巴西也没有像韩国、中国台湾那样，实现由进口替代政策向出口替代政策的转变，而是执行一条进口替代与出口鼓励相结合的政策，仍基本上继承了原来的进口替代政策，贸易政策也是始终服务于进口替代工业化目的。

即使采取出口替代战略实现经济高速增长，除中国香港由于历史原因外，也都曾经实行过进口替代战略。新加坡在经济恢复时期（1959—1965年）实行的是温和的进口替代政策，工业化的重点放在优先发展劳动密集型的进口替代工业上，以解决当时存在的转口贸易衰退和国内严重的失业问题，1965年8月转而实行出口替代发展战略。中国台湾和韩国在20世纪50年代主要是实行进口替代战略，20世纪60年代前后开始转向出口替代战略，但与中国香港和新加坡不同的是，即使是在实行出口替代战略时期，也并未完全放弃进口替代的贸易保护政策，而是出口鼓励与进口保护并重，在工业竞争力不断提高的前提下，逐步减少贸易保护，放松外汇管制，实现商品和资金流动的自由化和国际化。

两种战略获得成功都有其特定的条件。一般而言，大国由于内部市场广阔，其在选择贸易发展战略时有较大的余地。在发展中国家中，巴西实行的进口替代战略是比较成功的，这与巴西是一个幅员辽阔、人口众多、资源丰富的发展中大国，国内市场容量较大有关。出口替代战略几乎是小国的唯一选择。获得成功的发展中国家和地区具有一些共同特征，即资源缺乏、内部市场狭小。同时国际贸易环境对出口替代战略能否奏效和成功关系极大。20世纪70年代前后，也正是国际政治开始走向缓和，欧美工业化国家经济结构出现明显调整的时候。经过20余年的战后高速经济增长，这些工业化国家经济中出现了劳动力成本上升、企业之间竞争加剧的形势，一些大型跨国企业开始寻求海外加工基地。在这样的背景下，采取出口替代战略的国家和地区的经济获得了快速发展。20世纪80年代以来，世界政治进一步走向缓和，以欧美大型跨国企业为主体的力量推动了经济全球化在世界范围内的发展。这些发展中国家和地区实行的出口替代战略客观上与经济全球化趋势相吻合，从而确立了其在发展政策选择上的主流地位。

无论是从理论上分析还是从实践中看，出口替代战略和进口替代战略并不是完全对立的，出口替代战略的成功并不能否定进口替代在发展中国家经济发展进程中的作用。发展中国家的工业品生产有一个赶超外国产品的过程，它出现在国内市场上是进口替代，出现在国际市场上就是出口替代，两者的共同目标是本国的工业化。就是在同一时期，在不同产业、商品之间也会进行着进口替代和出口替代，因而在同一时期内并存着进口替代政策和出口鼓励政策，这在一些发展中国家的发展过程中屡见不鲜。

纵观发展中国家和地区的经济发展历程，凡取得成功的国家和地区，无一不是采取了符合国际经济环境和本国本地区特点的正确的贸易战略，并根据不断变化的情况进行调整，及时抓住了发展机遇。只要运用得当，进口替代战略和出口替代战略都可能推动发展中国家的经济发展；运用不当，都可能给经济发展带来消极影响。例如，在实行进口替代战略时，如果产业保护导致资源配置过度扭曲，就会影响长期经济成长过程。另外，实行出口替代战略如没有必要的保护，过早实行"贸易自由化"，国内产业结构又不能及时调整，不具备国际竞争力的产业就根本无法走向国际市场，"出口替代"也就无从谈起。

第二次世界大战后几十年的发展经验和东亚金融危机的教训表明，在各国经济相互依赖、相互联系日益加深的今天，在国际关系相对平等化的今天，发展中国家在制定贸易战略时，所面对的问题不在于要不要利用国际资源，而在于怎样去利用国际资源；不是自由贸易还是保护贸易的问题，而是以何种方式、何种程度参与国际分工的问题。因此，发展中国家要把进口替代与出口替代结合起来，把以培育长期出口产业为目标的、有选择性的产业培育政策和中、短期的出口扶植政策结合起来。

第八章　世界多边贸易体制

第二次世界大战后的世界多边贸易体制曾以关税与贸易总协定为代表。从1948年至1995年，在关税与贸易总协定运行的47年中，它制定了一整套规范世界大多数国家政府贸易政策行为的准则，成功地组织了八轮多边贸易谈判，维护了世界贸易秩序，促进了全球贸易自由化。乌拉圭回合结束后，世界贸易组织作为一个正式的国际性组织取代了关税与贸易总协定，一个新的全球多边贸易体制正在形成。

第一节　关税与贸易总协定

一、关税与贸易总协定的产生

（一）关税与贸易总协定的产生背景

20世纪30年代，随着世界经济陷入困境，资本主义国家间爆发了关税战。第二次世界大战期间，许多国家因遭受战争的破坏，面临经济衰退、黄金和外汇储备短缺等问题。各国为了调整国际收支，采取高关税保护的政策，并实行外汇管制，控制资本外流。这些措施引起了世界经济的一片混乱，对美国的对外经济扩张和争夺世界市场极为不利。

在当时的国际经济关系中有三个亟待解决的问题：（1）需要建立和维护国家间稳定的汇率；（2）需要创立处理长期国际投资问题的国际组织；（3）需要重建国际贸易秩序。针对第二次世界大战后国际经济关系中亟待解决的主要问题，美国凭借其军事、政治、经济的绝对优势，从金融、投资和贸易这三个领域着手策划，试图建立一个由美国主宰的国际经济秩序。

1944年7月，在美国的积极推动下，44个国家的代表在美国的布雷顿森林召开了联合国货币金融会议（通常称为"布雷顿森林会议"），针对上述三个问题，会议决定成立三个相应的组织。在金融方面，1945年成立了国际货币基金组织（International Monetary Fund，IMF）；在投资方面，1946年成立了国际复兴开发银行（International Bank for Reconstruction and Development，IBRD），又称"世界银行"（World Bank）；在贸易方面，打算组建国际贸易组织（International Trade Organization，ITO）。

（二）关税与贸易总协定的产生与临时适用

1946年2月，在美国的提议下，联合国经济和社会理事会成立了筹备委员会，着手筹建国际贸易组织。1946年10月，在伦敦召开了第一次筹委会会议，讨论美国提出的《国际贸易组织宪章》草案，并决定成立宪章起草委员会对草案进行修改。

考虑到在短期内还难以建立国际贸易组织，而当时亟待解决的问题是各国普遍存在较高的关税，在美国的积极策动下，美国、英国、法国、加拿大、中国、印度等23国在1947年4月至10月就具体产品的关税减让进行了谈判，达成了123项关税减让协议。

1947年11月至1948年3月，在哈瓦那举行的联合国贸易和就业会议，审议并通过了《国际贸易组织宪章》，也称《哈瓦那宪章》（*Havana Charter*）。为了早日获得关税减让的好处，宪章起草委员会把各国在1947年关税减让谈判中达成的协议和宪章草案中有关贸易政策的内容加以合并，形成一个单一的文件，称为"关税与贸易总协定"（General Agreement on Tariffs and Trade，GATT），把它作为一项过渡性的临时协议来处理，准备在《国际贸易组织宪章》生效后，以宪章的贸易规则部分取代关税与贸易总协定的有关条款。1947年11月15日，美国、英国、法国、比利时、荷兰、卢森堡、澳大利亚、加拿大8个国家签署了《关税与贸易总协定临时适用议定书》，同意自1948年1月1日起实施关税与贸易总协定的条款。1948年，巴西、缅甸、锡兰（现斯里兰卡）、智利、中国、古巴、捷克斯洛伐克、印度、黎巴嫩、新西兰、挪威、巴基斯坦、南罗得西亚（现津巴布韦）、叙利亚、南非等15国签署该协议。

由于各国对于美国提出的国际贸易组织宪章草案提出了大量的修正案，其中的一些规定限制了美国的立法主权，不符合美国的利益，美国国会没有批准《哈瓦那宪章》。受其影响，56个《哈瓦那宪章》签字国中，只有个别国家批准了《哈瓦那宪章》，建立国际贸易组织的计划因此夭折。这样，关税与贸易总协定一直以临时适用的多边协定形式存在，到1995年1月1日世界贸易组织正式运行，共存续了47年。

就其性质而言，首先，关税与贸易总协定是一个法律文件。它作为一项多边国际贸易协定，制定了一套缔约方共同遵守的贸易准则，也规定了各缔约方在关税和贸易方面的权利和义务。其次，关税与贸易总协定又是一个进行关税减让、多边贸易谈判和协商解决贸易争端的场所。此外，关税与贸易总协定也是一个"事实上的"国际性贸易组织。它不是一个正式的组织，但是在长期的实践中它建立了一套完整的组织机构，起到了一个国际贸易组织的作用。

二、关税与贸易总协定的关税减让谈判与多边贸易谈判

关税与贸易总协定最重要的活动就是进行多边贸易谈判，人们通常把每次谈判称为"回合"或者"轮"。关税与贸易总协定自1947年签署以来，共举行了八轮这样的多边贸易谈判。

（一）八轮多边贸易谈判概况

通过谈判大幅度地降低关税以促进各国间的贸易自由化，是关税与贸易总协定创立时提出的首要目标，也是关税与贸易总协定历次多边贸易谈判的中心内容。在东京回合以前，多边贸易谈判基本上都是关于关税方面的。东京回合中，随着非关税壁垒的广泛实施，非关税壁垒问题也成为多边贸易谈判的重要议题。除关税和非关税壁垒问题外，谈判还要对总协定规则本身进行严格的审核，其目的在于修改这些规则，以使这些规则适应形势发展的需要。

1947年至1994年在关税与贸易总协定主持下进行了八次多边贸易谈判，其基本情况如下：

第一轮：1947年4月至10月在瑞士日内瓦举行，有23个国家参加。这次谈判共达成关税减让协议123项，涉及45 000项商品的关税减让，使应税进口值54%的商品平均降低税率35%，影响世界贸易额近100亿美元。

第二轮：1949年4月至10月在法国安纳西举行，有33个国家和地区参加。这次谈判共达成双边关税减让协议147项，增加关税减让商品项目5000个，使应税进口值5.6%的商品平均降低关税35%。

第三轮：1950年10月至1951年4月在英国托奎举行，共39个国家和地区参加。这轮谈判，由于美国与英联邦特惠制国家少有接触，故进展不大。谈判共达成关税减让协议150项，又增加关税减让商品8 700项，使应税进口值11.7%的商品平均降低关税26%。

第四轮：1956年1月至5月在瑞士日内瓦举行。这轮谈判由于美国代表谈判授权有限而受到影响，仅有28个国家参加。美国代表几乎用足了国会的授权，对进

口值9亿美元给予关税减让，而它所接受的减让约合4亿美元。关税减让商品达3000个项目，使应税价值16%的进口商品平均降低税率15%，涉及25亿美元的贸易额。日本在该轮谈判中加入总协定。

第五轮：又称"狄龙回合"，以建议发动该轮谈判的美国副国务卿道格拉斯·狄龙命名。1960年9月至1962年7月在日内瓦举行，有45个国家和地区参加。这轮谈判就4400项商品达成关税减让，共涉及49亿美元贸易额，使应税进口值20%的商品平均降低税率20%。然而，上述关税减让仅限于工业品，在农产品贸易上，因欧共体拒绝谈判而未达成任何协议。

第六轮：又称"肯尼迪回合"，1964年5月至1967年6月在日内瓦举行，是一次重要的多边贸易谈判，共有约占世界贸易额75%的54个国家和地区参加。这轮谈判历时3年多，列入关税减让商品项目共达60000多项，工业品进口关税率下降了35%，影响的商品贸易额达400亿美元。谈判第一次涉及非关税壁垒，制定了第一个反倾销协议，即关税与贸易总协定第6条实施细则。美国、英国、日本等21个国家签署协议，于1968年7月1日生效。

第七轮：也称"尼克松回合"或"东京回合"，1973年9月至1979年4月，先在日本东京举行，后转到日内瓦进行。该轮谈判除缔约方外，它还对非缔约方开放，共有99个国家和地区参加了谈判，其中包括29个非缔约方。作为历时5年之久以全面削减方式进行关税减让的结果，这次谈判关税减让和关税约束涉及3000多亿美元的贸易额，世界上9个主要工业国家制成品的加权平均关税率进一步下降至4.7%，减让总值相当于进口关税水平下降了35%。东京回合与前六轮谈判有明显的不同，除关税减让外，还在限制非关税壁垒方面取得了进展。在达成的9项附属协议中有6项是关于非关税壁垒方面的，它们是：进口许可证手续协议；关于解释和适用总协定第6条、第16条和第23条的协议（补贴与反补贴守则）；政府采购协议；实施总协定第6条的协议（也称反倾销守则）；贸易技术壁垒协议；以及关于实施总协定第7条的协议及议定书（海关估价守则）。另外3项协议是具体部门产品的协议，包括牛肉协议、奶制品协议和民用航空器贸易协议。这些协议和守则属总协定无条件最惠国待遇原则之外独立的协议和守则，仅对签字国有效，他们分别于1980年和1981年开始生效。

第八轮：也称"乌拉圭回合"，1986年9月在乌拉圭埃斯特角城开幕，谈判共涉及15个议题，1993年12月15日闭幕。1994年4月15日在摩洛哥的马拉喀什正式签署了《乌拉圭回合多边贸易谈判成果的最后文件》，该文件经各方的国内立法机关批准后，于1995年1月1日起正式生效。根据《乌拉圭回合多边贸易谈判成果的最后文件》，在货物贸易方面，发达成员承诺总体关税削减幅度在37%左右，对工业品的关税削减幅度达40%，加权平均税率由6.3%降至3.8%，发展中成员承诺总体关税削减幅度在24%左右,工业品加权平均税率由20.5%降至14.4%;修订了1947年关税与贸易总协定,形成了《1994年关税与贸易总协定》;达成了《农业协议》和《纺织品与服装协议》两个部门协议;达成了《技术性贸易壁垒协议》、《实施卫生与植物卫生措施协议》、《海关估价协议》、《进口许可程序协议》、《原产地规则协议》、《装运前检验协议》和《与贸易有关的投资措施协议》等7项非关税措施协议;达成了《保障措施协议》、《反倾销协议》和《补贴与反补贴协议》等3项贸易救济措施协议。在服务贸易方面,达成了《服务贸易总协定》。在知识产权保护方面,达成了《与贸易有关的知识产权协定》。

(二)关税与贸易总协定多边贸易谈判的特点

(1) 参加关税与贸易总协定活动的国家和地区不断增加,关税与贸易总协定的影响越来越大。

纵观总协定的历次多边贸易谈判,参加谈判的国家和地区逐次增多,东京回合以后,许多非缔约方也参加了总协定的多边贸易谈判或其他各种活动。参加总协定的成员包括各种不同经济类型的国家和地区,他们相互之间的贸易占世界贸易的绝大部分。

(2) 谈判内容不断增多,谈判时间逐次拉长。

前六轮谈判基本上都是关于关税问题的。随着工业品进口关税水平大幅度下降,非关税壁垒日益成为各国限制进口的重要手段。面对复杂、多样及施行范围颇广的非关税壁垒,关税与贸易总协定逐步把谈判的内容由关税扩大到非关税壁垒。东京回合中非关税壁垒成为谈判的重要议题,经谈判达成了多项有关非关税壁垒的协议。工业品贸易是前七轮谈判的传统性谈判内容,东京回合谈判还涉及部分农产品问题。乌拉圭回合不仅涉及农产品、纺织品、关税与非关税壁垒等传统议题,还涉及服务贸易、与贸易有关的知识产权、与贸易有关的投资措施等新议题。随着谈判内容的增多,每回合的谈判时间也逐次拉长。肯尼迪回合用了3年,东京回合用了近6年的时间,乌拉圭回合则用了7年多时间。

(3) 美国在关税与贸易总协定中影响巨大,但其作用在逐步下降。

美国是创建关税与贸易总协定的积极倡导者和推动者,也是关税与贸易总协定历次多边贸易谈判的发动者。美国凭借其雄厚的政治、军事和经济实力在创建总协定以及推动贸易自由化过程中始终扮演着最重要的角色。但是,随着世界经济多极化的发展和发展中缔约方数量的增加,美国已逐渐失去了单独维持关税与贸易总协定多边贸易体制的能力。

(4) 在历次多边贸易谈判中发达国家居主导地位。

在历次多边贸易谈判中,发达资本主义国家一直居于主导地位,其中美、日、欧是谈判的主角。前几轮谈判主要在美国和英国之间进行。第二次世界大战结束初期，美国是世界上独一无二的经济强国，总协定成为美国推行其经济贸易政策的重要工具。美国虽然作出一定的让步，但它仍是总协定最大的受益者。随着西欧和日本的经济崛起，总协定便成为美、日、欧进行较量的场所。后几轮谈判主要在这三大经济力量之间进行，谈判的发起、议题的确定乃至协议的达成主要取决于实力雄厚的大国，这些国家也是多边贸易谈判的主要受益国。

(5) 发展中国家的贸易与发展问题日益受到重视，其地位逐步提升。

随着发展中国家在总协定缔约方的增多，在发展中国家的不断努力和斗争下，总协定采取了一些措施，例如1965年总协定增加了专门针对发展中国家贸易与发展问题的第四部分，东京回合中通过了"授权条款"以及普遍优惠制的实施，保证了发展中同家的合法利益，有利于发展中国家对外贸易的发展，为解决南北之间深刻的贸易矛盾提供了一个良好的开端。

第二节　世界贸易组织

一、世界贸易组织的建立

(一) 建立世界贸易组织的过程

世界贸易组织协议的形成是乌拉圭回合多边贸易谈判的一项重大意外成果。在1986年9月乌拉圭回合发动时，15项谈判议题中没有关于建立世界贸易组织的议题。由于乌拉圭回合谈判不仅包括了传统的货物贸易，而且还涉及知识产权和服务贸易以及投资措施等，因此1947年关税与贸易总协定如何有效地贯彻执行乌拉圭回合形成的各项协议就提上了议事日程。无论从组织结构还是从协调职能看，总协定均显示出其"先天不足"性。1990年欧共体首先提出建立一个多边贸易组织（Multilateral Trade Organization，MTO）的倡议，并得到美国、加拿大等国的支持。

1990年12月，乌拉圭回合布鲁塞尔部长会议正式作出决定，责成体制职能小组负责"多边贸易组织协议"的谈判起草工作。1991年12月形成"关于建立多边贸易组织协议"的草案。1993年11月形成了"建立多边贸易组织协议"，同年12月根据美国的动议，把"多边贸易组织"改名为"世界贸易组织"（World Trade Organization，WTO）。

1994年4月15日，"乌拉圭回合"参加方在摩洛哥的马拉喀什通过了《建立世界贸易组织协定》。1995年1月1日，世界贸易组织正式建立。

(二) 世界贸易组织和关税与贸易总协定的关系

1.世界贸易组织和关税与贸易总协定的联系

世界贸易组织和关税与贸易总协定有着内在的历史继承性。世界贸易组织继承了关税与贸易总协定的合理内核，包括其宗旨、职能、基本原则及规则等。关税与贸易总协定有关条款，是世界贸易组织《1994年关税与贸易总协定》的重要组成部分，仍然是规范各成员间货物贸易关系的准则。

2.世界贸易组织和关税与贸易总协定的区别

（1）组织机构的正式性。

根据《维也纳条约法公约》，任何国际性组织，尤其政府间的组织都应具有设立它的国际公约或条约作为法律基础。世界贸易组织是根据该公约正式批准生效成立的国际组织。《建立世界贸易组织协定》作为乌拉圭回合一揽子协议的统领文件，为该组织的建立确立了重要基础，使其具有独立的国际法人资格，与其他国际性组织处于同等地位，其官员享有外交特权和豁免权。而关税与贸易总协定则不是法律意义上的国际组织，它没有建立一个国际组织的国际公约，而只是一个"临时适用"的协定，因此，它不具有国际法人资格。

（2）管辖范围的广泛性。

关税与贸易总协定的管辖范围仅涉及货物贸易，且农产品和纺织品贸易均作为例外不受总协定规则的约束。而世界贸易组织新体制不仅把长期游离在总协定规则之外的农产品和纺织品纳入其轨道，它还将其管辖范围扩大到服务贸易、与贸易有关的知识产权和与贸易有关的投资措施等新领域。今天，由世界贸易组织所代表的多边贸易体制，其管辖范围已扩大到与贸易有关的各个方面。

（3）法律体系的统一性。

关税与贸易总协定的法律体系由三部分构成：一是关税与贸易总协定文本（含38个条款）和前7轮多边贸易谈判达成的关税减让表；二是东京回合达成的9项附属性协议；三是多种纤维贸易安排。多种纤维贸易安排是作为关税与贸易总协定的一项例外，采取背离关税与贸易总协定的管理办法。东京回合达成的各项协定采取自愿选择参加的办法，仅对签字方有效。关税与贸易总协定法律体系是被分割的世界贸易组织新体制所管辖的协议，除东京回合达成的政府采购、牛肉、奶制品和民用航空器等4项多边贸易协议外，其他所有的协议必须一揽子接受和遵守，不能选择性地参加或提出保留，从而使世界贸易组织在法律体系上基本达到了统一。

（4）争端解决机制的有效性。

在关税与贸易总协定的争端解决机制中，其决策方式是"完全协商一致"，只要有一个缔约方（最有可能是"被申诉人"）提出反对通过裁决报告，就认为没有"完全协商一致",关税与贸易总协定则不能作出裁决,这自然大大削弱了总协定在解决争端机制方面的权威性和有效性。因此,有人戏称"关税与贸易总协定争端解决机制是一只没有牙齿的老虎"。世界贸易组织争端解决机制采用"反向协商一致"的决策原则,在争端解决机构审议专家组报告或上诉机构报告时,只要不是所有的参加方都反对,则视为通过,从而排除了败诉方单方面阻挠报告通过的可能,增强了机构解决争端的效力。

此外,针对关税与贸易总协定争端解决时间拖得过长的缺陷,世界贸易组织的争端解决机制对争端解决程序的各个环节规定了严格、明确的时间表。

二、世界贸易组织的宗旨、职能和组织机构

(一) 世界贸易组织的宗旨

世界贸易组织基本上承袭了关税与贸易总协定的宗旨,但又随着时代的发展,对原总协定的宗旨作了适当的补充和修正。在《建立世界贸易组织协定》的序言部分,规定了世界贸易组织的宗旨:

(1) 提高生活水平,保证充分就业,保证实际收入和有效需求的大幅稳定增长。

(2) 扩大货物和服务的生产和贸易。

(3) 依照可持续发展的目标,考虑对世界资源的最佳利用,寻求既保护和维护环境,又以与各成员各自在不同经济发展水平的需要和关注相一致的方式,加强为此采取的措施。

(4) 积极努力以保证发展中国家,尤其是最不发达国家,在国际贸易增长中获得与其经济发展需要相当的份额。

(二) 世界贸易组织的职能

世界贸易组织的主要职能包括:

(1) 负责多边贸易协议的实施、管理和运作,促进世界贸易组织目标的实现,同时为多边贸易协议的实施、管理和运作提供框架。

(2) 为成员间就多边贸易关系进行谈判提供场所,并提供实施谈判结果的体制。

(3) 通过争端解决机制,解决成员间可能产生的贸易争端。

(4) 运用贸易政策审议机制,定期审议成员的贸易政策及其对多边贸易体制运行所产生的影响。

(5) 通过与其他国际经济组织(国际货币基金组织和世界银行及其附属机构)的合作和政策协调,实现全球经济决策的更大一致性。

（三）世界贸易组织的组织结构

世界贸易组织设立的主要组织机构有：

（1）部长级会议。

部长级会议是世界贸易组织的最高决策机构，由世界贸易组织的所有成员组成，每两年至少举行一次会议。部长级会议全权履行世界贸易组织的职能，并可以为此采取任何必要的行动。

（2）总理事会。

总理事会负责世界贸易组织的日常事务，监督和指导下设机构的工作，并处理世界贸易组织的重要紧急事务。在部长级会议休会期间，其职能由总理事会行使，总理事会还履行争端解决机构和贸易政策审议机构的职责。

（3）理事会。

总理事会下设货物贸易理事会、服务贸易理事会、与贸易有关的知识产权理事会，分别负责监督相应协议的实施。三个理事会在总理事会的指导下开展工作，行使相应协议规定的职能以及总理事会赋予的其他职能。

（4）各专门委员会。

各专门委员会负责处理三个理事会的共性事务以及三个理事会管辖范围以外的事务。各专门委员会向总理事会直接负责。

（5）其他临时性机构。

世界贸易组织还根据需要设立一些临时性机构，通常称为工作组，其任务是研究和报告有关专门事项，并最终提交相关理事会作出决定。一些工作组还承担有关谈判的组织工作。

（6）秘书处。

秘书处是世界贸易组织的日常办事机构，由部长级会议任命的总干事（Director-General）领导。

三、世界贸易组织的基本原则

（一）非歧视原则

非歧视原则包括最惠国待遇原则和国民待遇原则。

（1）最惠国待遇原则。

最惠国待遇是指一成员现在和将来在货物贸易、服务贸易和知识产权领域所给予任何第三方的优惠待遇，应立即和无条件地给予其他各成员。

（2）国民待遇原则。

国民待遇是指一成员对其他成员的产品、服务或服务提供者及知识产权所有者和持有者所提供的待遇，不低于本国同类产品、服务或服务提供者及知识产权所有者和持有者所享有的待遇。

（二）贸易自由化原则

贸易自由化原则是指通过多边贸易谈判，实质性削减关税和减少其他贸易壁垒，扩大成员之间的货物和服务贸易。

（三）透明度原则

透明度原则是指成员应公布所制定的和实施的贸易措施及其变化情况，不公布的不得实施，同时还应将这些贸易措施及其变化情况通知世界贸易组织。成员参加的影响国际贸易政策的国际协议也在公布和通知之列。

（四）公平竞争原则

公平竞争原则是指成员应避免采取扭曲市场竞争的措施，纠正不公平贸易行为，在货物贸易、服务贸易和与贸易有关的知识产权领域，创造和维护公开、公平、公正的市场环境。

（五）促进发展和经济改革原则

发展中成员和经济转轨国家占WTO成员数的3/4以上，多边贸易体制日益认识到发展中国家，尤其是最不发达国家履行义务的灵活性和特殊需要。世界贸易组织沿袭了关贸总协定关于发展中国家和最不发达国家优惠待遇的相关协议和条款，并在相关协定、协议或条款中加以完善。此外，世界贸易组织也充分考虑到经济转型国家复杂的内部、外部条件，对它们加入该组织给予鼓励并承诺给予较灵活的处理。

四、世界贸易组织的例外与免责

世界贸易组织要求成员方切实履行其所承担的各项义务，但也允许成员方在确有困难的情况下有所变通。因此，世界贸易组织协定和协议中大都包含了例外、免责的规定。

（一）例外规定

（1）一般例外

成员方如采取一般例外措施，可不受世界贸易组织规则及该成员承诺的约束，但应遵守非歧视原则。

（1）货物贸易领域的一般例外。

①为维护公共道德所必需的措施。

②为保护人类、动植物生命或健康所必需的措施。

③与黄金或白银进出口有关的措施。

④为保证与《1994年关税与贸易总协定》不相抵触的国内法律、法规得到遵守所需的措施，包括海关执法，实行有关垄断，保护专利权、商标、版权以及防止欺诈行为等措施。

⑤与监狱囚犯产品有关的措施。

⑥为保护具有艺术、历史或考古价值的国宝所采取的措施。

⑦保护可用竭的自然资源的措施，但应与限制国内生产或消费一同实施。

⑧为履行政府间商品协定项下义务而实施的措施，且其他成员对该商品协定不持异议。

⑨在政府实施稳定计划，将国内原料价格控制在国际价格水平以下时期，为保证国内加工业获得基本的原料供应而采取的原料出口限制措施。但此类限制不得用于增加国内加工业的出口或保护，也不得违背非歧视原则。

⑩在供应短缺情况下，为获取或分配产品所必须采取的措施。

2.服务贸易领域的一般例外。

①为维护公共道德所必需的措施。

②为维护公共秩序所必需的措施，但只有在社会的某一根本利益受到真正和足够严重的威胁时方可采取。

③为保护人类、动植物生命或健康所必需的措施。

④为保证与世界贸易组织规定不冲突的国内法的执行而采取的措施，包括防止欺骗、欺诈行为的措施；处理服务合同违约后果的措施；保护与个人信息处理和传播有关的个人隐私的措施；保护个人记录和账户机密性的措施以及有关安全的措施。

⑤与国民待遇不一致的措施。实施该措施，是为了保证公平、有效地对其他成员的服务或服务提供者课征直接税。

⑥与最惠国待遇不一致的措施。实施该措施，是为了履行避免双重征税协定，或执行其他国际协定的相关规定。

2.安全例外

世界贸易组织允许成员在战争、外交关系恶化等紧急情况下，为保护国家安全利益采取必要的行动，对其他相关成员不履行世界贸易组织规定的义务。

（二）免责规定

1.紧急限制进口措施

紧急限制进口措施也称保障措施，是指世界贸易组织成员在符合规定的紧急情况下，可暂停实施对有关进口产品作出的关税减让和其他承诺。

2.保护幼稚工业措施

世界贸易组织允许成员为促进建立某一特定产业而背离承诺,实施关税保护和数量限制措施。

3.国际收支限制措施

世界贸易组织允许成员因国际收支困难而中止关税减让和其他承诺。

4.有关承诺的修改或撤回

《1994年关税与贸易总协定》规定,每隔3年,成员可就修改或撤回承诺进行谈判。在特殊情况下,经世界贸易组织批准,可随时进行此类谈判。《服务贸易总协定》也有类似规定。

5.义务豁免

成员方可根据豁免条款,申请免除某项或某些义务。

五、世界贸易组织的新一轮多边贸易谈判

(一) 世界贸易组织新一轮多边贸易谈判的启动与进展

1.新一轮多边贸易谈判启动的背景

自1995年1月世界贸易组织成立以来,国际社会一直酝酿发起新一轮多边贸易谈判,这是由当时世界经济贸易形势以及世界多边贸易体制自身的内在因素所决定的。

(1)乌拉圭回合结束后,各国贸易政策更趋自由化,但全球贸易壁垒依然存在,而推倒这些壁垒只有在全球基础上才有可能认真地得到消除或规范。

(2)发达国家一直希望在其期待的领域、有竞争优势的一些部门进一步自由化,而发展中国家对世界贸易组织有关协议的执行情况不满意,呼吁世界贸易组织应充分考虑发展中国家在实施协议中遇到的问题和困难。面对世界贸易组织规则和协议的不完善和不充分,发达成员和发展中成员相互作出妥协和让步,认为有必要对这些缺陷和不足进行审议,并作出必要的补充与改正,以进一步制定和完善多边贸易规则。

(3)在乌拉圭回合中,各方对农业和服务业的市场开放做了一些承诺,提出了未来开放的框架,但内容尚不具体,缺乏可操作性。乌拉圭回合结束时,这些议题被承诺将在下一轮谈判中占有一席之地,以推动这些领域的进一步贸易自由化。

(4)国际贸易领域也不断出现一些新现象和新问题,需要通过新的贸易谈判给予磋商并达成共识。

2.新一轮多边贸易谈判的准备与艰难启动

（1）新加坡议题。

1996年在新加坡举行的首届部长级会议决定，世界贸易组织要为投资政策、竞争政策、政府采购的透明度和贸易便利化等问题（即新加坡议题，Singapore Issues）制定规则，并纳入新一轮谈判中。会后，世界贸易组织成立了新加坡议题工作组，并指导WTO货物贸易委员会为WTO规则在上述领域的适用和评估进行探索性和分析性的工作。

（2）西雅图会议。

1999年12月，世界贸易组织第三次部长级会议在美国西雅图召开。会议历时4天，原本打算启动新一轮多边贸易谈判，即"千年回合"。但是，由于各方分歧严重，加之反全球化势力的干扰，这次会议未能就新一轮谈判的议程达成共识，不得不草草收场。

（3）多哈发展议程启动。

自2000年下半年，世界经济和贸易的增速明显放慢。2001年世界货物贸易额出现10多年来最大的负增长，世界货物贸易量出现自1982年以来的首次负增长。"9·11"事件也干扰了全球经济复苏进程。在经济复苏速度、力度都缓慢的背景下，全球保护主义势头增强，一系列双边贸易争端恶化了全球贸易环境，人们期待通过启动新的多边贸易谈判来恢复对世界经济的信心。

为了避免重蹈西雅图会议的覆辙及挽救世界贸易组织的威信，世界贸易组织实施了一系列"树立信心"的措施，如优先考虑最不发达国家面临的困难、全面重新评估技术合作和能力建设活动、建立专门机制处理与实施有关的事项和关注、改革世界贸易组织程序以保障所有成员更有效地参与、加强与其他国际组织的进一步密切合作等，这些为再次启动新的谈判作了较充分的铺垫和准备。

2001年11月，在卡塔尔首都多哈举行的世界贸易组织第四次部长级会议上，与会的142个成员部长一致通过了《多哈部长宣言》，决定启动新一轮多边贸易谈判。根据《多哈部长宣言》及其工作计划，谈判最迟不晚于2005年1月1日结束。

新一轮谈判的主要内容将涉及19个方面，它们是：与实施相关的问题；农业；服务业；非农产品市场准入；与贸易有关的知识产权；贸易与投资关系；贸易与竞争政策的关系；政府采购的透明度；贸易的便利化；WTO规则（包括反倾销、补贴、区域贸易协定）；争端解决谅解；贸易与环境；电子商务；小型经济体；贸易、债务与金融；贸易与技术转让；技术合作与能力建设；最不发达成员；特殊和差别待遇。

这是继乌拉圭回合结束8年后、也是世界贸易组织成立以来举行的首轮多边贸易谈判。由于世界贸易组织成员中的大多数都是发展中国家及最不发达国家，这些国家的需要和利益构成了谈判议程的核心，也成为影响谈判能否成功的重要力量。因此，在发展中国家成员的努力下，各方逐渐形成了一个共识，将发展确定为贯穿整个新的多边贸易谈判的主题。人们回避了以往8轮多边贸易谈判一直使用的、以发达国家主导为印象的"回合"一词，而称此轮谈判为"多哈发展议程"（Doha Development Agenda）。

3. 多哈发展议程谈判进展艰难

新一轮多边贸易谈判自2002年初拉开序幕以来，各领域的谈判进展异常缓慢，时常陷入僵局。在坎昆会议前，多哈发展议程的所有议题的谈判几乎都错过了原定时间底线，例如，2002年7月31日，纺织品和服装、对发展中国家的特殊待遇问题、补贴问题错过底线；2002年年底，反倾销问题、知识产权问题没有取得实质性进展；2003年3月31日，农业谈判错过底线；2003年5月31日，争端解决机制的谈判错过底线。

为了打破谈判僵局，保证坎昆会议顺利召开，世界贸易组织各成员间不同形式和规模的磋商一直在紧锣密鼓地进行，以期协调立场，寻求相关对策。2003年9月，世界贸易组织第五次部长级会议在墨西哥坎昆举行。作为多哈发展议程的中期会议，各成员对坎昆会议寄予了不同的希望。在坎昆会议期间，与会各成员就农业、新加坡议题等焦点问题进行了激烈的讨论，表达自己的看法和立场。由于成员间在农业、非农业产品、新加坡议题和发展议题等问题上分歧巨大，谈判各方固守立场，会议最终未能取得实质性成果，使多边贸易谈判的前景比西雅图时更加暗淡。

为了挽救多哈发展议程谈判计划，坎昆会议结束前，各成员作出了最后一项决议，指示世界贸易组织总理事会在2003年12月中旬完成《坎昆会议宣言》。但是，当这个"最后期限"过去后，总理事会没能产生任何决议。于是，世界贸易组织又设定了一个新的"最后期限"，即2004年7月底在日内瓦召开的总理事会特别会议。

2004年8月1日零点30分，147个世界贸易组织成员方就多哈发展议程中的农业、非农产品市场准入、发展问题、服务贸易以及贸易便利化谈判等议题达成框架协议，将贸易便利化以外的三个"新加坡议题"剔出多哈发展议程。尽管该框架协议只规定了今后谈判的指导原则，但至少明确了多哈发展议程后续谈判的大致内容和方向，使谈判重回正轨，暂时消除了多哈发展议程再度陷入停滞的危险，因坎昆会议失败而受损的世界贸易组织的威信也得到了恢复，被世界贸易组织总干事素帕猜称为"具有历史意义的时刻"。成员还同意重新修改《多哈部长宣言》确定的谈判时间表，提出力争于2005年12月在中国香港举行的第六次部长级会议取得实质性成果，从而为2006年最终完成谈判奠定良好的基础。

2005年12月13日至18日，世界贸易组织第六次部长级会议在中国香港举行，来自世界贸易组织149个成员的5800多名代表和2000多名非政府组织代表参加了会议。在难以就关键议题实现突破的情况下,各成员就发展议题形成了共识。与会部长们经过6天谈判后,发表了《部长宣言》,在农业、棉花以及发展问题上取得进展,包括发达成员和部分发展中成员同意2008年前向最不发达国家提供免关税和免配额市场准入;发达国家2006年取消棉花出口补贴,2013年年底前取消农产品出口补贴。这些成果对于世界经济特别是最不发达国家经济发展将带来一定的积极意义。香港会议使谈判取得了一定进展,但各成员今后的谈判任务仍十分艰巨。各成员部长们在香港宣言中说:"我们重申决心在2006年全面完成多哈工作计划,并成功结束在多哈启动的本轮谈判。"

为打破多哈发展议程谈判僵局,2006年7月,世界贸易组织的6个关键成员(美国、欧盟、日本、澳大利亚、巴西和印度)在日内瓦紧急召开部长级特别会议,以协调各方在农业和非农产品市场准入问题的立场。由于分歧过大,会议第二天多国部长纷纷离去,本次会议以失败告终。2006年7月27日,世界贸易组织总干事拉米正式建议,全面中止已持续近5年的谈判,而且表示不为恢复谈判设定任何时间表,多哈发展议程谈判进入"休眠期"。

2006年9月,美国、欧盟和日本等发达国家的代表与发展中国家成员组成的"20国协调组"的代表在巴西里约热内卢举行对话会议,协调立场,同意尽快恢复多哈发展议程谈判。2006年11月,世界贸易组织贸易谈判委员会召开多哈发展议程谈判中止以来的首次全体会议,与会代表一致同意恢复多哈发展议程谈判的技术性讨论,并为谈判最终全面恢复作好准备。

2007年1月,谈判再次恢复,但依旧无果而终。2008年7月21日,来自35个主要世界贸易组织成员的贸易和农业部长在日内瓦召开会议,试图在一周时间内就多哈发展议程谈判农业和非农产品市场准入问题取得突破。但谈判难以取得进展,原定一周的会期被迫延长。经过9天的讨价还价后,还是以失败告终。

2008年12月12日,世界贸易组织总干事拉米宣布,由于各成员无法弥合在一些敏感问题上的分歧,他决定放弃在2008年年底前召开部长级会议来讨论推动达成农业和非农产品市场模式协议的计划,这意味着拖延7年之久的多哈发展议程进程再次遭遇挫折。

2011年1月29日,在达沃斯举行的世界贸易组织小型部长级会议上,与会代表希望恢复谈判。之后,贸易谈判委员会在农业、非农产品市场准入、贸易便利化、贸易规则等具体领域展开密集谈判。2011年5月底,拉米在贸易谈判会议上提出以贸易便利化、农业和发展三大议题为核心的"早期收获"计划,得到各成员同意。2011年12月召开的第八届部长级会议没有就此达成协议。2012年,各成员继续就"早期收获"计划进行谈判,在2012年12月11日举行的WTO总理事会会议上，拉米表示贸易便利化协议谈判已取得积极进展。2013年9月，新上任的WTO总干事罗伯特·阿泽维多敦促各成员的贸易代表展开密集谈判，力求尽快就"早期收获"计划达成一致，并在12月初召开的第九届部长级会议上正式签署。2013年12月，在巴厘岛召开的第九届部长级会议通过了"早期收获"协议，会议同时明确，在未来12个月内，对所有多哈未决议题，尤其是农业及发展中国家和最不发达国家关心的议题制订工作计划。2014年11月27日，世界贸易组织召开总理事会特别会议，通过了《贸易便利化协定》，将在2/3以上成员走完内部批准程序后生效。《贸易便利化协定》是对多哈发展议程谈判成果的"锁定"，为最终完成谈判奠定了基础，但多哈发展议程谈判毕竟还没有结束。相对于其他议题，《贸易便利化协定》涉及的内容属于"容易摘取的果实"，剩下的都是难啃的"硬骨头"，发达国家与发展中国家，甚至处于不同发展阶段的发展中国家之间的分歧仍然尖锐，在短期内取得突破性进展的前景仍然十分黯淡。2015年12月，在肯尼亚首都内罗毕召开的第十届部长级会议上，经过各方努力，最终达成部长级会议宣言并通过多项决定，主要成果包括全面取消农产品出口补贴，就出口融资支持、棉花、国际粮食援助等方面达成了新的多边纪律；成功结束《信息技术协定》扩围谈判；在优惠原产地规则、服务豁免等方面切实给予最不发达国家优惠待遇。

多年来多哈发展议程谈判进展艰难暴露出世界贸易组织决策效率低的突出问题，从长远来看，世界贸易组织的改革势在必行。如何提高决策效率，把已有的协定转化为具体成果，是各成员需要集中力量解决的课题。

（二）世界贸易组织新一轮多边贸易谈判的特点

与关贸总协定主持下已完成的8轮多边贸易谈判相比，由于世界经济贸易环境的变化，"多哈发展议程"启动后呈现出与以往谈判不同的一些鲜明的特点。

（1）由于各议题的重要性和敏感性，加上各方利益错综复杂，谈判启动以来进展艰难，并时常陷入停滞的僵局。

（2）谈判涉及的议题十分广泛，远远超过以往历次谈判，提出的新议题也多，均增大了谈判的难度。

（3）一发展为中心探讨贸易政策的呼声日益影响世界贸易组织走向，谈判要兼顾发展中国家的需要和利益成为共识。

（4）谈判的焦点仍然是农业问题，农业议题的进展和前景成为多哈发展议程的指示器。

（5）参与谈判的成员数目不断增加，远远多于以往历次谈判，在成员经济水平差异大、利益关系错综复杂的情况下，取得协商一致的难度明显增加。

（6）成员谈判力量多极化的趋势初步形成，不同集团势力对谈判的影响力加强,谈判格局更加复杂。与以往的谈判不同,多哈发展议程呈现出一个引人瞩目的现象,在存在着发达国家和发展中国家两大利益集团的背景下,各成员为了维护自身利益,加上集体谈判力量的显著优势,组成了数量众多的利益"同盟"或协调小组,积极谋求对谈判产生影响。由于各集团间存在着尖锐的、对立的利益冲突,众多利益集团如同一股股潜流,或加速或延缓谈判进程,使多边谈判的形势更趋复杂。乌拉圭回合时最主要的矛盾集中在发达国家内部,特别是美国和欧盟在农业政策上的分歧严重。在多哈发展议程中,主要矛盾转移到发达国家和发展中国家之间,并在农业问题上集中爆发。发展中国家组成谈判协调组或集团对于维护发展中国家的基本利益是有利的。但也要看到,多种谈判力量的出现在有利于改善世界多边贸易体制不平衡性矛盾的同时,也加深了各成员在多边谈判中进行博弈的难度,使得博弈均衡的实现变得更加困难。

(7)受经济实力及谈判能力所限,此轮谈判还是发达国家掌握主导权,但发展中国家的态度变得更加重要,其力量也在增强。多哈发展议程启动后进展并不平坦,但发展中国家的立场和作用日益显现,它们发出了比以往谈判更加强烈的声音,并通过有效的联合,成为谈判中不可忽视的重要力量。随着谈判的深入,人们越来越形成这样一个共识,即发展中国家的积极参加是谈判最终取得成功的关键。可以预言,发展中国家将在未来谈判中发挥更大的影响作用,这不仅会影响今后WTO的谈判进程,而且会对未来的南北关系产生深远的影响。

第九章　国际经济一体化

第一节　国际经济一体化概述

一、国际经济一体化的概念与形式

国际经济一体化（International Economic Integration）是指两个或两个以上的关税领土为了实现共赢的目标，通过签订政府（当局）间的协定，实行从成员间减少或取消贸易壁垒到实施统一的经济政策的不同程度经济联合的过程和状态。

根据经济上结合程度的不同，国际经济一体化可分为以下几种形式：

（一）优惠贸易安排

优惠贸易安排（Preferential Trade Arrangements）是国际经济一体化最松散、最初级的一种形式。在优惠贸易安排成员间，通过签订协定，规定成员之间在进行贸易时互相提供比与非成员进行贸易时更低的贸易壁垒。1932年英国与其他英联邦国家建立的英帝国特惠制；1967年成立的东南亚国家联盟等就属于这种形式的经济一体化。

（二）自由贸易区

自由贸易区（Free Trade Area）是指由签订有自由贸易协定的国家组成的贸易区。在区内各成员取消他们相互之间的贸易壁垒，使商品能够在区内自由流动，但每个成员仍保留独立的对非成员的贸易壁垒，如欧洲自由贸易联盟、北美自由贸易区。在自由贸易区内，成员之间的边境通常仍保留有海关等机构，以避免其他国家的商品通过贸易壁垒较低的成员进入整个自由贸易区。

（三）关税同盟

关税同盟（Customs Union）是指成员之间完全取消关税或其他贸易壁垒，并撤除成员之间的关境，合并成一个统一的对外共同关境，对非成员实行统一的关税税率所结成的同盟。世界上最早、最著名的关税同盟是由比利时、荷兰和卢森堡三国组成的关税同盟。

（四）共同市场

共同市场（Common Market）是指除共同市场成员间完全取消关税和其他贸易限制，建立对非成员的共同关税外，成员间的资本、劳动力等生产要素也可以自由流动。欧洲经济共同体于1970年已接近此阶段。

（五）经济同盟

经济同盟（Economic Union）是指成员间不但商品与生产要素可以完全自由移动，建立对外共同关税，而且要求成员制定和执行某些共同的经济政策和社会政策，包括货币、财政、贸易、经济和社会福利方面的政策等，逐步消除政策上的差异，使一体化的程度从商品交换扩大到生产、分配乃至整个国民经济，形成一个有机的经济实体。目前的欧洲联盟属于这种形式。

（六）完全经济一体化

完全经济一体化（Perfectly Economic Integration）是指各参加国经济真正结合成一个整体，建立超国家的权力机构，各成员在货币、财政、贸易等政策上完全一致，商品、资本、劳动力在区内完全自由流动，最终的状况如同一个国家。一旦实行了这样的一体化，它常常还包含政治上的一体化，这是经济一体化的最高形式。目前，欧洲联盟就是向这种一体化的方向发展的。

需要指出的是，上述经济一体化类型只是对经济一体化不同形式的简单区分，实践中的经济一体化由于其合作的广泛性，不能完全归为一种类型，也并非必然依次由一种低级形式向另一种高级形式发展。

国际经济一体化的形式除按上述方法划分外，还可按一体化的范围和参加国的经济发展水平来划分。

按经济一体化的范围，可划分为部门一体化（Sectoral Integration）和全盘一体化（Overall Integration）两种形式。部门一体化是指区域内成员间实行一个或几个部门（或商品）的一体化。如1952年建立的欧洲煤钢共同体。全盘一体化是指区域内成员间的所有经济部门实行一体化。欧盟的一体化属于此类。

按成员的经济发展水平，经济一体化还划分为水平一体化（Horizontal Integration）和垂直一体化（Vertical Integration）两种形式。水平一体化是指经济发展水平相同或接近的经济体组织建立的经济一体化组织，如欧洲经济共同体。垂直一体化是指经济发展水平不同的经济体所组成的一体化，如1994年1月1日由美国、加拿大与墨西哥建立的北美自由贸易区。

二、第二次世界大战后国际经济一体化的产生与发展

根据世界贸易组织（WTO）公布的统计数据，自1948年至2016年10月5日，向关贸总协定和世界贸易组织通报的国际经济一体化协定数量已达461个，其中由于内部分歧过大或与其他协定合并等原因终止了193个，仍在生效的有268个。

（一）20世纪80年代中后期前国际经济一体化的产生与发展

西欧是第二次世界大战后国际经济一体化的起源地。早在第二次世界大战尚未全面结束的1944年9月5日，比利时、荷兰、卢森堡三国流亡政府在伦敦签署了比荷卢关税同盟协定，于1948年1月1日正式生效，形成了战后第一个经济一体化组织比荷卢关税同盟（Benelux Customs Union）。第二次世界大战结束后，许多西欧国家为了消除战争的祸根，曾迅速酝酿并发起了一场欧洲统一运动，主张通过欧洲统一来维护欧洲和平。推动这场运动的有两个重要的因素：一是希望建立"欧洲联盟"，并且使一个实现了非军事化的德国成为其中一员，以便把它置于欧洲国家的联合控制和监督之下，这样就可以解决德国的威胁问题。二是为了应对来自苏联的"共产主义威胁"。

1952年8月，法国、联邦德国、意大利、荷兰、比利时和卢森堡6国正式建立了一个部门经济一体化组织——欧洲煤钢共同体。为了摆脱同美国的依附关系、增强自身的实力以及应对苏联的威胁，1957年3月，法国、联邦德国、意大利、荷兰、比利时、卢森堡6国在罗马签署了《建立欧洲经济共同体条约》（通常称为《罗马条约》），于1958年1月1日率先成立了欧洲经济共同体（European Economic Community，EEC），又称欧洲共同市场。1967年7月1日，欧洲经济共同体、欧洲原子能共同体（1957年成立）和欧洲煤钢共同体的主要机构合并为单一的机构，统称为欧洲共同体（European Community，EC），简称欧共体。

欧共体经过1973年（英国、爱尔兰、丹麦加入）、1981年（希腊加入）、1986年（西班牙、葡萄牙加入）三次扩大，成员国增加到12个。1984年，欧共体与欧洲自由贸易联盟就建立欧洲经济区（EEA）发表了《卢森堡宣言》，为两大组织继续和扩大合作确定了方向。为建立单一的内部市场，1985年6月，欧共体通过了《关于完成内部市场的白皮书》，同年12月，欧洲理事会拟定了《单一欧洲文件》，正式以法律的形式确定了1992年以前实现单一内部市场的目标。

欧共体除了不断增加新成员，与海外国家和领地（OCTs）（1971年）、瑞士和

列支敦士登（1973年）、冰岛（1973年）、挪威（1973年）、阿尔及利亚（1976年）、叙利亚（1977年）等国家和地区签署的自由贸易协定也相继生效。

在欧洲经济一体化的示范影响下，其他地区的国际经济一体化迅速发展（见表9-1）。

为了与欧洲经济共同体相抗衡，1960年5月，挪威、瑞典、瑞士、奥地利、英国、丹麦、葡萄牙7国建立了欧洲自由贸易联盟（European Free Trade Association，EFTA）。1970年，冰岛加入了欧洲自由贸易联盟。1986年，芬兰加入了欧洲自由贸易联盟。

表9-1　20世纪80年代中期以前西欧以外地区的国际经济一体化协定

生效时间	协定名称	成员
1961年10月12日	中美洲共同市场（CACM）	哥斯达黎加、萨尔瓦多、危地马拉、洪都拉斯、尼加拉瓜
1968年4月1日	三方协定（TRIPARTITE）	埃及、印度、南斯拉夫
1971年	经济互助委员会	苏联、保加利亚、匈牙利、波兰、罗马尼亚、捷克斯洛伐克、民主德国、蒙古
1973年2月11日	发展中国家贸易谈判议定书（PTN）	孟加拉国、巴西、智利、埃及、以色列、墨西哥、巴基斯坦、巴拉圭、秘鲁、菲律宾、韩国、罗马尼亚、突尼斯、土耳其、乌拉圭、南斯拉夫
1973年8月1日	加勒比共同体（CARICOM）	安提瓜和巴布达、巴哈马、巴巴多斯、伯利兹、多米尼加、格林纳达、圭亚那、海地、牙买加、蒙特塞拉特、圣卢西亚、圣基茨和尼维斯、圣文森特和格林纳丁斯、苏里南、特立尼达和多巴哥
1976年6月17日	曼谷协定	孟加拉国、印度、韩国、老挝和斯里兰卡
1977年2月1日	澳大利亚-巴布亚新几内亚贸易和商业关系协定（PATCRA）	澳大利亚、巴布亚新几内亚
1981年1月1日	南太平洋地区贸易与经济合作协定（SPARTECA）	澳大利亚、新西兰、库克群岛、斐济、基里巴斯、马绍尔群岛、密克罗尼西亚联邦、瑙鲁、纽埃、巴布亚新几内亚、所罗门群岛、汤加、图瓦卢、瓦努阿图、西萨摩亚

续表

生效时间	协定名称	成员
1981年3月18日	拉丁美洲一体化协会（LAIA）	阿根廷、玻利维亚、巴西、智利、哥伦比亚、古巴、厄瓜多尔、墨西哥、巴拉圭、秘鲁、乌拉圭、委内瑞拉
1983年1月1日	紧密经济关系贸易协定（CER）	澳大利亚、新西兰
1985年8月19日	美国-以色列自由贸易协定	美国、以色列
1985年	伊斯兰经济合作组织（ECO）	伊朗、巴基斯坦、土耳其

这个时期生效的国际经济一体化协定具有以下一些基本特征：

（1）地域性，即参加同一经济一体化协定的成员基本上隶属于同一地理区域。

（2）水平一体化，即参加同一经济一体化协定成员的经济发展水平比较接近。

（3）参加同一经济一体化协定成员的社会经济制度往往相同，外交政策和对外贸易政策也基本上一致。

（4）参加经济一体化协定的成员大多数是中小国家，他们的生产规模和社会化程度与国内相对狭小的市场之间的矛盾比较尖锐，对国际分工和国际市场的依赖程度高。

（5）国际经济一体化协定以多边协定为主，即参加同一经济一体化协定成员的数量在3个或3个以上。

（二）20世纪80年代中后期以来国际经济一体化的发展

1.美国的经济一体化

在第二次世界大战后的相当长的一段时间内，美国作为世界经济霸主的地位无人能够撼动。因此，当欧洲经济共同体成立时，美国不仅不担心它的威胁，而且基于政治考虑采取了积极支持的态度。但随着美国在世界经济中地位的下降，美国单独决定全球经济规则的格局已不复存在，美国的对外贸易政策也由主要是通过多边贸易体制来实现市场争夺转变到既追求多边自由贸易又寻求双边自由贸易的"双管齐下"的轨道。

对美国霸主地位直接构成挑战的不是日本经济、德国经济的高速增长，而是欧共体的迅速扩张。1984年，欧共体与欧洲自由贸易联盟就建立欧洲经济区发表了《卢森堡宣言》，美国第一次感觉到霸主地位丧失的威胁，因为欧洲经济区的市场规模将首次超过美国的市场规模。1985年，欧共体提出1992年以前实现单一内部市场的目标；1986年，西班牙、葡萄牙正式加入欧共体，欧共体扩大为12国。

基于抗衡欧洲经济区的考虑，美国终于彻底放弃了拥有悠久历史的"孤立主义"传统，于1986年开始了与加拿大的自由贸易协定谈判，1989年1月1日，美加自由贸易区建立。1990年乔治·布什发出"美洲倡议"，提议签署美洲自由贸易区协定，涵盖北起阿拉斯加，南到火地岛，除古巴之外的34个美洲国家。1994年1月1日，美加自由贸易区扩展为北美自由贸易区。由于民主党更加注重多边贸易谈判，克林顿在执政期间一直致力于推动世界贸易组织新一轮谈判，而没有发起新的经济一体化协定谈判。直到共和党的小布什执政后，美国才重新启动经济一体化协定谈判，2001年，美国-约旦自由贸易协定生效；2004年，美国-新加坡自由贸易协定、美国-智利自由贸易协定生效；2005年，美国-澳大利亚自由贸易协定生效；2006年，美国-摩洛哥自由贸易协定、多米尼加-中美洲-美国自由贸易协定（CAFTA-DR）、美国-巴林自由贸易协定生效；2009年，美国-阿曼自由贸易协定、美国-秘鲁自由贸易协定生效；2012年，美国-韩国自由贸易协定、美国-哥伦比亚自由贸易协定、美国-巴拿马自由贸易协定生效。

此外，美国还先后启动了两个跨大洋贸易协定谈判。2008年9月，美国宣布将加入"跨太平洋战略经济伙伴关系协定"（Trans-Pacific Strategic Economic Partnership Agreement，TPSEP，或P4协定），让这个之前并未被太多关注的贸易协定知名度和影响力大增。2009年11月，美国正式提出扩大跨太平洋战略经济伙伴关系协定，开始全方位主导谈判，"跨太平洋战略经济伙伴关系协定"更名为"跨太平洋伙伴关系协定"（Trans-Pacific Partnership Agreement，TPP），2016年2月4日，TPP协议签署，待各国立法部门批准通过后生效。2013年6月，美国与欧盟宣布启动"跨大西洋贸易与投资伙伴关系协定"（Trans-Atlantic Trade and Investment Partnership Agreement，TTIP）谈判。

2.西欧的经济一体化

在此期间，欧洲的经济一体化也在进一步深化和扩张。1993年1月1日，欧洲内部大市场正式启动。1993年11月1日，《欧洲经济与货币联盟条约》和《政治联盟条约》（又称《马斯特里赫特条约》或《马约》《欧洲联盟条约》）正式生效，欧洲联盟（European Union，EU，简称欧盟）取代了欧共体。1994年1月1日，欧洲经济区正式宣告成立。1995年1月1日，芬兰、奥地利、瑞典加入欧洲联盟，至此欧盟共有15个成员国。1999年1月1日欧元正式诞生，比利时、法国、德国、西班牙、爱尔兰、意大利、卢森堡、荷兰、奥地利、葡萄牙和芬兰成为欧元区首批成员，2002年1月1日起欧元全面进入流通领域，各国原货币开始退出市场，2002年7月1日起欧元取代各成员国原货币，成为欧洲货币联盟内唯一的法定流通货币。2004年5月1日，欧盟进一步"东扩"，中东欧的波兰、匈牙利、捷克、斯洛伐克、立陶宛、拉脱维亚、爱沙尼亚、斯洛文尼亚、塞浦路斯和马耳他10国加入欧洲联盟。2007年1月1日，罗马尼亚和保加利亚加入欧洲联盟；2013年7月1

日，克罗地亚加入欧洲联盟，至此欧盟共有28个成员国。

英国作为欧洲的一员，在融入欧盟的过程中却表现消极，与欧盟其他国家之间冲突不断。2016年6月23日，英国通过全民公投决定退出欧盟，目前英国政府尚未启动退欧协商进程。

随着欧洲自由贸易联盟的6个成员国先后加入欧盟，欧洲自由贸易联盟只剩下3个成员国。1991年，列支敦士登于加入了欧洲自由贸易联盟。

此外，欧共体/欧盟和欧洲自由贸易联盟还在欧洲、亚洲、非洲、拉丁美洲等地区广泛签署了双边一体化协定（见表9-2和表9-3）。

3. 东亚的经济一体化

与大西洋两岸区域经济合作的蓬勃发展相比，东亚地区（尤其是东北亚地区）的区域经济合作是非常滞后的，这主要有三方面的原因：

一是这一地区的情况十分复杂，实现经济一体化的难度很大。各国经济发展水平差异巨大，各国的社会结构很不一致，政治、经济制度也不相同，国家大小、自然资源分布和国力强弱悬殊，各国的政治、经济、军事实力呈不对称结构，各国的文化背景、宗教信仰存在着差异，各国之间还存在着一些历史遗留问题等。

表9-2　欧共体/欧盟在欧洲、亚洲、非洲、拉丁美洲等地区签署的双边一体化协定

地区	协定生效时间	伙伴国与协定形式
欧洲	1991年7月1日	安道尔，关税同盟
	1993年5月1日	罗马尼亚，自由贸易协定
	1993年7月19日	斯洛文尼亚，自由贸易协定
	1993年12月31日	保加利亚，自由贸易协定
	1995年1月1日	爱沙尼亚，自由贸易协定
	1995年1月1日	拉脱维亚，自由贸易协定
	1995年1月1日	立陶宛，自由贸易协定
	1997年1月1日	法罗群岛，自由贸易协定
	2001年6月1日	马其顿，自由贸易协定
	2002年3月1日	克罗地亚，自由贸易协定
	2006年12月1日	阿尔巴尼亚，自由贸易协定
	2008年1月1日	黑山，自由贸易协定
	2008年7月1日	波斯尼亚和黑塞哥维那，自由贸易协定
	2010年2月1日	塞尔维亚，自由贸易协定
	2014年7月1日	乌克兰，自由贸易协定
	2014年9月1日	摩尔多瓦，自由贸易协定
	2014年9月1日	格鲁吉亚，自由贸易协定

续表

地区	协定生效时间	伙伴国与协定形式
亚洲	1996年1月1日	土耳其，关税同盟
	1997年7月1日	巴勒斯坦，自由贸易协定
	2000年6月1日	以色列，自由贸易协定
	2002年5月1日	约旦，自由贸易协定
	2003年3月1日	黎巴嫩，自由贸易协定
	2009年12月20日	巴布亚新几内亚、斐济，自由贸易协定
	2011年7月1日	韩国，自由贸易协定
非洲	1998年3月1日	突尼斯，自由贸易协定
	2000年1月1日	南非，自由贸易协定
	2000年3月1日	摩洛哥，自由贸易协定
	2004年6月1日	埃及，自由贸易协定
	2005年9月1日	阿尔及利亚，自由贸易协定
	2009年1月1日	科特迪瓦，自由贸易协定
	2012年5月14日	东南非国家[1]，自由贸易协定
	2014年8月4日	喀麦隆，自由贸易协定
拉丁美洲	2000年7月1日	墨西哥，自由贸易协定
	2003年2月1日	智利，自由贸易协定
	2008年11月1日	加勒比论坛（CARIFORUM）国家
	2013年3月1日	哥伦比亚、秘鲁，自由贸易协定
	2013年8月1日	中美洲国家[2]，自由贸易协定

表9-3 欧洲自由贸易联盟在欧洲、亚洲、非洲、拉丁美洲等地区签署的双边自由贸易协定

地区	协定生效时间	伙伴国（或地区）	地区	协定生效时间	伙伴国（或地区）
欧洲	1992年7月1日	捷克斯洛伐克	亚洲	1992年4月1日	土耳其
	1993年5月1日	罗马尼亚		1993年1月1日	以色列
	1993年7月1日	保加利亚		1999年7月1日	巴勒斯坦
	1993年10月1日	匈牙利		2002年9月1日	约旦
	1993年11月15日	波兰		2003年1月1日	新加坡
	1995年7月1日	斯洛文尼亚		2006年9月1日	韩国
	1996年6月1日	爱沙尼亚		2007年1月1日	黎巴嫩
	1996年6月1日	拉脱维亚		2012年10月1日	中国香港

续表

地区	协定生效时间	伙伴国（或地区）	地区	协定生效时间	伙伴国（或地区）
	1996年8月1日	立陶宛	非洲	1999年12月1日	摩洛哥
	2002年1月1日	克罗地亚		2005年6月1日	突尼斯
	2002年5月1日	马其顿		2007年8月1日	埃及
	2010年10月1日	塞尔维亚		2008年5月1日	南非关税同盟
	2010年11月1日	阿尔巴尼亚	拉丁美洲	2001年7月1日	墨西哥
	2012年6月1日	乌克兰		2004年12月1日	智利
	2012年9月1日	黑山		2009年7月1日	加拿大
	2015年1月1日	波斯尼亚和黑塞哥维那		2011年7月1日	秘鲁
				2011年7月1日	哥伦比亚
				2014年8月19日	哥斯达黎加、巴拿马

二是各国在相当长的时间里仍坚持认为世界多边贸易体制是进一步推进贸易自由化最好的舞台，对国际经济一体化不够积极。

三是美国的反对，该地区国家对美国市场有很高的依存度，美国的态度发挥了重要的作用，对美国而言，欧洲国家的联合已经成为一个历史的教训，它决不能容忍在东亚地区再出现一个排他性的国际经济一体化组织，因而美国对待东亚地区的经济一体化一直采取反对的态度。20世纪80年代中期以前，包括日本、马来西亚、澳大利亚等国提出的经济一体化方案均因美国的反对而失败。

1986年美国和加拿大开始谈判自由贸易协定，它没有理由再阻挠东亚地区的经济一体化，但不同意东亚地区的经济一体化将美国排除在外。1989年11月，亚太经济合作组织（Asia-Pacific Economic Cooperation，APEC）成立，1993年的西雅图会议使APEC成为涵盖环太平洋地区的一个非正式区域贸易组织。这是美国防止东亚地区形成区域经济合作组织的一项重要举措。一方面它把美国在内的环太平洋国家和地区都纳入进来，另一方面它的开放性和非约束性特征定了它在区域经济合作领域不会真正有所作为。即便如此，这仍然引起了欧盟的警觉，随后欧盟也开始寻求与该地区的合作。1995年欧盟与东亚地区的13个国家（东盟+中、日、韩，即后来的"10+3"）首次举行亚欧首脑会议，并形成了定期化的机制。

进入20世纪90年代以后，新的国际经济一体化浪潮、世界多边贸易体制发展的滞后和亚洲金融危机使该地区国家意识到，没有有效的经济一体化难以保证经济稳定发展，各国开始积极参与国际经济一体化。1991年，泰国和老挝之间的优惠贸易安排协定生效；1992年，文莱、印度尼西亚、泰国、马来西亚、菲律宾和新加坡建立了东盟自由贸易区（ASE AN Free Trade Area，AFTA），1995年越南和柬埔寨加入，1999年老挝和缅甸加入；2002年，日本与新加坡签署了第一个自由贸易协定——日本-新加坡经济伙伴协定（USEPA）；2003年，东南亚国家联盟（ASEAN，简称东盟）与中国之间的优惠安排协定生效；2004年，中国中央政府分别与中国香港特别行政区政府、中国澳门特别行政区政府之间签署的自由贸易协定生效；2006年，韩国与新加坡自由贸易协定、日本与马来西亚自由贸易协定生效；2007年，中国与巴基斯坦自由贸易协定、日本与泰国自由贸易协定生效；2008年，巴基斯坦与马来西亚自由贸易协定、日本与印度尼西亚自由贸易协定、日本与文莱自由贸易协定、日本与东盟自由贸易协定、日本与菲律宾自由贸易协定生效；2009年，中国与新加坡自由贸易协定、东盟与韩国自由贸易协定、日本与越南自由贸易协定生效；2014年，新加坡与中国台湾自由贸易协定生效；2015,年韩国与越南自由贸易协定、中国与韩国自由贸易协定生效；2016年，日本与蒙古国自由贸易协定生效。

进入21世纪以来，东亚地区在"10+3"框架下努力推动包含广泛成员的经济一体化。2000年第4次"10+3"领导人会议探讨了建立东亚自由贸易区（EAFTA）的可行性。2006年日本提出了"东亚全面经济伙伴关系协定"（CEPEA）构想，在原来的"10+3"的基础上增加了澳大利亚、新西兰和印度3个国家。2011年东盟提出建立"区域全面经济伙伴关系"（RCEP）的主张，得到了各方的普遍认同。RCEP的目标是建成涵盖东盟10国、中国、韩国、日本、印度、澳大利亚、新西兰等16个国家的自由贸易区。2012年16国领导人发表联合声明，宣布于2013年启动RCEP谈判。

在东北亚地区，酝酿已久的中日韩自由贸易区于2012年11月宣布启动，于2013年3月开始进行谈判。

然而，该地区各国之间巨大的经济发展差异，迥异的社会制度、文化背景、宗教信仰以及复杂的战略安全因素，使国际经济一体化难以在短时间内、在较大范围内取得实质进展。因此，各经济体在寻求区域内经济一体化的同时，也将目光投向区域外。2003年，新加坡与欧洲自由贸易联盟自由贸易协定、新加坡与澳大利亚自由贸易协定生效；2004年，新加坡与美国自由贸易协定、韩国与智利自由贸易协定生效；2005年，新加坡与约旦自由贸易协定、日本与墨西哥自由贸易协定、泰国与新西兰自由贸易协定生效；2006年，韩国与欧洲自由贸易联盟自由贸易协定、中国与智利自由贸易协定生效；2008年，中国与新西兰自由贸易协定生效；2009年，新加坡与秘鲁自由贸易协定、日本与瑞士自由贸易协定、欧盟与巴布亚新几内亚和斐济自由贸易协定生效；2010年，东盟与澳大利亚和新西兰自由贸易协定、东盟与印度自由贸易协定、韩国与印度自由贸易协定、中国与秘鲁自由贸易协定、马来西亚和新西兰自由贸易协定生效；2011年，中国香港和新西兰自由贸易协定、韩国与欧盟自由贸易协定、马来西亚与印度自由贸易协定、韩国与秘鲁自由贸易协定、日本与印度自由贸易协定、中国与哥斯达黎加自由贸易协定生效；2012年，马来西亚与智利自由贸易协定、日本与秘鲁自由贸易协定、韩国与美国自由贸易协定、中国香港与欧洲自由贸易联盟自由贸易协定生效；2013年，马来西亚与澳大利亚自由贸易协定、韩国与土耳其自由贸易协定、新加坡和哥斯达黎加自由贸易协定、新西兰与中国台湾自由贸易协定生效；2014年，瑞士与中国自由贸易协定、冰岛与中国自由贸易协定、中国香港与智利自由贸易协定、韩国与澳大利亚自由贸易协定生效；2015年，加拿大与韩国自由贸易协定、日本与澳大利亚自由贸易协定、中国与澳大利亚自由贸易协定、韩国与新西兰自由贸易协定生效；2016年，韩国与哥伦比亚自由贸易协定生效。

4.苏联和东欧国家的经济一体化

东欧剧变和苏联解体后，一些国家也签署了多项经济一体化协定。

苏联解体后，其原加盟共和国之间签署了25个经济一体化协定（见表9-4）。

此外，摩尔多瓦分别与罗马尼亚（1995年）、波斯尼亚和黑塞哥维那（2004年）、塞尔维亚和黑山（2004年）、克罗地亚（2004年）、阿尔巴尼亚（2004年）、马其顿（2004年）、保加利亚（2004年）签署的自由贸易协定也相继生效。

南斯拉夫社会主义联邦共和国解体后，其原自治共和国之间生效的自由贸易协定只有3个：克罗地亚-马其顿自由贸易协定（1997年）、克罗地亚-波斯尼亚和黑塞哥维那自由贸易协定（2001年）、马其顿-波斯尼亚和黑塞哥维那自由贸易协定（2002年）；与东欧国家和苏联的加盟共和国之间生效的协定有17个（见表9-5）。

1993年，波兰、匈牙利、捷克、斯洛伐克、斯洛文尼亚、罗马尼亚、保加利亚和克罗地亚8国签署的中欧自由贸易协定（CEFTA）生效。

1993—2004年，罗马尼亚和保加利亚分别与欧共体/欧盟、欧洲自由贸易联盟、摩尔多瓦、土耳其、以色列、波斯尼亚和黑塞哥维那、马其顿、阿尔巴尼亚以及塞尔维亚和黑山9国或集团签署了自由贸易协定。随着罗马尼亚和保加利亚加入欧洲联盟，这些协定均告失效。

2002—2004年，阿尔巴尼亚分别与马其顿、克罗地亚、保加利亚、科索沃、罗马尼亚、塞尔维亚和黑山、摩尔多瓦、波斯尼亚和黑塞哥维那8国或地区签署了自由贸易协定。

表9-4 苏联加盟共和国之间的经济一体化协定

协定生效时间	成员	协定类型
1993年3月30日	俄罗斯、摩尔多瓦	自由贸易协定
1993年3月25日	亚美尼亚、俄罗斯	自由贸易协定
1993年4月24日	吉尔吉斯斯坦、俄罗斯	自由贸易协定
1994年5月10日	格鲁吉亚、俄罗斯	自由贸易协定
1994年12月30日	阿塞拜疆、亚美尼亚、白俄罗斯、格鲁吉亚、摩尔多瓦、哈萨克斯坦、俄罗斯、乌克兰、乌兹别克斯坦、塔吉克斯坦、吉尔吉斯斯坦	自由贸易协定[①]
1995年10月27日	吉尔吉斯斯坦、亚美尼亚	自由贸易协定
1995年11月11日	吉尔吉斯斯坦、哈萨克斯坦	自由贸易协定
1995年12月21日	亚美尼亚、摩尔多瓦	自由贸易协定
1996年6月4日	格鲁吉亚、乌克兰	自由贸易协定
1996年7月7日	亚美尼亚、土库曼斯坦	自由贸易协定
1996年7月10日	格鲁吉亚、阿塞拜疆	自由贸易协定
1996年11月21日	吉尔吉斯斯坦、摩尔多瓦	自由贸易协定
1996年12月18日	亚美尼亚、乌克兰	自由贸易协定
1997年10月8日	白俄罗斯、哈萨克斯坦、吉尔吉斯斯坦、俄罗斯和塔吉克斯坦	共同市场[②]
1998年1月19日	吉尔吉斯斯坦、乌克兰	自由贸易协定
1998年3月20日	吉尔吉斯斯坦、乌兹别克斯坦	自由贸易协定
1998年11月11日	格鲁吉亚、亚美尼亚	自由贸易协定
1999年7月16日	格鲁吉亚、哈萨克斯坦	自由贸易协定
2000年1月1日	格鲁吉亚、土库曼斯坦	自由贸易协定
2001年12月25日	亚美尼亚、哈萨克斯坦	自由贸易协定
2002年7月11日	乌克兰、塔吉克斯坦	自由贸易协定
2004年5月20日	俄罗斯、乌克兰、白俄罗斯、哈萨克斯坦	自由贸易协定[③]
2005年5月19日	乌克兰、摩尔多瓦	自由贸易协定
2006年11月11日	乌克兰、白俄罗斯	自由贸易协定
2012年9月20日	俄罗斯、乌克兰、白俄罗斯、哈萨克斯坦、吉尔吉斯斯坦、塔吉克斯坦、摩尔多瓦、亚美尼亚	自由贸易协定[④]
2015年1月1日	俄联邦、白俄罗斯、哈萨克斯坦、亚美尼亚、吉尔吉斯	自由贸易协定[⑤]

①独联体自由贸易协定，CIS。

②欧亚经济共同体，EAEC。

③共同经济区，CEZ。

④独联体国家自由贸易K条约，CIS。

⑤欧亚经济联盟（EAELD

表 9-5　南斯拉夫社会主义联邦共和国与苏联、东欧国家之间的自由贸易协定

协定生效时间	成员
2000年1月1日	保加利亚、马其顿
2002年7月1日	阿尔巴尼亚、马其顿
2003年6月1日	克罗地亚、阿尔巴尼亚
2003年10月1日	阿尔巴尼亚、科索沃
2003年10月24日	罗马尼亚、波斯尼亚和黑塞哥维那
2004年1月1日	罗马尼亚、马其顿
2004年5月1日	摩尔多瓦、波斯尼亚和黑塞哥维那
2004年6月1日	保加利亚、塞尔维亚和黑山
2004年7月1日	克罗地亚、塞尔维亚和黑山
2004年7月1日	罗马尼亚、塞尔维亚和黑山
2004年9月1日	摩尔多瓦、塞尔维亚和黑山
2004年9月1日	阿尔巴尼亚、塞尔维亚和黑山
2004年10月1日	摩尔多瓦、克罗地亚
2004年12月1日	保加利亚、波斯尼亚和黑塞哥维那
2004年12月1日	摩尔多瓦、马其顿
2004年12月1日	阿尔巴尼亚、波斯尼亚和黑塞哥维那
2013年1月1日	乌克兰、黑山

2007年5月1日，中欧自由贸易协定成员克罗地亚、马其顿（其他成员均已加入欧盟）与阿尔巴尼亚、波斯尼亚和黑塞哥维那、摩尔多瓦、黑山、塞尔维亚5国和科索沃签署了东南欧自由贸易协定，该协定也被称为"新中欧自由贸易协定"。该协定的签署使这些国家之间原来已签署的14项协定失效。

2008年5月1日，阿尔巴尼亚与土耳其两国间的自由贸易协定生效；2008年11月1日，格鲁吉亚与土耳其两国间的自由贸易协定生效。

2010年，塞尔维亚与欧盟、土耳其、欧洲自由贸易联盟之间的双边自由贸易协定生效；土耳其与黑山、阿尔巴尼亚与欧洲自由贸易联盟之间的自由贸易协定生效。2012年和2013年黑山与欧洲自由贸易联盟、乌克兰之间的双边自由贸易协定生效。

5.其他发展中国家的经济一体化

除上述经济一体化协定外，其他发展中国家之间达成的经济一体化协定或建立的经济一体化组织见表9-6。

其中，非洲国家签署的协定经济一体化程度包括的国家数量多，但过渡期很长（20年或30年）。正如《2003年世界贸易报告》所指出的那样："如此长的过渡期表明，这些协定只是表达一种意愿，而不是期望对贸易产生重大影响。"

表9-6 其他发展中国家之间的经济一体化协定或组织

地区	协定/一体化组织名称	协定生效时间	成员
拉丁美洲	安第斯共同体（CAN）	1988年5月25日	南美洲5国①
	南方共同市场（MERCOSUR）	1991年11月29日	阿根廷、巴西、巴拉圭和乌拉圭
	多米尼加-中美洲FTA	2001年10月4日	多米尼加、中美洲5国②
	智利-巴拿马FTA	2008年3月7日	智利、巴拿马
	巴拿马-哥斯达黎加FTA	2008年11月23日	巴拿马、哥斯达黎加
	墨西哥-中美洲FTA	2012年9月1日	墨西哥、中美洲5国
	哥斯达黎加-秘鲁FTA	2013年6月1日	哥斯达黎加、秘鲁
太平洋	美拉尼西亚先锋集团（MSG）	1993年7月22日	斐济、巴布亚新几内亚、所罗门群岛和瓦努阿图
	跨太平洋战略经济伙伴	2006年5月28日	文莱、智利、新西兰、新加坡
	澳大利亚-智利FTA	2009年3月6日	澳大利亚、智利
非洲	西非国家经济共同体（ECOWAS）	1993年	西非16国③
	东南非共同市场（COMESA）	1994年12月8日	东南非20国④
	中非经济与货币共同体（CEMAC）	1999年6月24日	喀麦隆、中非共和国、乍得、刚果、赤道几内亚和加蓬
	西非经济与货币联盟（WAEMU/UEMOA）	2000年1月1日	西非8国⑤
	东非合作组织（EAC）	2000年7月1日	肯尼亚、坦桑尼亚、乌干达
	南非发展共同体（SADC）	2000年9月1日	南非12国⑥
南亚	南亚优惠贸易安排（SAPTA）	1995年12月7日	南亚7国⑦
	南亚自由贸易区协定（SAFTA）	2006年1月1日	南亚7国
西亚	海湾合作委员会（GCC）	2003年1月1日	海湾6国②
阿拉伯	泛阿拉伯自由贸易区	1998年1月1日	西亚和北非16国③
跨区域	贸易普惠制（GSTP）	1989年4月19日	亚非拉44个发展中国家④
	印度-智利优惠贸易安排	2007年8月17日	印度、智利

①包括玻利维亚、哥伦比亚、厄瓜多尔、秘鲁和委内瑞拉。

②包括萨尔瓦多、危地马拉、洪都拉斯、哥斯达黎加和尼加拉瓜。

③包括贝宁、布基纳法索、佛得角、科特迪瓦、冈比亚、加纳、几内亚、几内亚比绍、利比里亚、马里、毛里塔尼亚、尼日尔、尼伯利亚、塞内加尔、塞拉利昂和多哥。

④包括安哥拉、布隆迪、喀麦隆、刚果（金）、吉布提、埃及、厄立特里亚、埃塞俄比亚、肯尼亚、马达加斯加、马拉维、毛里求斯、纳米比亚、卢旺达、塞舌尔、苏丹、斯威士兰、乌干达、赞比亚、津巴布韦。

⑤包括贝宁、布基纳法索、科特迪瓦.几内亚比绍、马里、尼日尔、塞内加尔和多哥。

⑥包括安哥拉、博茨瓦纳、莱索托、马拉维、毛里求斯、莫桑比克、纳米比亚、南非、斯威士兰、坦桑尼亚、赞比亚和津巴布韦

（六）20世纪80年代中后期以来国际经济一体化的特点

20世纪80年代中后期以来国际经济一体化潮流主要有以下特点：

1.国际经济一体化协定增长快，呈现双边化、网络化特征

1992年以来，国际经济一体化协定数量增长异常迅速，每年生效的经济一体化协定都在10个以上，2004年最多时达38个。目前，国内生产总值排名前30位的国家或地区无一例外都参与了国际经济一体化协定；WTO所有成员都参与了不同程度的国际经济一体化协定，经济一体化协定成员之间的贸易额占到全球贸易总额的一半以上。

从签署国际经济一体化协定的各方数量看，20世纪80年代中期以前，国际经济一体化协定以多边协定为主要形式。20世纪80年代中期以来，双边自由贸易协定成为国际经济一体化的主要形式。

20世纪80年代中期以前，同一国家参与多个协定的情形并不多见。20世纪80年代中期以来生效的国际经济一体化协定的显著特点之一是不同协定之间成员的交叉和重叠，形成多层次的经济一体化协定网。

2.大国积极参与，战略目标凸显

从签署国际经济一体化协定国家的规模看，20世纪80年代中期之前，参加国大多数是中小国家，它们把签订经济一体化协定作为应对其他更强大的国家或贸易集团的一种防御手段，同时，这些国家的生产规模和社会化程度与国内相对狭小的市场之间的矛盾比较尖锐，越来越依赖国际分工和国际市场。

20世纪80年代中期以来，大国纷纷参与国际经济一体化，成为新一轮国际经济一体化浪潮的主要推动力量。

对于具有雄厚实力的大国而言,国际经济一体化协定不仅仅是一种防御工具,更重要的是一种以攻为守的战略手段。大国普遍把国际经济一体化纳入本国发展战略和对外经济政策的重要组成部分,越来越多的大国把国际经济一体化提升到与多边贸易目标同等重要甚至更加优先的地位,国际经济一体化协定已成为大国建立地缘政治联盟的重要法律形式,从而争取其全球战略和地区政策得到更多国家和更大范围的支持。例如,美国一方面把推进美洲自由贸易区作为巩固其"后院"、提高与欧盟对抗能力的主要手段,另一方面通过经济一体化协定加强对中东地区和东亚地区的渗透。欧盟在推进欧洲经济一体化的同时,积极向拉丁美洲和非洲扩张。日本首选新加坡作为经济一体化的伙伴,是为了检验日本是否可以在政治上被东南亚国家接受,并避开其国内敏感的政治难题——农业保护。中国积极倡导与东盟建立自由贸易区是实施"新安全概念"的重要组成部分,即提出多极世界和多边主义观,以稀释美国在全球和区域事务中实行的单边主义政策。根据这一"新安全概念",中国特别强调多边主义和合作是促进亚洲和平的最佳途径。

3.国际经济一体化的"脱地域化"

从签署国际经济一体化协定国家的地域看,20世纪80年代中期以前,绝大多数国际经济一体化协定是由在地理上相连或接近的国家之间签署的,具有明显的地域性,因此国际经济一体化又曾被称为"区域经济一体化"(Regional Economic Integration)。20世纪80年代中期以来,随着跨地域经济一体化协定(主要是双边协定)数量的迅速增长,地域性在经济一体化中的重要性下降,国际经济一体化日益呈现出"脱地域化"的特征,据世界贸易组织统计,目前跨地域的协定已有225个。

4.南-北型经济一体化协定迅速发展

从签署国际经济一体化协定国家的经济发展水平看,20世纪80年代中期以前,同一国际经济一体化协定的成员的经济发展水平比较接近,因此这种经济一体化又被称为"水平一体化"。在这些经济一体化协定中,大部分属于发展中国家之间的经济一体化,即南-南型经济一体化。20世纪80年代中期以来的一体化已不仅仅是"水平一体化","垂直一体化"(或称南-北型经济一体化)得到迅速发展,不少发达国家之间缔结的国际经济一体化协定都在吸收经济发展水平较低的成员加入(如欧盟),新缔结的国际经济一体化协定中,发达国家与发展中国家之间的协定也居多数,经济发展水平差异较大的发达国家和发展中国家共存于一个国际经济一体化协定中,发展中国家在南-北型经济一体化方面表现得尤其积极。

5.以集团身份参与的国际经济一体化协定日益增多。

欧共体自成立以来,始终以集团的身份与非欧共体成员签订经济一体化协定。

20世纪80年代以来,以集团身份参与的国际经济一体化协定日益增多,除欧共体/欧盟以外,欧洲自由贸易联盟、南方共同市场、东盟、南非关税同盟等都以集团的身份参与了国际经济一体化协定的谈判和签署。其中欧洲自由贸易联盟和东盟只是自由贸易区,没有实行统一的对非成员的贸易政策,但在与非成员的经济一体化协定谈判中联合起来,以集团的身份进行谈判和签署协定。

6.成员之间实现经济一体化的领域扩大

20世纪80年代中期以前,国际经济一体化协定的主要内容是削减和取消成员之间的关税。随着非关税壁垒的盛行和贸易救济措施(如反倾销、反补贴和保障措施)的滥用,为了最大限度地消除货物贸易的各种障碍,削减和取消非关税壁垒以及约束和取消贸易救济措施的使用开始逐渐成为国际经济一体化协定的另一主要内容,一些世界贸易组织正在谈判的新议题(如贸易便利化、贸易与环境)和几经努力未能纳入谈判的议题(如政府采购、边境手续、劳工标准等)也被纳入经济一体化协定中。

另外,20世纪80年代中期以前,国际经济一体化的重点在于货物市场的一体化,只有极少数一体化程度较高的经济组织(如欧共体、中美洲共同市场、加勒比共同体)部分实现了要素市场的一体化,只有欧共体实现了服务市场的一体化。20世纪80年代中期以来,欧共体加快了一体化步伐,将一体化的内容延伸到财政协调和货币联盟等新领域。随着关贸总协定乌拉圭回合谈判将服务贸易、投资措施和知识产权等问题纳入谈判议题,这些内容也同时成为国际经济一体化协定的重要内容,而且更多体现在发达成员与发展中成员之间的经济一体化协定中。

7.东北亚国家跨区域经济一体化的发展快于区域内的一体化

20世纪90年代以前,国际经济一体化主要发生在欧洲、非洲、美洲和西亚,尽管东亚地区的经济高速增长,但在经济一体化方面却一直处于落后状态,只有部分国家参加了一些优惠贸易安排协定,如发展中国家贸易谈判议定书(PTN)、曼谷协定、发展中国家间贸易普惠制协定(GSTP)等。20世纪90年代,在世界其他地区国际经济一体化迅速发展的热潮中,东南亚地区有两个经济一体化协定相继生效:泰国和老挝之间的优惠安排协定(1991年),东盟国家建成了东盟自由贸易区(AFTA,1992年)。此时,东北亚的中、日、韩三国仍然无动于衷。

韩国是东亚地区最早倡议加强区域内各国制度性合作,提出区域自由贸易战略构想的国家之一。1998年,韩国提出建立日韩自由贸易区的建议,由于国内对日本经济冲击的担忧,迟迟没有取得实质性进展。随后韩国又转向谈判难度较小的智利,但进展仍不顺利,谈判曾一度中断,直到2002年10月才最终达成一致意见。2003年2月,韩国与智利正式签署了自由贸易协定,2004年4月正式生效,韩国在参与国际经济一体化方面迈出了艰难的第一步。此后,韩国自由贸易协定

"遍地开花",与新加坡、东盟、欧洲自由贸易联盟、印度、欧盟、秘鲁、美国、土耳其、澳大利亚、加拿大、越南、中国、新西兰、哥伦比亚等签署了自由贸易协定,与墨西哥、海外合作委员会、印度尼西亚、日本、南方共同市场、以色列、中美洲、马来西亚等陆续开始了自由贸易谈判或联合研究,大有后来居上之势。

2000年11月,在新加坡举行的第四次东盟和中国领导人会议上,中国率先提出组建中国-东盟自由贸易区的建议;2001年11月,在文莱举行的第五次东盟和中国领导人会议上,中国和东盟决定在10年内建立自由贸易区。2001年,中国加入《曼谷协定》,并于2002年开始实行《曼谷协定》税率,这是中国参加的第一个具有实质性意义的优惠安排协定。2003年6月,《内地与香港关于建立更紧密经贸关系的安排》签署,这是中国签订的第一个自由贸易协定。随后中国先后与中国澳门、东盟、智利、巴基斯坦、新西兰、新加坡、秘鲁、哥斯达黎加、冰岛、瑞士、韩国、澳大利亚等签署了自由贸易协定,并与海湾合作委员会、挪威、日本、斯里兰卡、马尔代夫、格鲁吉亚等启动了自由贸易谈判,与印度、哥伦比亚、摩尔多瓦、斐济、尼泊尔等的双边自由贸易协定正在研究中。

中国率先提出组建中国-东盟自由贸易区的建议在日本引起很大震动。2002年初,日本正式建议与东盟组建自由贸易区,并同时寻求与部分东盟成员开始双边自由贸易谈判。2002年,日本与新加坡签署了第一个自由贸易协定——"新时代经济合作伙伴关系协定"。在墨西哥与美国和欧盟缔结自由贸易协定后,日本对墨西哥的出口大幅度下降,为了扭转这一不利局面,日本于2002年11月启动了与墨西哥的双边自由贸易谈判,于2003年3月达成协议,2005年4月正式生效。此外,日本与马来西亚、智利、泰国、印度尼西亚、文莱、东盟、菲律宾、瑞士、越南、印度、秘鲁、澳大利亚、蒙古国之间的双边自由贸易协定已经生效,与韩国、海湾合作委员会、加拿大、哥伦比亚、欧盟、中国的自由贸易协定谈判正在进行。

与欧美先发展区域内一体化再拓展到区域外的路径不同,东亚国家在一体化的对象选择方面,从一开始就是区域内与区域外并重,甚至更重视与区域外国家的谈判,在东亚地区谈判的重点对象是东盟及其成员。

8.经济一体化正在成为国际经济秩序重塑的新平台

随着世界多边贸易谈判的前景愈加暗淡,国际经济一体化成为重塑国际经济贸易秩序的新平台。美国借助TPP和TT1P重塑国际经济秩序,中国则在努力维护既有多边贸易规则的基础上,力推"10+3"合作、中日韩自贸区和RCEP谈判。

第二节　国际经济一体化理论

一、关税同盟理论

国际经济一体化理论以关税同盟理论最具有代表性。关税同盟理论的渊源可以追溯至19世纪德国李斯特的保护贸易理论，关税同盟实质上是集体保护贸易。同时，李斯特的关税同盟理论，也是第二次世界大战后联邦德国政府谋求通过建立欧洲联盟取得平等伙伴地位政策主张的理论根据。

第二次世界大战后，关税同盟理论又有新发展。1950年美国经济学家范纳（Jacob Viner）在《关税同盟问题》（*Customs Union Issue*）一书中提出了关税同盟理论。1960年美国经济学家李普西（Richard G.Lipsey）在《关税同盟理论的综合考察》（*The Theory of Customs Unions: A General Survey*）一文中进一步完善了该理论。

（一）关税同盟的静态效应

关税同盟在成员方内部实行自由贸易，对成员以外国家保持一致的贸易壁垒，会产生贸易创造（Trade Creation）和贸易转移（Trade Diversion）两种现象。

（1）贸易创造。

所谓贸易创造，即在关税同盟内部实行自由贸易后，国内成本高的产品被伙伴国成本低的产品代替，原来由本国生产的，现在从伙伴国进口，新的贸易得到"创造"。

为了说明贸易创造，李普西举了下面的例子（如图9-1所示）。假设在一定的固定汇率下，X商品在A国用货币表示的价格为35元，在B国为26元，在C国为20元，设A、B两国形成关税同盟后互相取消关税。从图9-1中可看出，在缔结关税同盟前，A国凭借征收100%的高关税有效地阻止来自C国的X商品进口，B国也同样如此，则A、B、C三国间的贸易被关税隔断了。如果A、B两国建立关税同盟，互相取消关税，A国便以26元的价格从B国进口X商品，并停止生产该商品，把生产X商品的资源用于生产其他更有优势的商品，这样优化了资源配置。对B国而言，由于A国市场消费的X商品均由B国生产，则其生产规模扩大，生产成本降低。对C国而言，由于它原来就不与A、B两国发生贸易关系，所以A、B两国建立关税同盟对其没有什么不利；如果把关税同盟国增加收入、增加其他商品进口的动态效果计算进去，C国也会有利可图。由此可见，建立关税同盟后对整个世界都是有利的。

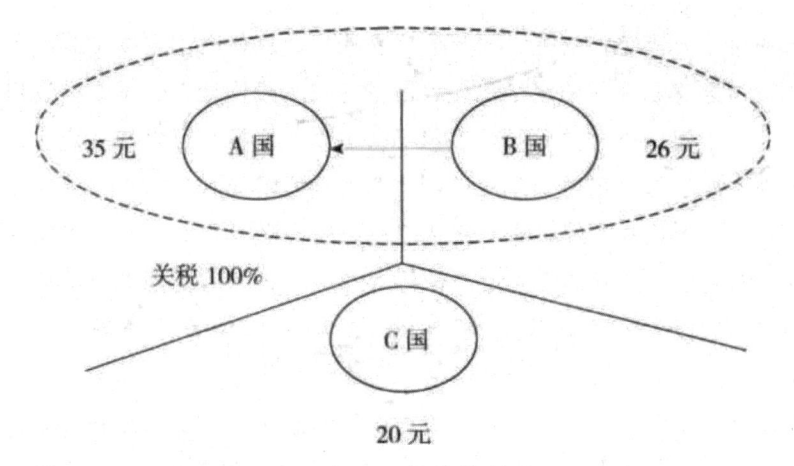

图 9-1 关税同盟贸易创造示例

在李普西的例子中，A、B两国建立关税同盟后，A国能以26元的价格（B国原来的国内价格）从B国进口X商品，而并没有引起B国国内价格的提高，这里隐含了一个假定条件：A国是一个进口小国，而B国是一个出口大国。

（2）贸易转移。

所谓贸易转移，指由于关税同盟内部实行自由贸易，对外实行统一关税率，导致先前的贸易伙伴关系发生改变，即国把与同盟外低成本的某个国家的相互贸易转变为与同盟内高成本成员国间的相互贸易。

再次仍引用李普西的例子加以说明。如图9-2所示，缔结关税同盟前设A国可自由地从B、C两国进口，自然就会从成本最低的C国进口。设立关税同盟后，假定A、B两国的关税同盟按C国20元与B国26元的差距，制定30%以上的统一关税，于是A国把X商品的进口从关税同盟外的C国转移到同盟内的B国，从成本低的供给来源向成本高的供给来源转移，这就是贸易转移效果。A国和C国当然受到了损失，同时因不能有效地配置资源而使整个世界的福利降低。

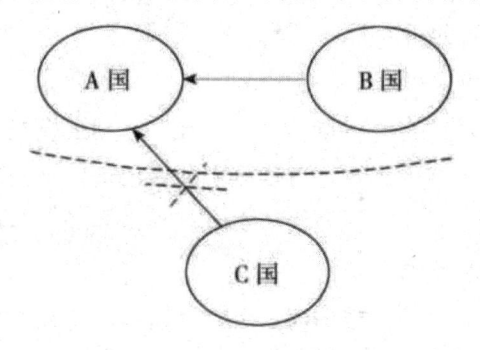

图 9-2 关税同盟贸易转移示例

然而，上面的假设在世界多边贸易体制的框架下是不会发生的，因为根据《关税与贸易总协定》的规定，关税同盟或自由贸易区成员对未参加关税同盟或自由贸易区的第三方所实行的关税与其他贸易法规,总体上不得高于或严于关税同盟或自由贸易区建立之前的水平。即 A 国在建立关税同盟前对从 C 国进口的 X 商品不征收关税,而在建立关税同盟后却征收关税,这不符合世界多边贸易体制的要求。下面的例子似乎更符合现实:缔结关税同盟前设 A 国对进口的 X 商品征收 50% 的关税,由于从 B 国进口的 X 商品征税后的价格(39元)高于 A 国的国内价格,而从 C 国进口的 X 商品征税后的价格(30元)低于 A 国的国内价格,自然就会从 C 国进口。设立关税同盟后,假定 A、B 两国的关税同盟仍制定 50% 的统一关税,由于 A 国对从 B 国进口的 X 商喆免征关税,其价格仍为 26 元,而从 C 国进口的 X 商品仍征收原来的 50% 关税,其价格仍为 30 元,于是 A 国把 X 商品的进口从关税同盟外的 C 国转移到同盟内的 B 国。C 国当然受到了损失,整个世界的福利也降低了,而 A 国的福利是增加还是减少却是不确定的,因为 A 国 X 商品的生产者受到了冲击,关税收入减少了,但消费者却从中获利了。

除了贸易创造和贸易转移以外,建立关税同盟还可以带来其他静态福利效应,如由于减少海关人员和边境巡逻人员而带来的行政费用节约,由于减少对同盟外国家的进口需求和出口供给而带来贸易条件的改善,由于集团力量的增强而具有在国际贸易谈判中更强大的讨价还价能力等。

(二)关税同盟的动态效应

关税同盟除了可以带来静态福利效应,还可获得动态效应。这是由于竞争的加强、经济的规模化、投资的增大以及经济资源的有效利用而产生的。

(1)竞争效应。

在没有结成关税同盟时,贸易壁垒的保护使国内市场缺乏竞争,导致生产低效率。建立关税同盟后,本国生产者必须面对来自其他成员国高效率生产者的竞争。为了避免被淘汰出局,本国生产者不得不设法提高生产效率,这将降低生产成本从而有利于消费者的福利。

(2)规模经济效应。

对于中小国家来说,因国内市场狭小,难以达到规模经济的产量。在关税同盟成立后,由于市场规模的扩大,可以克服国内市场狭小的缺陷,实现规模经济的产量。

(3)对投资的刺激效应。

关税同盟建立以后,随着市场的扩大,风险与不稳性降低,会刺激成员国厂商增加投资。此外,关税同盟建立以后,会刺激非成员国在同盟内投资生产,以避免因贸易转移带来的损失。

(4)资源配置效应。

就一个关税同盟内部来说，由于商品和劳动力、资本等生产要素可以自由流动，可以使经济资源在关税同盟范围内得到更好的利用。

二、自由贸易区理论

米德认为，自由贸易区与关税同盟一样，在成员之间消除了贸易限制，但没有像关税同盟那样要求各成员实行统一的对外贸易政策，而是允许每个成员仍保留独立的对非成员的贸易限制。由此会产生一些政策上的"漏洞"，其中最典型的是贸易偏转（Trade Deflection）现象，即非成员利用一体化成员之间的关税差异，首先向关税最低的成员出口商品，然后利用成员间的免税政策，向关税较高的其他成员市场转售。

为了消除贸易偏转，自由贸易区协定必须规定在成员间进行自由贸易时适用的原产地规则，只有被认定为产自某一成员的产品才能进行自由贸易。

然而，间接贸易偏转（Indirect Trade Deflection）却不能通过自由贸易区的原产地规则加以限制或消除。所谓间接贸易偏转，是指出口成员将产自本国的产品（免税）销往进口成员，随之产生的国内供求缺口由从世界其他价格更低来源的进口产品（征税）来弥补。

第十章 主要发达国家（集团）的对外贸易

第一节 美国对外贸易

一、美国对外贸易概况

美国是世界第二大货物贸易国，是最大的服务贸易国。2015年美国贸易总额为49 719亿美元，其中货物贸易额38 129亿美元，占77%，服务贸易额11 590亿美元，占23%。

（一）美国的货物贸易

在货物贸易方面，2015年美国出口额15 049亿美元，占世界出口额的9.1%，位居世界第二；进口额23 079亿美元，占世界进口额的13.8%，位居世界第一。如果将欧盟作为一个整体，扣除其内部贸易，美国的出口额和进口额分别居世界第H位和第一位，分别占世界出口额和进口额的11.5%和17.3%。

从市场结构看，2014年，美国主要的货物出口市场依次是加拿大、欧盟、墨西哥、中国和日本，这五大市场在美国货物出口额中的比重分别为19.3%、17.1%、14.8%、7.7%和4.1%，合计占63%。2014年，美国主要的货物进口来源国依次为中国、欧盟、加拿大、墨西哥和日本，这五大进口来源国在美国货物进口额中的比重分别为19.9%、17.8%、14.8%、12.5%和5.7%，合计占70.7%。

（二）美国的服务贸易

在服务贸易方面，2015年美国出口额6 900亿美元，占世界出口额的14.5%；进口总额4 690亿美元，占世界进口额的10.2%，均位居世界第一。如果将欧盟作为一个整体，扣除其内部贸易，美国的出口额和进口额均列欧盟之后，居世界第二位,分别占世界出口额和进口额的18.8%和12.9%。

从市场结构看,2014年,美国主要的服务出口市场依次是欧盟、加拿大、日本、中国和墨西哥,这五大市场在美国服务出口额中的比重分别为31.6%、8.8%、6.7%、6.1%和4.3%,合计占57.5%;2014年,美国主要的服务进口来源国依次为欧盟、加拿大、日本、百慕大和瑞士,这五大进口来源国在美国服务进口额中的比重分别为35.2%、6.6%、6.2%、5.5%和4.8%,合计占58.3%。

二、美国对外贸易政策的演变

总的来看,美国对外贸易政策的演变可以分为三个时期:从美国建国到1934年以保护贸易为主要政策倾向;从1934年到1974年以自由贸易为主要政策倾向;从1974年开始,美国的对外贸易政策开始转向贸易保护主义,到20世纪80年代,美国已公开放弃"自由贸易"的口号,转而强调"公平贸易"。

(一)保护贸易政策(美国建国至1934年)

美国建国以来,曾长期采取保护贸易政策,以保护本国那些尚无国际竞争力的稚嫩产业。美国第一任财政部长亚历山大·汉密尔顿率先从保护民族幼小工业出发主张实行保护贸易政策,反对无条件实行自由贸易。1816年,美国国会通过的《关税法》正式将保护贸易政策作为关税法的基本原则加以确立,强调对进口商品普征高关税以保护国内市场。19世纪20~30年代,美国应税进口商品的平均税率接近60%。

随着美国工业的发展和生产力的提高,美国的经济实力大大增强,越来越需要向世界市场扩张。一方面,美国认识到,对外国的进口商品削减关税有助于降低美国进入他国市场的障碍;另一方面,当时美国经济处于上升时期,进口需求增加。而在世界贸易中,自由贸易的主张占上风,在这种背景下,美国自1840年起下调关税率,至1860年,平均关税率下降到20%左右。19世纪80年代和90年代,美国还开始与一些贸易伙伴谈判一系列互惠贸易协定,旨在降低关税,扩大贸易,但这些协定均未获国会通过。

19世纪70年代以后,自由竞争的资本主义开始向垄断过渡,各主要资本主义国家内部市场受到垄断企业控制,市场饱和的矛盾日益突出,加之当时世界经济进入了一个相对缓慢的增长时期,世界市场需求不足,竞争激烈,一些资本主义国家先后纷纷采取保护贸易措施。美国也逐步提高了进口关税,并于1890年和1897年先后通过了贸易保护主义的法案《麦金利关税法》和《丁格利关税法》。总的来看,美国在整个19世纪的关税还是比较高的,应税进口商品的平均关税率约在40%左右,其中1894年和1899年平均关税率分别高达50.3%和52.4%。

1929年，一场空前的经济危机席卷整个资本主义世界，经济萧条使市场问题进一步尖锐化，导致许多国家纷纷大幅度提高关税，广泛采用外汇限制、数量限制等手段以阻止外国商品的输入，同时加强出口鼓励政策，以占领他国市场，转嫁危机。在这种背景下，美国国会于1930年通过了《斯穆特-霍利关税法案》。在这个法案下，美国平均进口关税率达53.2%，1932年最高达59%。

（二）自由贸易政策（1934—1974年）

罗斯福总统上台后，实行新的经济政策，在对外贸易政策上也作了重大调整。1934年6月，美国国会通过了《互惠贸易法》，授权总统同其他国家签订贸易互惠协定，相互把关税降到《斯穆特-霍利关税法案》制定的关税的50%。《互惠贸易法》总共延期了11次，直至被1962年《扩大贸易法》所代替。美国利用这一法律先后同28个国家签订了双边和多边贸易协定，到1947年，美国平均进口关税已低于1934年的50%。

第二次世界大战结束以后较长一段时间内，美国的经济实力在国际上占绝对优势。美国凭借其强大的经济实力，担负起重建战后自由国际经济秩序的领导角色。1948年1月1日起生效的关贸总协定，就是美国推动多边关税减让、开拓国外市场的主要政策工具。在关贸总协定主持下，1947—1962年之间进行了五次不同的多边贸易谈判，使关税水平下降了35%左右。

即使是在美国竭力推行自由贸易主张的这一时期，美国也从未放弃过对国内市场的保护。在这期间，《互惠贸易法》经过多次修补，其中重要内容就是增加各种各样的保护性条款，主要有：（1）危险点条款。它阻止总统进行会对本国工业造成严重损害的任何关税减让谈判。（2）免责条款。它允许任何声称从进口中受到损害的国内产业向国际贸易委员会（1975年以前是美国关税委员会）提出请愿，请求总统取消任何谈判的关税减让协定。一个产业的进口份额上升，就足以"证明"受到了伤害。（3）国家安全条款。它规定当关税减让损害重要的国防产业时，就可阻止任何关税减让的谈判。如已经形成减让协议，也可阻止其实施。

1962年，为应对欧洲经济共同体形成后所出现的新形势，美国国会通过了《扩大贸易法》，用以替代了《互惠贸易法》。该法授权总统与所有国家进行谈判，把关税减至1962年水平的50%，并完全取消1962年的5%或5%以下的关税。在《扩大贸易法》的倡议下，美国开始在关贸总协定的主持下与其他国家进行新一轮的多边贸易谈判，即肯尼迪回合。这一回合的谈判使工业品平均关税率比1962年的水平削减35%。到1972年年底，当这个协议完全履行后，工业化国家工业品的平均关税率已不到10%。

美国一方面利用《扩大贸易法》促进多边关税减让谈判，以利于美国产品更容易进入他国市场，另一方面又不放松保护措施。《扩大贸易法》除了保留1934年《互惠贸易法》中的保护性条款，还增加了"调整援助"条款。该条款规定：当进口商品使国内生产受到严重损害时，政府对受害的企业提供资金援助，促使他们调整生产，增强竞争力。

（三）从自由贸易到公平贸易（1974年至今）

进入20世纪70年代以后，资本主义发达国家的经济普遍进入滞胀阶段，两次石油危机的冲击，加剧了经济状况的恶化，贸易保护主义政策重新抬头。

随着日本、西欧及一些发展中国家和地区的崛起，美国在经济上的霸权地位受到了挑战，在世界经济贸易中的地位日益下降，对外贸易中的市场份额逐步缩小，出现了持续的巨额贸易赤字。1971年，美国第二次世界大战后第一次出现了20亿美元的贸易逆差，其后除1973年、1975年分别有过10亿美元和90亿美元的贸易顺差外，至今一直全是贸易逆差，且呈逐步上升趋势。特别是20世纪80年代以来，贸易逆差逐年迅猛上升，1984年突破千亿美元大关，1987年达到1703亿美元的顶峰。美国在国际经济贸易中地位的下降，反映了美国经济的相对衰落和国际竞争力的下降，尽管美国仍未失去对世界经济贸易的影响力，但昔日的霸权地位已不复存在，美国的贸易保护主义压力不断增加。

1974年，美国国会再次对贸易法进行修改，通过了《贸易改革法》，代替了1962年《扩大贸易法》。新法赋予总统以下权力：（1）谈判关税减让60%和取消5%或5%以下的关税；（2）谈判减少非关税壁垒。该法案还放宽了调整援助的标准。在《贸易改革法》的推动下，美国参加了关贸总协定主持的东京回合的多边贸易谈判。到20世纪70年代末，主要发达国家之间的工业品关税率已降至4%左右。1974年《贸易改革法》一方面，致力于推动东京回合的多边贸易谈判，以进一步削减关税和实行贸易自由化；另一方面，该法又是第二次世界大战后第一部有严重贸易保护主义倾向的立法，它首次确定了各种非关税壁垒，如例外条款、反倾销条款、反补贴条款等在法律上的地位。它规定有"301条款"，授权总统反对"不公平"贸易，并可以采取提高关税等认为必要的其他措施来反对倾销和补贴，以及直接进行双边谈判来打开贸易伙伴的市场。1974年《贸易改革法》标志着美国的贸易政策的重点已从多边自由贸易转向双边协调和保护的"公平贸易"。

1979年《贸易协定法》则增加了反倾销、反补贴专章，并将与多边贸易谈判有关的政府采购协定付诸实施，还规定了司法审查及其程序。1984年《贸易与关税法》重点修改了1974年《贸易改革法》中的某些条款，如普惠制的延长与取消、降低劳务贸易、高技术产品和直接投资壁垒的国际协定等。

1985年9月，里根总统发表了"贸易政策行动计划"，明确表示如果国际贸易不利于美国企业，美国将以强硬的态度实行贸易保护。1988年，美国国会通过的《综合贸易法》，明确提倡通过双边谈判来改变不公平贸易的状况，并强化了贸易保护机构，如进一步扩大美国国际贸易委员会（其前身为美国关税委员会）的权限并加强美国贸易代表授权，一改几十年来（自1934年《互惠贸易法》开始）一直力图通过扩大总统总揽贸易权力来促进自由贸易的做法，将总统对不公平贸易伙伴实施报复性措施的权力转交给美国贸易代表机构。该法继承了1974年《贸易改革法》中的301条款，并对此作了重要修订，强化非关税壁垒的做法，使之对所谓"不公平"贸易的国家更具有报复性，此外还完善贸易保护程序，如反倾销的"听证会"和"司法审查"等，使贸易立法的贯彻有了组织上和程序上的保证。1988年《综合贸易法》是美国全面趋向贸易保护主义的重要战略性转折，标志着美国公开放弃自由贸易的口号，而举起反对所谓"不公正贸易"以实现"公平贸易"的旗帜。

1989年，美国商务部公布了新的《反倾销条款》，反倾销又增添了许多新的形式，最具代表性的是所谓"起动价格制"，即以某种产品的生产效率最高的国家的生产费用为依据，对进口商品规定最低价格。一旦该商品在美国市场上以低于最低价格的价格销售，就实施反倾销措施。

20世纪70年代中期开始直至80年代中期，美国外贸政策的重点一直放在采取单边报复措施和其他贸易保护政策，限制进口以保护国内市场。20世纪80年代中期以后，美国外贸政策开始转向鼓励扩大出口，90年代这一趋势又进一步得到加强。近年来，美国在与一些贸易伙伴的双边贸易谈判中摩擦、协商的重点已从贸易保护和对不公平贸易行为的报复制裁，转为"市场准入"。

为应对区域经济一体化的挑战，美国于1985年与以色列签订了双边自由贸易协议，1989年与加拿大建立了美加自由贸易区，1994年又与加拿大和墨西哥建立了北美自由贸易区。同时，美国还把目光投向另外两个更大的区域经济合作组织——亚太经济合作组织和美洲国家组织。可见，美国今后将不会再单纯依靠世界多边贸易体制作为开展对外贸易活动的主要机制，而是利用双边机制代替、补充并冲击多边机制，走向所谓"有管理的贸易"。

美国前总统克林顿1993年2月17日在国会演说时明确宣布："我们将坚持在国际市场上实行公平交易规则，并将此作为扩展贸易的国家经济战略的一部分。"这说明美国政府不仅仍奉行"公平贸易"的对外经贸政策，而且进一步把它提高到经济战略的高度。

小布什政府的对外经贸政策则更加强调自由放任，追求执行所谓"零对零"的贸易政策，即追求在一个理想的世界中，美国和外国都没有关税壁垒。小布什要求国会给予谈判贸易条约快速处理权，反对在贸易条件中加上社会（如保护劳工）和环境条款。小布什将继续保持美国在经济全球化中的"霸主"地位，继续保持在单边、双边、区域和多边国际经济合作体系中发挥美国"霸权主义"影响，会继续奉行支持北美自由贸易协定（NAFTA）的既定政策，并筹划智利纳入NAFTA，将该协定的势力范围扩大到南美。

奥巴马政府面对新一轮国际经济危机、WTO 谈判进展缓慢、中国快速崛起等新环境和新问题，致力于打造 21 世纪高标准的国际贸易规则，将"跨太平洋伙伴关系协定"和"跨大西洋贸易和投资伙伴关系协定"纳入其核心政策议程。

从发展历史来看，美国的出口管制经历了由紧到松的变化过程。

第二次世界大战结束后，美国为了实现遏制共产主义的发展及其他政治、军事目的，采取了一系列出口管制措施。1949 年，美国国会通过《出口管制法》，授权总统为了美国的对外政策和国家安全进行禁运或限制出口。该法明确规定："凡是对那些有助于增强共产党国家的经济和军事潜力而有损于美国国家安全的出口都予以拒绝。"该法先后在 1969 年、1979 年、1981 年、1985 年多次修改。1988 年美国国会又通过了《美国出口管理法》修正案。依据这些法律，美国先后对中国、朝鲜、越南、苏联等国实行贸易禁运。一些单项目标的法律也授权对某些国家进行经济制裁，例如：1961 年《海外援助法》禁止对古巴的贸易；1985 年《国际安全与发展合作法》禁止与利比亚的进出口；1986 年《综合反种族隔离法》禁止与南非的所有贸易和金融往来等。

美国除了实行单边出口管制，还积极倡导和维护多边出口管制。1949 年 11 月，在美国操纵下成立了"输出管制委员会"（"巴黎统筹委员会"，简称"巴统"）。根据"巴统"的规定，如果某成员国准备向依照"巴统"的规则应予管制的国家出口"巴统"限制出口的货物和技术时，出口商必须首先向"巴统"提出申请，只有在该申请得到"巴统"或所有成员国政府一致同意后，该出口国才能对该项出口签发本国的出口许可证。1951 年 10 月，美国国会通过了《巴特尔法案》，授权美国总统随时可以停止对不遵守"巴统"协议的国家的援助。

第二次世界大战后美国的出口管制虽然限制了许多先进技术流入苏联、东欧及中国，但美国也因此付出了巨大的代价。首先，美国的出口管制使其拱手让出一部分出口市场；其次，美国的出口管制打击了美国的国内产业；最后，经济制裁还导致被制裁的国家采取报复行动，反过来给美国经济尤其是出口以严重打击。随着国际政治、经济形势的变化，美国和"巴统"的出口管制逐步放松。在冷战时代结束、苏联解体、东欧剧变以后，经济和科技的竞争越来越成为国际竞争的主要形式，美国的出口管制进一步放松。1994 年 4 月 1 日，"巴统"也宣告解散。

三、美国对外贸易管理机构

美国宪法赋予国会管理对外贸易以及征收关税的权力。国会通过一系列法律，将很多职能授权给相关行政部门，同时，行政部门与国会主要相关委员会以及私营部门咨询团体在工作上又保持密切联系。

在对外贸易管理方面，美国政府行政部门的主要职责包括三个方面：一是征收关税，具体由财政部和海关执行；二是进出口管理和服务，具体由美国商务部、农业部和海关等机构执行；三是对外贸易谈判，主要由总统下辖的国家经济委员会和美国贸易代表负责。

（一）国会

美国宪法第一条第八款明确规定，国会拥有征税以及管理对外贸易的权力。国会的对外贸易理权通过制定法律、批准条约、决定征税以及掌握开支等方式行使。

（二）行政部门

尽管行政部门负责外贸法的执行，但该权力并非由某一行政部门单独享有，而是在行政部门内部进行权力的分配，由不同部门分别执行，这也体现了美国的权力分立精神。

(1) 贸易代表办公室。

美国贸易代表办公室是总统行政办公室的一个机构，它负责制定和实施贸易政策、对外国的不正当贸易做法进行调查与报复、执行"301条款"、全权处理有关美国在世界贸易组织中的相关事务、OECD涉及贸易和商品问题的相关事务、联合国贸易和发展会议有关事项、其他多边机构中涉及贸易问题的有关事项和其他多边与双边贸易谈判。

该部门负责人为美国贸易代表，是美国总统的外贸顾问和贸易代言人，是有关对外贸易的部际委员会负责人。贸易代表享有特命全权大使的地位，是总统内阁会议的组成人员。

(2) 商务部。

美国商务部的主要职责是促进国家的对外贸易、经济增长和技术进步，并负责出口促进事务；负责出口管制和进口管理；防止来自国外的不公平贸易竞争，包括反补贴与反倾销调查等；负责美国贸易法律和法规的实施；负责提供相关帮助和信息以提高美国企业在世界经济中的竞争力；负责执行促进全球贸易、加强美国国际贸易和投资地位的政策和计划；监控和实施涉及商务的多边贸易谈判；负责国际经济政策，旨在降低阻碍美国国际贸易和投资的外国政府壁垒，与美国贸易代表办公室协调美国政府在国际经济和贸易问题上的反应与谈判立场；为企业和政府决策部门提供社会和经济统计数据与分析报告；支持科学和技术成果的利用；制定技术发展政策；向总统提供有关联邦政府政策、工商业和国家经济方面的建议。

（3）财政部。

财政部直接控制某些关键的对外贸易管理，负责国际金融事务，代表美国在国际货币基金组织和世界银行中发挥作用。

（4）农业部。

农业部负责与农产品有关的商品贸易，并设立商品信用公司为美国农产品出口提供优惠信用。

（5）国防部。

国防部负责国际安全事务，也负责涉及国家安全方面的经济政策，其重要职责之一是负责战略物资的出口管理。

（6）司法部。

司法部负责反托拉斯事务。

（7）能源部。

能源部负责原油的进口和能源政策。

（8）海关和边境保护署。

海关和边境保护署的主要职责是确定和征收进出口关税，办理人员、运输工具、货物和邮件进出美国的手续，执行出口管制，防止欺诈性进出口贸易行为等。

（9）国际贸易委员会。

国际贸易委员会是一个依据美国国会立法成立的、独立的联邦准司法机构。根据美国国会的授权，国际贸易委员会拥有与贸易有关事务的广泛调查权，也负责收集和分析贸易、产业数据，并提供给美国行政和立法部门据以制定美国的贸易政策。但是它既不是一个政策制定机构，也不是一个完全意义上的司法机构，它也不负责贸易协定的谈判。

国际贸易委员会的主要职责包括：负责反倾销、反补贴、保障措施方面的产业损害调查，特保案件调查，"337调查"以及"332调查"；公正客观地执行美国贸易救济法；为总统、贸易代表和国会提供独立的、高质量的有关关税、国际贸易和产业竞争力方面的信息、相关分析报告与资讯；维护美国协调关税细则。

四、美国对外贸易管理制度

（一）与贸易有关的主要法律

美国贸易的法规体系由三大部分组成：基本法、部门法和国际协定。美国国际贸易的基本法就是美国《宪法》相关内容。美国有关国际贸易的部门法比较多，主要有《1930年关税法》《1955年贸易协定延展法》《1958年贸易协定延展法》、《1962年贸易扩展法》《1979年贸易协定法》《1984年贸易和关税法》和《1988年综合贸易和竞争法》等。美国参加或缔结的与贸易有关的主要国际条约和协定包括《协调制度公约》《汽车产品协定》《世界贸易组织协定》《海关国际条约》以及诸多双边或区域自由贸易协定（见第9章）。

（二）贸易管理制度

（1）主要进口管理制度。

美国主要依靠关税对进口产品及其数量进行管理和调节，但也对农产品等相对敏感的进口产品采用关税配额。此外，出于环保、国家安全、国际收支平衡等原因，国会通过《1972年海洋哺乳动物保护法》、《1962年贸易扩展法》第232条款（国家安全）、《1974年贸易法》第122条（国际收支平衡）等诸多国内立法，授权商务部、农业部等行政部门采取配额管理、禁止进口、收取进口附加费等方式对进口实行限制。

（2）主要出口管理制度。

为维护国家安全，推进美国对外政策的实施，限制生化武器及导弹技术扩散以及确保一些短缺物资在国内充足供应，美国以《1979年出口管理法》《出口管理条例》《武器出口控制法案》等为核心，对部分产品实行出口管制。美国商务部产业安全局负责军¥两用物资、技术和服务的出口管制；美国国务院管辖有关军事用途的产品、服务南相关技术数据的出口；美国财政部外国资产控制办公室负责确定经济制裁计划中涉及的禁用国家和禁运交易。

（3）贸易救济制度。

美国的贸易救济制度可分为影响进口和影响出口两个方面。适用于进口产品的救济措施主要是反倾销、反补贴和保障措施以及对不正当贸易行为（主要是侵犯美国知识产权）所采取的337条款措施；适用于出口产品的贸易救济主要是301系列条款措施。

现行美国主要的反倾销、反补贴法为《1930年关税法》，具体的行政法规分布在美国《联邦法规汇编》第19编中。美国商务部国际贸易署进口贸易管理局负责倾销和补贴的调查及倾销、补贴幅度的计算，美国国际贸易委员会负责产业损害的调查。总统可依据《1974年贸易法》第201至204节的授权对特定进口产品采取保障措施。对涉嫌侵犯美国知识产权的进口产品,美国主要通过《1930年关税法》第337节来保护美国知识产权人的权益,美国国际贸易委员会是337条款的执行机构,该机构可以签发排除令,指示海关禁止侵犯美国知识产权的货物进口。

《1974年贸易法》第301节是在现行贸易协定下维护美国公司权益,为美国产品和服务扩大海外市场准入,反对外国侵犯知识产权等行为影响美国产品出口所依据的主要法律。该法律为美国贸易代表调查外国侵权行为,以及与外国政府磋商寻求解决方案提供了具体的程序。301系列条款具体由美国贸易代表办公室负责实施。

(三) 进出口商品检验检疫

美国的进出口商品检验检疫由数家不同的联邦机构和民间检验公司负责。联邦机构既负责检验又负责检疫,民间检验公司只负责检验不负责检疫;联邦机构只收取规定费用,民间公司则收取检验费并以营利为目的。

(1) 商品进出口检验。

美国的联邦检验机构较多,多按品种类别进行检验管理。美国农业部下属的食品安全与检验局主要负责猪、牛、羊等红肉及禽肉的检验工作,美国农业部下属的谷物包装检验局主要负责管理美国谷物的出口检验工作;美国消费品安全委员会主要负责玩具、烟花爆竹、服装、家用电器、日用消费品的检验管理工作;美国烟酒贸易税收管理局主要负责管理烟酒的生产、标签、许可证、安全检验、税收等事项;美国海洋与大气管理局主要负责海产品的出口管理工作;美国人类健康服务部下属的美国食品与药物管理局负责除上述机构管理以外的所有食品及药品、动物饲料、化妆品、医疗器械等检验管理工作。除上述农业部和海洋与大气管理局管理的产品外,其他产品均可由民间检验公司实施检验并出具检验结果报告书。

(2) 动植物进出口检疫。

隶属美国农业部的动植物检疫局是美国唯一负责动植物及其产品进出口和州际运输检疫管理的联邦机构,具体的进出口检疫实施工作由国土安全部下属的海关与边境保护署负责。

(3) 海关管理。

美国海关和边境保护署(以下简称海关署)由经参议院确认后由总统任命的海关署署长领导,海关署由四个部门组成:①管理办公室,负责海关署的资金和资源审计及监督海关雇员遵守联邦行政法规情况等;②边境业务办公室,负责美国边境的执法,包括检查自海外到达美国的行李和旅客等;③商业业务办公室,负责国际贸易事务，包括制定、发布海关行政法规，负责有关国际贸易执法活动；4.首席法律顾问办公室，负责处理海关署的法律事务。

第二节 日本对外贸易

一、日本对外贸易概况

日本自然资源贫乏，必须依赖进口，其相当部分的工业品也依赖出口；同时，日本国内市场相对狭小，容纳不了庞大的生产力。出口支持进口，进口为了出口，是日本第二次世界大战后相当长时间内"加工贸易型"经济的基本特征。

对外贸易在日本经济发展中的作用是至关重要的，可以说，没有对外贸易，就没有第二次世界大战后日本经济的发展。

从进口方面看，首先，大量廉价原料、燃料的进口支持了日本经济的高速增长。其次，日本第二次世界大战后初期利用世界贸易中技术贸易迅速发展、科学技术迅速传播的有利时机，从国外引进大批先进技术，促进了国内的技术改造和产业结构的优化，带动了出口贸易的发展。最后，适当进口欧美发达国家的各种消费品，影响日本国内的消费结构，促进了这些产品的进口替代工业的发展。从出口方面看，对外贸易对日本经济的发展更是起着巨大作用。首先，日本需支付进口原料、燃料和引进先进技术的大量外汇，这只能通过大量出口来获得。其次，日本能动地、适时地按照国际市场需求结构变动的需要，选择一些世界需求迅速增长的新兴工业加以重点发展，从而提高了日本产业结构的层次。最后，出口贸易的扩大增加了有效需求，有力地支撑了日本经济的持续增长。

日本对外贸易增长迅速，在世界贸易中的地位不断提高，1971年日本成为世界第三大出口国，1974年成为世界第三大进口国。自1992年以来日本经济持续低迷，对外贸易发展和对外贸易地位也受到影响。2015年日本贸易总额为16 054亿美元，其中货物贸易额12 734亿美元，占79%，服务贸易额3 320亿美元，占21%。

（一）日本的货物贸易

在货物贸易方面，2015年日本出口额6 250亿美元，占世界出口额的3.8%，列中国、美国、德国之后，居世界第四位；进口额6 480亿美元，占世界进口额的3.9%，列美国、中国、德国之后，居世界第四位。如果将欧盟作为一个整体，扣除其内部贸易，日本的出口额和进口额均居世界第四位，分别占世界出口额和进口额的4.8%和4.9%。

从市场结构看，2014年，日本的主要出口市场依次是美国、中国、欧盟、韩国和中国台湾，一这五大市场在日本货物出口额中的比重分别为19.0%、18.3%、10.4%、7.4%和5.7%，合计占60.8%；2014年，日本的主要进口来源国依次为中国、欧盟、美国、澳大利亚和沙特阿拉伯，这五大进口来源在日本货物进口额中的比重分别为22.1%、9.6%、9.0%、5.9%和5.8%，合计占52.4%。

（二）日本的服务贸易

在服务贸易方面，2015年日本出口额1 580亿美元，占世界出口额的3.3%，位居世界第七；进口总额1 740亿美元，占世界进口额的3.8%，位居世界第六。如果将欧盟作为一个整体，扣除其内部贸易，日本的出口额和进口额均列欧盟、美国和中国之后，居世界第四位，分别占世界出口额和进口额的4.3%和4.8%。

从市场结构看，2014年，日本主要的服务出口市场依次是美国、欧盟、中国、新加坡和中国台湾，这五大市场在日本服务出口额中的比重分别为24.6%、16.8%、10.3%、6.2%和5.4%，合计占63.3%；2014年，日本主要的服务进口来源国依次为美国、欧盟、新加坡、中国和韩国，这五大进口来源在日本服务进口额中的比重分别为30.0%、18.6%、6.7%、6.2%和4.5%，合计占66.1%。

二、日本对外贸易政策的演变

第二次世界大战后，日本的对外贸易政策是为"贸易立国"的总体战略及其资源战略和市场战略服务的，其基本目标就是奖出限入，确保合理进口，推动出口发展。不断提高本国产业的国际竞争力，始终是日本对外贸易政策的支点，因此日本的对外贸易政策不只是一般的商品进出口政策，而是把对外贸易政策与整个国家的产业政策结合起来，通过扶植本国的产业，提高国际竞争力，以振兴出口，使对外贸易的扩大能动地促进本国经济的发展和产业结构的优化。

（一）经济恢复时期的对外贸易政策（第二次世界大战结束至1955年）

第二次世界大战后初期，日本在经济、政治两方面都被置于盟军的管理之下，丧失了对外经济关系的主权。同时，国内经济濒临崩溃的边缘，工农业生产极端萎缩，对外贸易发展缓慢。1950年日本的出口额仅为战前的32%，进口额为战前的37%，贸易收支连年逆差，对外投资和利用外资基本处于停滞状态。1952年美国对日本的政策由限制转为扶植，结束了对日本的强制占领状态，使日本在自主的基础上进行国民经济建设，开展对外贸易。

在经济恢复时期，日本政府对外贸易政策的主要特点是限制进口、替代进口，同时努力促进出口的发展。

（1）限制进口。

第二次世界大战后初期，日本工业还很落后，工业品中除丝绸、棉织品、杂货等劳动密集型产品外，其他产品大多缺乏国际竞争力。为了保护国内工业，1949年12月，日本政府公布了战后日本第一项关于对外贸易的法律——《外汇及外贸管理法》，规定只有外汇银行才有权持有外汇，政府通过外汇银行将出口贸易获得的外汇集中起来进行统一分配和使用。这样一方面缓和了日本国际收支紧张状况，另一方面通过外汇管制对进口进行直接限制。

1952年和1955年，日本又分别对美元和英镑实行了"无限制持有外汇集中制"，即规定只有外汇银行才有权持有美元和英镑。

（2）限制外国直接投资。

尽管第二次世界大战后初期日本外汇严重短缺，但日本政府认为，在经营资源和规模上拥有明显优势的外国企业在日本大量投资，必将导致本国企业被兼并、吸收，从而会妨碍本国产业和独立的技术发展，因此，日本一向对外国企业在日本直接投资采取排斥态度。对外国直接投资的限制与排斥，实际上是保护政策从商品领域向资本领域的延伸。

1950年，日本制定了《关于外资的法律》。该法规定了引进外资的认可制度。资本交易原则上必须经主管大臣批准，由外资审议会审定，其特征是"原则禁止，自由例外"，许可标准比较苛刻，规定引进外资必须有助于改善日本的国际收支状况，有助于重点产业和公益事业的发展，而不能因引进外国直接投资给日本经济发展带来不良影响，引进的外资不能冲击国内中小企业，不能扰乱产业秩序。

（3）扶植重点产业。

20世纪50年代初，在政府参与下，一些重点行业，如钢铁、电力、造船、化肥、汽车、合成纤维等都制定了合理化规划。日本政府还制定了不少发展工业的重要法规，如《合成纤维产业育成对策》《合成树脂工业育成对策》《石油化学工业育成对策》。

对要扶植的重点产业，政府金融机构给予优惠的低息商业贷款，如日本开发银行、日本进出口银行、中小企业金融金库等对特定行业的企业提供低息贷款，其中尤以日本开发银行的长期低息贷款最为重要。1951—1955年，日本开发银行提供的贷款额由11.1亿日元上升到37.5亿日元。

（4）鼓励出口。

为了鼓励出口，日本政府在外汇分配上给出口商以某种优惠待遇。如1949年7月公布的奖励出口使用外汇办法中，规定出口厂商可将其出口所得外汇的一部分用于振兴出口。1953年实行进出口连锁制，即按出口情况，配给一定外汇，使出口商品所需的原料得以进口。

1946年日本银行开始实行对出口企业的出口优惠融资制度，1950年设立日本进出口银行融资制度、出口保险制度等。此外，日本政府专门设立了日本贸易介绍所协议会、海外市场调查会等组织，为日本企业提供国际市场信息。

（二）经济高速增长时期的对外贸易政策（1955—1973年）

20世纪50年代中期以后，日本经济高速增长，工业制成品的国际竞争力迅速提高，到1973年，日本已成为世界第二经济大国。日本对外贸易增长迅速，在世界贸易中的地位不断提高，1971年日本成为世界第三大出口国，1974年成为世界第三大进口国。为适应新的国内、国际经济形势，日本的对外贸易政策开始进行调整，其特点是由限制进口、替代进口逐步向扩大出口、出口导向发展。

1.实行有一选择的贸易自由化

1951年日本实行关税改革，恢复了关税自主权，但一直到60年代，通过外汇配额限制进口始终是日本政府保护国内产业的基本措施。

进入60年代以后，日本经济持续高速发展，国内产业对进口的需求不断增加。同时，日本加入了经济合作与发展组织，不得不在一定程度上承担开放市场的义务。为适应新的形势，日本政府决定放宽对进口贸易的管制，逐步废止限制进口的行政性措施，关税措施成为抑制进口的主要措施。与欧美各国相比，日本的进口关税从50年代到60年代一直呈递增的趋势。

1960年6月日本内阁通过了《贸易与外汇自由化大纲》，着手推行贸易自由化。1961年9月，日本政府又制订了《贸易自由化促进计划》，进一步加速贸易自由化进程。到1964年，日本进口自由化率达到93%左右，到70年代中期，日本对工业产品的保护性关税壁垒已基本撤除，但农产品的关税壁垒仍在继续，农产品贸易自由化进程缓慢。

日本的贸易自由化是从属于保护、扶植需要的，在推进自由化进程中明显表现出"有选择性"的特征，即根据产业的国际竞争力状况陆续开放。《贸易与外汇自由化大纲》提出：及早实行原材料的进口自由化；首先从与本国产品竞争程度低的项目以及本国产品已具备国际竞争力的项目开始推行自由化；对于国内正在推行合理化计划或按照扶植计划正在进行技术研究和推行合理化的产业，要权衡其成果来实行自由化；对于难以一下子实行自由化的商品，要根据各种商品的具体情况来谋求扩大进口的数量，促使其逐步增强竞争力以最终达到自由化。可见，在自由化问题上，日本政府采取的是拖延战术，尽可能推迟自由化的实施时间，在此期间加大力度对国际竞争力尚弱的产业进行扶持，使一些重要产业，如汽车、电气机械、电子计算机等在完全自由化后发展成为日本最具国际竞争力的产业。

2.逐步放松对外资的限制

为适应国内经济高速增长和重化工业结构形成的需要，解决国内资金不足的问题，日本政府采取了积极引进外国间接投资的战略，但在引进外国直接投资方面，仍然实行严格的限制，这些限制使外资在日投资设厂困难重重。1950—1966年，日本只有596家外资企业，其中日元基础企业，即规定投资收益不得汇回本国而只能以日元继续在日投资的企业就占了42.6%。

随着日本出口产业的发展和国际贸易收入的增加，国际社会向日本提出了资本自由化的要求，日本政府不得不宣布分几次陆续实现资本自由化的计划。1967年7月，日本政府第一次实施资本自由化，到1973年陆续出台了五个较大的资本自由化方案，到1973年第五次实施资本自由化时，原则上已实行了100%的自由化，但实际上仍有保留，如农林水产业、矿业仍然只准在外资比率不超过50%的情况下实行资本自由化。

日本政府在实施资本自由化方面，采取了与贸易自由化相类似的拖延战略，各产业的资本自由化时间都比贸易自由化更晚。日本资本自由化过程的特点在于"有步骤、分阶段"，始终把需要进一步提高国际竞争力的重要产业置于政府的保护和扶植之下。"渐进"的贸易自由化和"渐进"的资本自由化相互配合，为最终提高本国产业的国际竞争力，实现市场的全面开放逐步创造条件。

3. 继续扶植重点产业

（1）制定发展各种重点产业的法规。20世纪50年代中后期，日本制定了《振兴机械工业临时措施法》《振兴电子工业临时措施法》《航空工业振兴法》等。1971年又制定了《特定电子工业和特定机械工业临时措施法》，1978年制定了《特定机械情报振兴临时措施法》。通过战略规划的制定和立法的形式，确立重点发展产业的优先地位，使其享有金融财政等方面的一系列优惠。

（2）在税收上给重点发展产业以优惠，支付补助金等。如允许机械设备特别折旧；免除重要机械的进口税；减免出口收入税收；允许从利润中提取各种准备金，如呆账准备金、退职金准备金、特别修缮准备金、价格变动准备金、异常危险准备金、违约赔偿准备金等。一些矿业、工业技术研究和进口最新机器设备，则由政府提供补助金。对尖端技术的研究开发，政府也提供补助。

（3）对要扶植的重点产业，政府金融机构继续给予优惠的低息商业贷款。

（4）鼓励技术进步。一方面，日本政府鼓励引进国外先进技术，具体政策措施主要有两个：一是外汇配额制度。凡能对实现重工业、化学工业有重要影响，对形成具有比较优势的出口产业有重要影响的技术引进，优先批准使用外汇；对能消化引进技术的企业，优先批准技术引进用汇。二是税收特别制度。如在引进技术时，减轻由支付者代扣的、向外国法人支付的报酬的所得税税率；对新式或高性能的，日本尚难以生产的重要机械设备免征进口关税。另一方面，日本政府还对本国自主的技术开发给予重要的政策支持，以提高本国企业的技术开发能力，增强国际竞争力。具体政策主要包括税收优惠制度、政府补贴措施、低利贷款措施和技术研究组合制度、发明表彰制度等。

4.加大出口鼓励力度

（1）1961年修改了《日本进出口银行法》，进一步扩大该银行对进出口企业的融资范围。

（2）出口振兴税收制度。实行出口收入扣除制度（1953—1963），即对企业或个人出口收入的一定比例免征所得税；实行出口加速折旧制度（1964—1971）；实行技术出口收入扣除制度（1959年以后，对技术出口的外汇收入按一定比例减免所得税）；实行开拓海外市场的准备金制度（1964—1972），对企业收入中用于开拓国际市场的再投资按一定比例减免税收，允许按销售额的一定比例集资算入损失额中。此外，还实行了出口退税制度，即退还投入出口生产的进口原材料的关税负担额。

（3）政府通过对外援助带动商品出口。日本政府鼓励民间企业发展对亚洲地区尤其是东南亚国家的贸易，政府通过增加对这一地区国家的经济援助，带动本国商品的出口。

（4）长期维持一日元低汇率的政策。

5.放松甚至鼓励对外直接投资

（1）从1956年开始，将出口保险制度的范围扩大到海外投资。

（2）从1972年6月起，全面放宽对外投资的限制，宣布对各种形式的对外直接投资"原则上"都实行自由化。

（3）1972年9月设立了旨在进一步推动对外投资的"对外贷款制度"，指定日本进出口银行、石油开发公司等机构为从事外汇贷款的机构。

（三）经济低速增长时期的对外贸易政策（1973年至20世纪80年代）

20世纪70年代中期，固定汇率制的崩溃和两次石油危机使整个世界经济增长放慢，国际贸易领域竞争空前激烈，新贸易保护主义盛行。日本贸易立国的良好国际环境不复存在，日本与欧美发达国家以及发展中国家的贸易摩擦日趋激烈。针对这种情况，日本政府重新调整了对外贸易政策。

1.贸易自由化步伐放慢

石油危机之后的日本进口贸易政策处于进退两难的矛盾状态：一方面为了缓和对外贸易摩擦需要放宽对进口的限制；另一方面为了抑制贸易收支逆差需要减少进口。所以日本在这一时期尽管在继续推行贸易自由化，但其步伐明显放慢。

1974年日本有31种商品的进口受到限制，到1979年12月公布《新外汇法》时，受限制的商品仍然有27种。在这一时期，日本进口检验制度等非关税壁垒在限制进口起着重要的作用。

2.实现出口商品结构高级化、出口市场多元化

经济低速增长时期日本的出口贸易政策的主要目标是，实现出口商品结构的高级化和出口市场的多元化，进一步扩大出口规模，缓和对外贸易摩擦。

日本政府从整个日本经济的发展战略出发，制定了使内产业结构进一步向技术和知识密集型转变的产业结构政策。日本政府还通过继续推行出口市场多元化政策，使出口市场向全方位扩散，从而缓和贸易摩擦。部分社会主义国家成为这个时期日本推广出口市场多元化政策的重点目标。

（四）20世纪80年代的对外贸易政策

进入20世纪80年代，日本贸易顺差不断扩大，日本对外贸易摩擦空前激化，日本已成为世界主要贸易国的众矢之的。其贸易对象国不仅要求日本削减出口，而且要求日本尽快开放国内市场，日本政府长期奉行的"贸易立国"和"加工出口"政策遇到了历史性的挑战。为了扭转这种局面，日本政府采取措施扩大内需，力求实现经济结构由"出口主导型"向"内需主导型"转变，并强调缓和对外贸易摩擦是20世纪80年代日本对外贸易政策的首要任务。

1.进一步开放国内市场

（1）日本政府提出促进外国工业制成品进口的政策，设立了"制成品进口促进协会"，举办外国工业品在日展览会等。

（2）1985年7月，日本政府制定了"改善市场渠道的行动计划纲要"，提出了"原则自由、例外限制"的基本原则，减少进口限制，进一步促进贸易自由化。根据该纲要，日本进一步降低了进口关税，改善复杂的进口检查手续、规格、标准等，降低非关税壁垒。对农林水产品和矿产品也降低关税以扩大进口。

（3）完善进口信贷体制，扩大进出口银行的产品贷款职能，加强日本开发银行对进口的信用支持。

（4）从1987年4月起大幅度改革普惠制，放宽对发展中国家的进口限制。

2.日元升值

日元升值是1985年9月主要发达国家财长会议提出的。一年多时间里，日元大幅度升值，从1美元=250多日元上升到1美元=140日元左右，此后日元一直呈升趋势，1988年一度升至1美元=120日元，1993年6月升至1美元=110日元左右，1993年9月又升至1美元=100日元左右。日元大幅度升值对于增加日本进口、抑制出口有一定作用。

3. 促进海外直接投资

为缓解某些商品的贸易摩擦，日本通过对外直接投资将摩擦商品在贸易伙伴国生产。这样，既可绕过进口国的关税和非关税壁垒，也可以有助于进口国扩大就业，从而为进口国乐于接受。同时日本也可以减少贸易摩擦，缓解日元升值对本国商品出口竞争力的不利影响。

（五）20世纪90年代以来对外贸易政策的历史性转变

1992年起，日本的各种经济问题进一步恶化，日本经济进入慢性衰退，增长乏力，至今仍未走出低谷。日本的国情和世界经济全球化、生产国际化趋势，决定了今后日本以贸易立国发展经济的基本格局不会改变，但要按照变化了的国际经济环境，给贸易立国增加新的内涵，把传统的贸易立国推向新的高度。

随着世界经济全球化趋势日益加强，在国际贸易领域中，服务贸易的竞争逐渐取代商品贸易占据了主导地位。日本的对外贸易政策也相应发生了历史性转变，以振兴服务贸易业为目标，对传统的贸易政策进行了重大变革，积极探索双边自由贸易的可能性，以便在新的国际贸易格局中维护日本的利益份额。

1. 发挥金融大国主导作用

日本经济虽然经历了10年的衰退，但无论是GDP总量水平还是人均GDP水平都是亚洲之首，日本强烈希望在亚洲的金融服务贸易领域发挥主导作用，使日本的地位与其世界最大债权国、亚洲唯一的发达工业国集团成员国身份相符合。在亚洲金融危机后各国金融体系十分脆弱的情况下，日本希望凭借世界最大债权国的实力，充当"最后的贷款人"的角色，扩大日本金融大国的影响力。

（1）组建、落实"亚洲货币基金"。

日本在亚洲金融危机后不久先后提出"宫泽构想"和"新宫泽构想"，希望通过建立"亚洲货币基金"援助遭受危机打击的亚洲国家，扩大日本的影响力，并在此基础上由日本主导培育亚洲资本市场，缩小与欧美资本市场的巨大差距。继而在10+3（东盟+中、日、韩）框架中，日本大力扩展"货币互换协定"对象国，希望通过更广泛的途径使"亚洲货币基金"构想得到落实。另外，为提高日元作为国际货币的地位，日本财务省组建了日元国际化推进委员会，积极推动以日元为核心货币的钉住篮子货币汇率政策。

（2）发展金融服务业依赖的信息技术。

在日本的推动下，2000年11月24日闭幕的东盟首脑会议签订了《电子东盟协议》（E-ASEAN），该协议的目的在于振兴东亚区域内的信息技术。协议规定要在2005年之前，撤销与信息技术有关产品的区域内关税，并在最早加入东盟的6个成员国中撤销非关税壁垒。

2. 寻求签订双边自由贸易协定

10多年来日本经济始终没有摆脱低迷徘徊的境地，加上国内人口出生率下降，老龄化程度加深，使日本强烈地意识到只有增强经济要素的流动性，才能为日本经济注入活力，恢复日本的国际竞争力。在这种压力下，日本将开展双边合作作为带动本国国内制度改革、繁荣国内经济的一个重要契机。日本认为，固守多边贸易自由化是不明智的，如果日本能够首先在亚洲地区与不同国家分别签订双边自由贸易合作协定，日本不仅能获得更大的贸易利益，而且还可以利用自己在亚洲的地位逐步形成自己在服务贸易领域的优势。2002年1月，日本与新加坡签署了"新时代经济合作伙伴关系协定"。另外，现实商品贸易的利益损失也迫使日本尽快寻求双边自由贸易协定的保护。例如，根据过去的日墨保税加工区制度，日本可享受零关税优惠将汽车零部件和原材料从日本运到墨西哥，但因墨西哥财政方面出现困难，该制度于2001年取消。而由于美国和欧盟的企业与墨西哥签订了自由贸易协定，在与美国和欧盟企业的竞争中，没有与墨西哥签订自由贸易协定的日本明显处于不利地位，在这种情况下，日本企业强烈要求日本政府尽快与墨西哥缔结自由贸易协定。2004年3月，日本和墨西哥达成了双边自由贸易的最后协议。

截至2016年6月，日本已经与新加坡、墨西哥、马来西亚、智利、泰国、印度尼西亚、文莱、东盟、菲律宾、瑞士、越南、印度、秘鲁、澳大利亚、蒙古等国家和地区及TPP成员签署了16个自由贸易协定或经济伙伴关系协定。目前正在进行谈判的协定包括与加拿大、哥伦比亚、欧盟、韩国海湾阿拉伯国家合作委员会和土耳其的双边协定以及中日韩FTA、RCEP等多边协定。

三、日本对外贸易管理机构

（一）政府部门

与贸易管理有关的政府部门主要有：经济产业省、财务省及其下属的海关、日本银行等机构。外务省也参与贸易的管理。

经济产业省是贸易的主管部门之一，负责贸易政策的制定与实施，从事进出口审批和许可等管理工作。该省在全国主要城市设有地方分支机构。经济产业省在通商政策局内设有国际经济纷争对策室，受理有关WTO事务的投诉。

日本对外汇的管理实施的是原则上的事后备案制。但是，涉及向受经济制裁的国家出口、投资的事务和有可能损害国家安全和公共秩序者不在此列。财务省的主要职责是进行与外汇管理相关的审批、审查事务及统计编纂。

日本海关为财务省的下属机构，其职能主要包括：对进出口货物、船舶、飞机、旅客进行管理和征收关税；对部分进出口贸易进行审批；管理保税区，编制、公布有关贸易统计。

日本银行是日本的中央银行，负责处理有关外汇业务的报告、审查、审批等，编制、公布有关金融统计。

（二）其他相关机构

日本贸易振兴机构的前身是成立于1958年的日本贸易振兴会。2002年12月13日颁布的《独立行政法人日本贸易振兴机构法》规定，自2003年10月1日起，日本贸易振兴机构正式取代日本贸易振兴会行使贸易促进职能，性质属于独立行政法人，资本金由政府出资。其主要任务是：为外国企业对日投资提供支援；帮助日本中小企业扩大出口；扩大日本市场准入；对发展中国家进行经济援助；搜集分析海外经济贸易投资信息；提供贸易洽谈咨询服务；为日本企业开展海外业务提供支援；对发展中国家进行相关调查研究；收集并提供发展中国家的信息，进行人才培养等。

日本规格协会、化学纤维协会、水产物协会、钢铁联盟等行业和各类产品的进出口商协会在经济产业大臣的授权下，负责办理各行业和产品的进出口审批手续，具有一定的贸易监管职能。

国际协力银行是一家由政府出资的政策性金融机构。其主要职能是为促进贸易发展、海外经济合作，稳定国际金融秩序，对发展中国家的经济发展开展各项政策性金融业务。目前，其主要业务是：为生产设备或大型机械出口提供资金或担保；为重要物资进口提供资金或担保；为日本企业海外业务提供资金或担保；为发展中国家的基本建设项目提供资金等。

四、日本对外贸易管理制度

（一）关税制度

1.关税管理制度

《关税法》《关税定率法》《关税暂定措施法》《关税定率法别表》（简称关税税率表）等构成了日本与关税相关的基本法律制度。日本财务省及其下属的海关是日本关税管理制度的制定机构与执行机构。

日本的关税税率分为基于法律制定的关税税率和基于条约制定的关税税率两种。基于法律制定的税率即国定税率，包括基本税率、暂定税率、普惠税率等，主要有《关税定率法》《关税暂定措施法》。其中，《关税定率法》规定长期不变的基本税率，《关税暂定措施法》规定临时适用的暂定税率以及对发展中国家适用的普惠税率，日本对最不发达国家产品基本适用免税制度。截至2016年4月，日本对143个国家和地区适用普惠税率。基于条约规定的税率即协定税率，适用于WTO全体成员。除WTO协定税率外，还有适用于自由贸易协定缔结国的自由贸易协定税率。日本进口关税税率适用的优先顺序依次为普惠税率、协定税率、暂定税率、基本税率。

2. 关税水平与关税配额制度

根据世界贸易组织2013年的统计，日本2012年简单平均最惠国适用关税税率为4.6%。农产品的简单平均最惠国适用关税税率为16.6%，非农产品为2.6%。日本农产品关税较高，2012年有约占总税目22.4%的产品平均关税超过15%，有约占其总税目3.3%的产品平均关税在100%以上。

1961年起，日本开始实行关税配额制度并沿用至今。日本对关税配额内的进口产品不征税或者征收较低的税率，对于超过关税配额的部分征收较高的税率。根据《进口贸易管理令》第4条1项，日本实施配额制的进口商品包括鲱鱼、鳕鱼和小型鳕鱼及其鱼子；小杂鱼干、狮鱼、沙丁鱼、鲹科鱼、鲅鱼、秋刀鱼、扇贝、干贝、干鱿鱼、食用海草（紫菜、海带）及海草调味品等水产品和核燃料物质等。根据《关税法》《关税定率法》等，对牛奶、奶油、干燥豆类、饲料用玉米、花生、魔芋、牛皮、羊皮、皮鞋等20种商品实施进口配额关税管理。此外，根据日本签署的双边经济合作协议，日本对墨西哥的番茄浓缩液等16种商品、对马来西亚的生鲜香蕉等也实施配额关税制。

（二）进口管理制度

日本实施进口管理的主要机构是经济产业省和海关。日本进口管理制度主要由《关税法》《外汇及外国贸易法》《进出口贸易法》《进口贸易管理令》等法律法规构成。日本《关税法》规定禁止进口枪支弹药、炸药、化学武器材料等11类产品，《植物防疫法》和《家畜传染病预防法》还规定禁止某些可能危害人类及动物生命健康安全的动植物产品。

除了禁止进口产品之外，日本还有诸多法律法令规定了对进口的限制。限制进口的产品主要有：需要配额的产品（如鲱鱼）、进口前需要确认的产品（如疫苗）、兴奋剂、医疗器械等。上述进口限制的主管机构主要有经济产业省、农林水产省、厚生劳动省等相关机构。此外，日本还对《华盛顿条约》规定的濒危物种进行进口限制，如宠物及观赏用动植物、标本等。进口《华盛顿条约》规定的濒危物种必须获得出口国政府的出口许可证书和经济产业省颁发的进口许可证书。

日本在通关环节采用AEO（认证经营者）制度。AEO制度是世界海关组织《全球贸易安全与便利标准框架》（以下简称《标准框架》）的核心要素之一。根据《标准框架》，AEO被定义为：以任何一种方式参与货物国际流通，并被海关当局认定符合世界海关组织或相应供应链安全标准的一方。获得AEO资质的企业，通关时可以减少货物和文件审查手续，进而减少通关时间和仓储费用；而没有AEO资质的企业必须经过较为烦琐的检验程序，货物延期交付的可能性随之增加。日本目前已经与新西兰、美国、欧盟、加拿大、韩国和新加坡签订了相互认可AEO制度的协议。根据协议，日本与上述国家海关在检查来自对方AEO的进出口货物时，应对其资格进行风险评估，在对方满足安全条件的情况下应认可其AEO资格。2012年，日本采取进一步措施简化完善AEO制度。自10月1日起，自日本出口再次进口至日本的集装箱，或者自外国进口再次出口至国外的集装箱，可免除报关手续。

2012年10月1日，日本经济产业省发布通知，部分修改《华盛顿条约》附件规定的濒危动植物进口申请手续。修订后，进口申请书将需加盖管理濒危动植物国际条约的日本管理当局的印章。

（三）出口管理制度

日本经济产业省和海关是出口管理的主要机构。《关税法》《外汇及外国贸易法》《进出口贸易法》和《出口贸易管理令》等法律法规构成日本出口管理的基本制度。

日本《关税法》规定以下四类产品禁止出口：麻醉药、儿童色情出版物、侵害知识产权产品等4类产品。此外，《出口贸易管理令》还规定了钻石、血液剂、渔船、有害化学物质、放射性废弃物等45种出口前必须事先申请许可。

为了安全保障，日本还实行出口管制制度。管制的对象为"武器"或者"主要供给国之间达成协议的可能转作军事用途的泛高科技用品"。具体的管制对象及技术由《外汇及外国贸易法》的政令省令等规定。如违反规定，将被处以刑事和行政处罚。

日本为了实施出口管制制度，对出口商公布了可能进行大规模杀伤性武器开发的外国企业和组织的信息名单。出口商与该名单上的外国企业或组织交易时，除了可以明确出口产品不会用作大规模杀伤性武器开发的情况，都必须提出出口许可申请。自2002年8月日本引入外国进口商管理名单制度以来，每年日本都会公布该名单。

（四）贸易救济制度

日本的贸易救济制度的基本法律制度包括《关税定率法》《关于反倾销税的政令》《关于反补贴税的政令》和《关于实施紧急进口关税等的政令》等法律法规。日本负责贸易救济的机构是财务省、有关产业的主管省和经济产业省，但终裁权由财务省单独行使。经济产业省和财务省及各产业主管省厅共同接受申请，实施贸易救济调查,并实行贸易救济申请前的事前商谈。

(五) 检验检疫制度

日本与卫生及植物卫生相关的主要法律法规包括:《食品卫生法》《食品安全基本法》、《农林产品的标准化和正确标签法》《家畜传染病预防法》《植物防疫法》和《饲料安全保证和改进质量法》等。厚生劳动省和农林水产省是日本负责卫生与植物卫生措施的主要部门。

日本对于进口食品的检查依严格程度分为自主检查、监视检查和命令检查三种级别。自主检查是进口商的自律行为,由进口商自选样本送到厚生劳动省指定的检疫机构进行检验,对检出的问题必须依法报告。监视检查是厚生劳动省按照不同的食品类别、以往的不合格率、进口数量(重量)、潜在风险的危害程度等确定监视检查计划,对一般进口食品进行日常抽检。抽检计划于每年3月公布。如果在监视检查中发现一次违规,则提高抽检率进入强化监视检查阶段,在强化监视检查期间发现第二次违规则启动命令检查,即强制性批批检查。但是,若进口食品中出现与公共健康有关的突发事件或会引发公共卫生危机的风险,一例违规即可启动命令检查。只有在出口国查明原因并强化了新的监督、检查体系,确定了防止再次发生的对策等,确认不会再出现不合格出口食品时,才能解除命令检查。

第三节 欧盟对外贸易

一、欧盟对外贸易概况

欧盟是世界最大的贸易集团,它是世界第二大的货物贸易集团,是最大的服务贸易集团。2015年欧盟贸易总额(不包括欧盟成员之间的贸易)为55 457亿美元,其中货物贸易额38 987亿美元,占70%,服务贸易额16 470亿美元,占30%。

(一) 欧盟的货物贸易

在货物贸易方面,2015年欧盟出口额19 850亿美元,占世界出口额的15.2%,列中国之后,居世界第二位;进口总额19 137亿美元,占世界货物进口额的14.4%,列美国之后,居世界第二位。从市场结构看,2014年,欧盟主要出口市场依次是美国、瑞士、中国、俄罗斯和土耳其,这五大市场在欧盟货物出口额中的比重分别为16.4%、9.7%、8.5%、6.8%和4.4%,合计占45.8%;2014年,欧盟的主要进口来源国依次为中国、俄罗斯、美国、瑞士和挪威,这五大进口来源在欧盟货物进口额中的比重分别为16.6%、12.2%、11.6%、5.6%和5.4%,合计占

51.4%。

(二) 欧盟的服务贸易

在服务贸易方面，2015年欧盟出口额9 150亿美元，占世界出口额的24.9%，居世界第一位；进口总额7 320亿美元，占世界进口额的20.2%，居世界第一位。

从市场结构看，2014年，欧盟主要的服务出口市场依次是美国、瑞士、中国、俄罗斯和挪威；欧盟主要的服务进口来源国依次为美国、瑞士、中国、土耳其和新加坡。

二、欧盟对外贸易管理制度

(一) 贸易主管部门

欧盟各机构在共同贸易政策中承担不同职能：欧委会具有立法权和执行权，负责处理具体多双边贸易事务，向理事会和议会提出政策建议；理事会代表欧盟各成员国，发布贸易政策指令；欧洲议会代表公民，就有关贸易政策问题接受咨询，《里斯本条约》生效后，欧洲议会权力上升，在共同贸易政策中获共决权，有权审批欧盟对外签署的贸易投资协定，并就欧盟重大贸易投资问题提出意见和建议；欧洲法院负责监督欧盟法律实施，解决争端并进行司法解释。

(二) 贸易法规体系

欧盟共同贸易政策是规范欧盟成员国统一执行的针对第三国的贸易政策、共同海关税则和法律体系，最初其内容仅涉及关税税率改变、关税和贸易协定缔结，1995年5月生效的《阿姆斯特丹条约》将进出口政策的覆盖范围从货物贸易扩展到大部分服务贸易，2003年2月生效的《尼斯条约》又将其扩及所有服务贸易和与贸易有关的知识产权。2009年12月生效的《里斯本条约》则重点在外国直接投资领域进一步扩大了欧盟在贸易政策领域的权限。

(三) 贸易管理规定

1.进口管理法规

欧盟进口管理法规为1994年制定的《关于对进口实施共同规则的（EC）3285/94号法规》以及《关于对某些第三国实施共同进口规则的（EC）519/94号法规》，后者适用于欧盟定义的"国有贸易国家"。

鉴于纺织品和农产品在多边贸易框架中的特殊安排，欧盟分别制定了纺织品和农产品的进口管理法规：适用于纺织品的进口贸易立法主要包括《关于对某些纺织品进口实施共同规则的（EC）3030/93号法规》；农产品进口贸易立法主要包括《关于实施乌拉圭回合农业协议所需采取措施的（EC）974/95号法规》《关于农产品共同关税术语调整程序的(EEC)234/79号法规》《关于某些农产品加工产品的贸易安排的(EC)3448/93号法规》等。

欧盟进口许可制度主要包括监控、配额、保障措施三类。此外，欧盟还将各种技术标准、卫生和植物卫生标准作为进口管理手段。

2.出口管理法规

欧盟鼓励出口，一般产品均可自由出口，仅对少数产品实施出口管理措施。出口管理法规主要包括《关于实施共同出口规则的(EEC)2603/69号法规》《关于文化产品出口的(EEC)3911/92号法规》《关于危险化学品进出口的(EEC)2455/92号法规》《关于出口信贷保险、信贷担保和融资信贷的咨询与信息程序的(EEC)2455/92号决定》《关于在官方支持的出口信贷领域适用项目融资框架协议原则的(EC)77/2001号决定》《关于设定农产品出口退税术语的(EC)3846/87号法规》《关于建立两用产品及技术出口控制体系的(EC)1183/2007号法规》等。

根据欧盟出口管理法规，当短缺物资、敏感技术、初级产品出口将导致共同体产业损害时，成员国须马上通报欧委会及其他成员国。欧委会和成员国代表组成咨询委员会启动-商，采取出口数量限制等措施减小损害，保护措施可针对某些第三国和针对某些欧盟成员国的出口。出于公共道德、公共政策、人类和动植物健康保护、国家文化遗产等需要，或为防止某些重要产品供应出现严重短缺，欧委会和成员国政府有权对出口产品实行限制。

欧盟出口贸易限制政策属于欧盟共同外交与安全政策的一部分，如欧盟对中国的武器出口禁令。此外，欧盟还对两用产品和技术实行出口管制。

3.贸易救济措施

欧盟实施的贸易救济措施主要有反倾销、反补贴和保障措施。

（四）进出口商品检验检疫

欧盟对食品、动植物及其产品和各种工业产品制定严格的检验检疫管理法规和标准，无论在欧盟内部流通的商品，还是从第三国进口和出口的商品都必须符合欧盟相关的法规和标准要求。对于不同的产品，有不同的检验检疫管理方式，有的需要对整个产品的管理体系进行符合性评估，有的需要在边境实施逐批检验、检疫，或抽查检验、检疫，有的需要在市场实施抽查、监督，有的需要加贴CE安全标志。

1.欧盟产品安全管理

根据欧盟通用产品安全指令，生产者和进口商有责任保证投放欧盟市场产品的安全，并采取适当的预防性措施，出现问题时有义务立即行动并通报主管机构。

2.食品安全及动植物卫生管理

欧盟具有较为完善的食品安全法律体系,根据"从农场到餐桌"的管理模式,适用于整个食品链的各个环节。欧盟在完善立法的同时,也逐步强化食品安全监管,要求生产者和经营者满足一系列法规和标准要求,在技术上尽可能保证食品安全,保证消费者知情权和选择权。由于动植物及其产品安全风险相对较高,欧盟对这类产品的管理非常严格。

(五) 海关管理制度——共同海关税则

1992年欧盟理事会制定了《关于建立欧盟海关法典的第(EEC)2913/92号法规》,对共同海关税则(包括商品分类目录、一般关税率、优惠关税措施以及普惠制等方面)、原产地规则(包括一般规则和特殊规则)以及海关估价等作出统一规定。

欧盟以委员会指令形式,每年对外发布一次更新后税率表。另外,欧盟还实行自主关税暂停征收和配额制度,该制度对某些进口产品全部或部分免征正常关税,如该制度适用于数量有限的货物,则属于配额;如其适用货物数量没有限制,则属关税暂停征收。原则上该制度的适用范围仅限于欧盟境内无法获得的原材料、半成品,不包括成品。

参考文献

[1] 杨星.东亚区域经济一体化与中国的战略选择［M］.天津：天津大学出版社，2010.

[2]［美］海闻，P.林德特，王新奎.国际贸易［M］.上海：上海人民出版社，2003

[3] 李辉文.现代比较优势理论研究［M］.北京：中国人民大学出版社，2006

[4] 金泽虎.国际贸易学（第2版）［M］.2版.北京：中国人民大学出版社，2015

[5]［美］保罗·克鲁格曼，茅瑞斯·奥伯斯法尔德.国际经济学（第8版）［M］.海闻，译.北京：中国人民大学出版社，2011

[6]［美］海闻，P.林德特.国际贸易［M］.上海：上海人民出版社，2003

[7] 薛荣久.国际贸易［M］.北京：对外经贸大学出版社，2006

[8] 陈百助，晏维龙.国际贸易理论、政策与应用［M］.北京：高等教育出版社，2006

[9]［美］迈克尔·波特.国家竞争优势［M］.李明轩，邱如美，译.北京：华夏出版社，2002

[10] 王耀中.国际贸易理论与实务［M］.天津：中南大学出版社，2010

[11] 龚晓莺.国际贸易理论与政策［M］.北京：经济管理出版社，2008

[12] 刘丁有，陈长民.国际贸易理论与实务［M］.北京：中国人民大学出版社，2010

[13] 朱坤萍.国际贸易概论［M］.杭州：浙江大学出版社，2010

[14] 高永富，余先予.国际贸易法学［M］.北京：北京大学出版社，2007

[15] 赵俊平，等.区域经济一体化理论与实践［M］.哈尔滨：黑龙江大学出

版社，2010

[16] 乌英格，徐春秋.国际贸易理论与实务［M］.北京：教育科学出版社，2013

[17] 迈克尔·波特.波特竞争三部曲：竞争战略［M］.北京：华夏出版社，2005

[18] 陈立虎.当代国际贸易法［M］.北京：法律出版社，2007

[19] 姚大伟.国际贸易概论［M］.北京：中国人民大学出版社，2014

[20] 黄卫平，丁凯.国际贸易：理论与政策［M］.北京：中国人民大学出版社，2014

[21] ［美］戴维·B.约菲，本杰明·戈梅斯-卡斯.国际贸易与竞争——战略与管理案例及要点［M］.宫桓刚，孙宁，译.大连：东北财经大学出版社，2000

[22] ［美］保罗·克鲁格曼.战略性贸易政策与新国际经济学［M］.北京：中国人民大学出版社，北京大学出版社，2000

[23] ［美］迈克尔·波特.国家竞争优势［M］.顾明轩，邱如美，译.北京：华夏出版社，2002

[24] 盛斌.中国对外贸易政策的政治经济分析［M］.上海：上海人民出版社，上海三联书店，2002

[25] 黄岩泰.中国经济热点前沿第1辑［M］.北京：经济科学出版社，2010

[26] 王炜瀚，王健，梁蓓.国际商务（第2版）［M］.北京：机械工业出版社，2015

[27] 吴汉嵩.国际贸易学［M］.广州：暨南大学出版社，2010

[28] 张晓明.商务沟通与礼仪［M］.北京：中国水利水电出版社，2013

[29] 程新章.国际服务贸易［M］.上海：立信会计出版社，2011

[30] 陈宪，殷凤.国际服务贸易［M］.北京：机械工业出版社，2013

[31] 陈霜华.国际服务贸易［M］.上海：复旦大学出版社，2013

[32] 栗丽.国际服务贸易［M］.北京：中国人民大学出版社，2016

[33] 赵亚平.国际服务贸易：理论、政策与实践［M］.北京：清华大学出版社，2011

[34] 乌英格，徐春秋.国际贸易理论与实务［M］.北京：教育科学出版社，2013

[35] 陈岩.国际贸易理论与实务［M］.北京：清华大学出版社，2015

[36] 陈平.国际贸易实务［M］.北京：中国人民大学出版社，2013

[37] 张彬，等.国际区域经济一体化比较研究［M］.北京：人民出版社，2010

[38] 张炳达.国际贸易 [M].上海：上海财经大学出版社，2008

[39] 张彬.国际区域经济一体化比较研究 [M].北京：人民出版社，2010

[40] 赵俊平.区域经济一体化理论与实践 [M].哈尔滨：黑龙江大学出版社，2010

[41] 杨星.东亚区域经济一体化与中国的战略选择 [M].天津：天津大学出版社，2010

[42] 乌英格，徐春秋.国际贸易理论与实务 [M].北京：教育科学出版社，2013